新媒体·新传播·新运营系列丛书
互联网+教育改革新理念教材

新媒体编辑

XINMEITI BIANJI

主审 / 贾文雅
主编 / 赵 敏 刘 庆 陈珊珊

航 空 工 业 出 版 社
北 京

内 容 提 要

本书以新媒体编辑的岗位需求为导向，系统地介绍了新媒体编辑相关的理论知识、常用工具和职业技能。

全书共10章，分为基础篇、实践篇和综合应用篇。其中，基础篇包括新媒体与新媒体编辑、新媒体信息搜集；实践篇包括新媒体文案创作、新媒体图片编辑、新媒体图文排版、新媒体音频编辑、新媒体视频编辑、新媒体H5页面编辑；综合应用篇包括微信公众号内容编辑实战、抖音短视频编辑实战。

图书在版编目（CIP）数据

新媒体编辑 / 赵敏，刘庆，陈珊珊主编. -- 北京 : 航空工业出版社，2021.4（2023.1重印）
ISBN 978-7-5165-2496-1

Ⅰ. ①新… Ⅱ. ①赵… ②刘… ③陈… Ⅲ. ①新闻编辑 Ⅳ. ①G213

中国版本图书馆CIP数据核字(2021)第051771号

新媒体编辑
Xinmeiti Bianji

航空工业出版社出版发行
（北京市朝阳区京顺路5号曙光大厦C座四层 100028）
发行部电话：010-85672663 010-85672683

北京鑫益晖印刷有限公司印刷 全国各地新华书店经售
2021年4月第1版 2023年1月第3次印刷
开本：787×1092 1/16 字数：351千字
印张：16.5 定价：78.00元

PREFACE

前言
PREFACE

近年来，移动互联网的发展势不可挡。乘着这股东风，新媒体以迅雷不及掩耳之势快速生长，在短短数年间就撼动了传统媒体经营上百年的传媒地位，完成了从“非主流”到“主流”的华丽蜕变。

新媒体崛起的同时，催生了“新媒体编辑”这一职业。各大招聘网站的数据均表明，新媒体编辑是如今非常热门的职业，相关人才十分抢手，且薪资待遇较高，一线城市中新媒体编辑岗位的平均薪酬普遍达到了万元以上。

然而，想成为一名优秀的新媒体编辑却并不容易。新媒体信息的表现形式灵活多样，这使得新媒体编辑不仅要具备传统编辑的专业技能和职业素养，还必须掌握各种多媒体内容的编辑方法。最重要的是，新媒体编辑必须与时俱进，时刻把握互联网的脉搏，在瞬息万变的潮流和热点中炼就一双“火眼金睛”，使自身创作的内容在互联网浩如烟海、泥沙俱下的信息洪流中脱颖而出。

为满足企业对新媒体编辑人才的迫切需求，我们参考多所院校的人才培养方案，并结合现实岗位中的实际需要编写了本书。本书精心编排理论知识和实践内容，详细介绍了新媒体编辑的基础知识、常用工具和职业技能，以帮助学生掌握企业所需的基本职业技能，在新媒体编辑岗位上大显身手！

本书特色
BENSHUTESE

春风化雨，立德树人

本书积极探索“价值塑造、能力培养、知识传授”三位一体的立德树人新路径，用“卓越创新”“源远流长”“同心抗疫”“嘉言善行”等栏目，将能够体现创新精神、工匠精神、职业素养、大国风范等的内容恰当地融入教材，引导学生积极践行社会主义核心价值观，树立正确的职业理想和职业观，努力成长为能够担当民族复兴大任的时代新青年。

校企合作，专家执笔

本书由在新媒体行业从业多年的行业专家和深耕新媒体课程教学多年的教育工作者共同执笔，对接新媒体编辑的实际工作过程，将实用的新媒体编辑技巧与技术贯穿于每个学习单元的任务中，讲解权威，深入浅出，具有非常高的指导价值与实用价值。

全新理念，大胆创新

在内容安排上，本书突出“以应用为主线，以技能为核心”的全新理念，将内容分为“基础篇”“实践篇”“综合应用篇”三部分，让学生按部就班地学习新媒体编辑的基础知识、常用编辑工具和职业技能；在结构安排上，本书遵循“理实一体，循序渐进”的原则，除对理论知识进行细致讲解外，还安排了紧贴岗位需求的“编辑实战”模块，始终将重心落在岗位的实际应用上。

数字资源，丰富多彩

本书紧跟时代步伐，融入“互联网 +”思维，学生可通过扫描二维码随时访问和观看微课视频。此外，本书还配有课件、素材与实例和综合教育平台等丰富的数字化教学资源，读者可登录文旌综合教育平台“文旌课堂”（www.wenjingketang.com）查看并下载。如果读者在学习过程中有任何疑问，也可登录该网站寻求帮助。

紧跟潮流，与时俱进

本书所采用的行业信息、调查报告、统计数据和案例剖析等内容均来自新媒体行业的最新动态，确保呈现给学生的内容紧跟时代潮流。

精彩栏目，贴心提醒

本书在各章均安排了“提示”“高手点拨”“课堂互动”“案例剖析”等栏目，这些栏目构思新颖、内容精彩，不仅可增加讲解的趣味性，还可拓宽学生视野，提高学习质量。

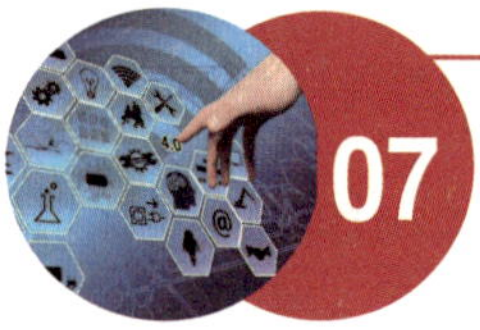

图文精美，全彩印刷

本书精心挑选和制作了高分辨率的精美图片，并经过图文排版使其与文字相得益彰，力求让讲解更加生动具体，为学生提供愉悦的阅读体验。

本书创作团队

BENSHUCHUANGZUOTUANDUI

本书由贾文雅担任主审，赵敏、刘庆、陈珊珊担任主编，吴春颖、刘颖惠、赵丽、施菁、陈颖博担任副主编。其中，赵敏编写了第 4 章～第 6 章，刘庆编写了第 1 章～第 3 章，陈珊珊编写了第 7 章，吴春颖、刘颖惠和赵丽编写了第 8 章～第 9 章，施菁和陈颖博编写了第 10 章。在本书的编写过程中，编者参考了国内外有关论著和相关网站上的资料，在此向相关作者表示诚挚的谢意。

由于编者水平有限，书中存在的不妥之处，恳请各位读者批评指正。

本书编委会

主　审　贾文雅

主　编　赵　敏　刘　庆　陈珊珊

副主编　吴春颖　刘颖惠　赵　丽

　　　　施　菁　陈颖博

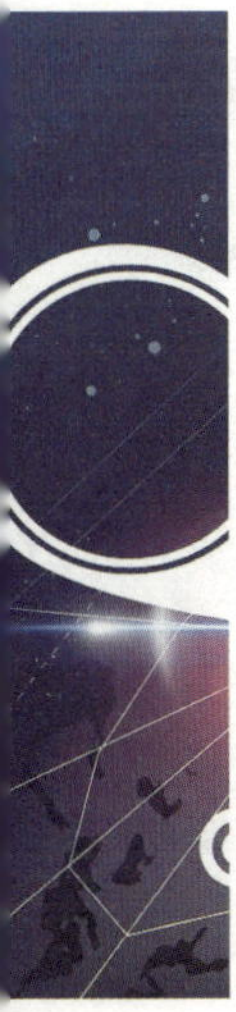

目 录

CONTENTS

CONTENTS

基础篇

目 录

CONTENTS

CONTENTS

目 录

CONTENTS

CONTENTS

目 录

CONTENTS

CONTENTS

目 录

CONTENTS

目　录

CONTENTS

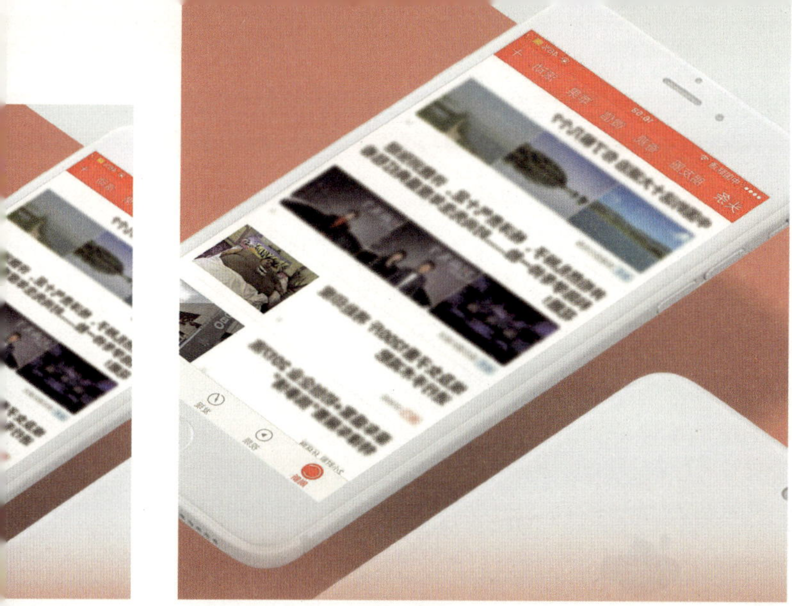

目录

CONTENTS

CONTENTS

综合应用篇

JICHUPIAN

基础篇

01

CHAPTER

学习目标

- 理解新媒体与新媒体编辑的基本概念。
- 了解新媒体与传统媒体的区别。
- 熟悉新媒体的特征和常见类型。
- 了解新媒体编辑的工作内容。
- 了解新媒体编辑的岗位要求。

素质目标

- 遵守新媒体编辑的职业道德和法律规范。
- 增强与时俱进的创新意识，树立远大的职业理想。

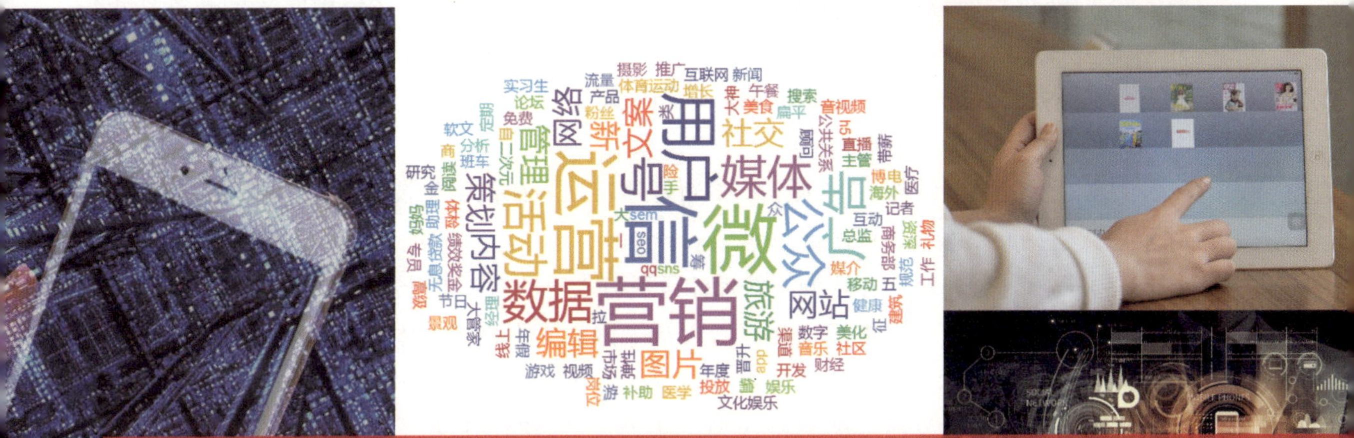

新媒体与新媒体编辑

本章导读

2021年2月，中国互联网络信息中心发布了第47次《中国互联网络发展状况统计报告》，其中的数据显示，截至2020年12月，我国网民规模达9.89亿，互联网普及率达70.4%。其中，手机网民规模达9.86亿，占全部网民的99.7%。这些数据无不表明，我国正在全面进入移动互联网时代。

在移动互联网时代，新媒体正在民众的生活、工作和学习中扮演着越来越重要的角色。本章从新媒体的概念入手，介绍新媒体与新媒体编辑的基础知识，包括什么是新媒体、新媒体“新”在何处、新媒体的特征与常见类型、新媒体编辑的概念，以及新媒体编辑的工作内容和岗位要求等。

1.1 新媒体概述

“微信，是一个生活方式”“微博，随时随地发现新鲜事”“你创作的，就是头条”“抖音，记录美好生活”……近几年，乘着移动互联网这股东风，各具特色的新媒体纷纷落地萌芽，野蛮生长，在短短数年间就颠覆了传统媒体经营上百年的传媒帝国，完成了从“非主流”到“主流”的华丽蜕变。那么，究竟什么是新媒体？

1.1.1 什么是新媒体

媒体（media）即传播信息的媒介。顾名思义，新媒体（new media）就是新时代催生的、依托于新技术的新兴媒体。时代在不断进步，新技术在不断出现，新媒体的内涵也在不断演变。例如，广播和电视就是纸质媒体时代的新媒体，而到了当下的互联网时代，人们则将它们归为了传统媒体。因此，学界和业界始终无法给出统一的新媒体定义。下面列举几种由权威机构或人士给出的定义。

（1）联合国教科文组织将新媒体定义为以数字技术为基础，以网络为载体进行信息传播的媒介。

（2）《现代汉语词典（第7版）》将新媒体定义为在数字化技术支撑下出现的新的媒体形态，包括网络媒体、手机媒体等。

（3）美国《连线》杂志认为，新媒体是所有人对所有人的传播。

（4）清华大学熊澄宇教授认为，所谓新媒体，或称数字媒体、网络媒体，是建立在计算机信息处理技术和互联网基础之上，发挥传播功能的媒介总和。

（5）中国人民大学匡文波教授认为，新媒体是借助计算机（或具有计算机本质特征的数字设备）传播信息的载体。

目前较为流行的新媒体定义是，以数字和网络技术为基础，通过互联网、宽带局域网、无线通信网和卫星等通信途径，利用计算机、数字电视机和以智能手机为代表的便携智能终端等，向用户提供信息和娱乐服务的传播形态。

1.1.2 新媒体“新”在何处

新媒体的“新”是相对于传统媒体而言的。传统媒体一般是指报刊、广播、电视等，它们曾盛极一时，在社会舆论中占据统治地位。直到新媒体的出现，它以惊人的深度和广度影响着社会经济、政治、文化生活，以及个人思维、社交、习惯等，不仅改变了舆论的生成方式和传播方式，也改变了媒体行业的格局和舆论生态，并呈现出取代传统媒体之势。

与传统媒体相比，新媒体的“新”主要体现在以下几个方面。

1. 信息的双向窄播

在传统媒体时代，报社、杂志社、广播电台、电视台等（称为信息源）以单向广播的方式传播信息，信息接收方（称为受众）只能被动地接收信息，如图1-1（a）所示。尽管受众也可利用版块、频道等对内容进行一定选择，但受限于预置内容和广播模式，受众的选择权仍然十分有限。此外，受众很难将自己对信息的反馈提交给信息源，对信息不具有话语权。

到了新媒体时代，信息源以双向窄播的方式传播信息，如图1-1（b）所示。其中，“双向”是指受众也参与到了信息的传播中，且成了信息传播的主力军；“窄播”是指新媒体时代受众群体由于选择的多样性产生了分流，新媒体受众定位较传统媒体而言更加精确，但受众规模有所减小。

拓展阅读 | TUOZHANYUEDU

新媒体信息双向窄播的特点使得自媒体异军突起，推动了“自媒体时代”的来临。自媒体又称“公民媒体”或“个人媒体”，是私人化、平民化、自主化的内容创作者，借助新媒体技术和传播手段向广大受众传播信息的新媒体形式。典型的自媒体平台包括个人博客、微博、微信、百度贴吧、今日头条、大鱼号等。

信息的双向窄播使得受众获取信息的途径非常广泛，方式也十分灵活，受众不仅可以自由地选择信息内容，还对信息享有充分的话语权。受众可通过互联网将反馈很方便地提交给信息源，这些反馈很大程度上会影响信息源对信息内容的选择和创作。

此外，新媒体并不将受众视作无差别的信息接收方，而是通过各种技术手段（如推荐算法）实现信息的个性化、定制化推送，从而更好地满足用户在信息和娱乐方面的差异化需求。

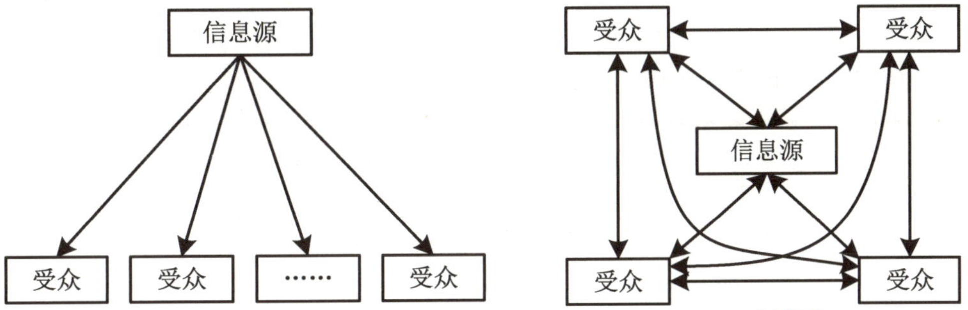

（a）传统媒体

（b）新媒体

图1-1　传统媒体与新媒体的传播方式

2. 无处不在的信息传播

传统媒体传播信息十分依赖媒介（如纸张、收音机、电视机）及相关基础设施（如报刊亭、信号塔、线路）。尽管经过多年的普及和建设，传统媒体也可以在广阔范围内传播信息，但其媒介的便携性差、功能单一，且基础设施的架设成本较高，这些都成为制约传统媒体传播范围的因素。

新媒体则不同：一方面，新媒体依托于互联网，而互联网具有效率高、速度快、成本低、全球化等特点，再加上智能手机、平板电脑等便携式网络终端设备非常容易普及，且功能强大，故新媒体在传播信息时有着极广的传播范围和传统媒体无法企及的渗透性；另一方面，由于新媒体的受众也能广泛参与信息的传播，新媒体信息的传播极易产生裂变效应，某条信息在短时间内即可由“热点”发酵为“超级热点”，引起巨大轰动和广泛讨论，这一点同样是传统媒体望尘莫及的。

3. 即时传播

无论是新媒体还是传统媒体，其传播的信息都具有很强的时效性。尤其是针对突发事件的报道，其发布时间的早晚往往决定了其信息价值的大小。一般来说，传统媒体在发布信息前会进行一系列严格、规范、模式化的采编流程，且需要用到多种专业设备和固定场地，其优点是有效避免了虚假和粗制滥造的新闻，缺点是会造成信息传播滞后。

相比之下，新媒体借助信息化手段，使得信息采集更方便，信息处理能力更强，处理方式更加灵活，大大缩减了信息的采编周期。此外，在新媒体平台发布信息的门槛较低，往往只需一部智能手机即可完成信息的采编、处理和发布，“随拍随传”，实现信息的即时传播。因此在遇到突发事件时，新媒体平台中常常汇集了更多、更新的信息。

知识库 | ZHISHIKU

新媒体平台是新媒体信息的发布媒介和重要载体，它是指基于互联网和计算机等技术建立的新型信息传播平台，人们常用的微信、微博等社交平台，哔哩哔哩、优酷、抖音、快手等视频平台，天涯、百度贴吧、豆瓣等网络社区，今日头条、腾讯新闻等新闻客户端都属于新媒体平台。

4. 信息内容的多元化

传统媒体的受众群体涵盖各个年龄、阶层和社会角色，考虑到广泛的受众群体，传统媒体通常只传播普适的、共性的、价值较高的内容。

到了新媒体时代，每个互联网用户都可以成为内容的创作者和传播者，这使得新媒体成了人们展示自我、彰显个性的舞台。一时间，互联网上涌现出大量新媒体平台，呈现出百家争鸣的态势，新媒体信息也井喷式增长，且内容朝着多元化、个性化的方向发展。

1.1.3 新媒体的特征

新媒体的特征包括交互性、数字化和个性化，下面一一介绍。

1. 交互性

交互性是新媒体最鲜明的特征，也是新媒体的核心所在。正是这前所未有的交互性，才开辟了如今全民互动的新媒体时代。新媒体的交互性主要体现在以下几个方面。

（1）受众对内容的控制。新媒体是目前交互性最强的传播媒体，用户不仅可以从新媒体海量的推送中挑选和订阅自己感兴趣的内容，还可以利用搜索引擎和门户网站等，主动寻找自己喜欢的内容，实现对内容的控制。

（2）受众对内容的反馈。新媒体的受众可轻松向信息源提交反馈，传播者可根据反馈及时调整自己的传播行为，从而获得更好的传播效果。例如，微信公众号、微博等新媒体会在每篇文章后设置评论、点赞、转发等选项，为受众提供反馈信息、表达态度和发表评论的渠道，而这些评论、点赞和转发数据，也会反过来影响作者对内容的把握。

（3）受众对内容的传播。新媒体平台普遍设置了分享功能，这使得受众也可以成为信息的传播者。受众可随时将其认为有趣或有用的内容分享到社交圈中，社交圈中其他受众接收内容后，若对其内容感兴趣，可再次分享内容，这样，信息就会不断扩散传播。这种传播大大加快了新媒体内容的传播速度，因此很多新媒体内容往往一夜之间就能火遍全网。

（4）实时交互。新媒体的信息借助互联网以光速传播，极大地提高了信息传播速度，削弱了信息传播带给人的时空感。因此，新媒体时代的受众不再是受困于某个时空中的信息孤岛，借助新媒体，人们可以随时随地实时交互。

2. 数字化

数字化是新媒体的本质，也是其与传统媒体区别的分水岭。新媒体的数字化主要表现在以下几个方面。

（1）新媒体的数字化处理技术融合了信息表现形式，原本各自为政的报纸、广播、电视等传统媒体可以在新媒体中融为一体，使受众同时享受读报纸、听广播、看电视等诸多乐趣。正在普及的5G技术，更是为这种多媒体融合增加了无限可能。

（2）新媒体的数字化处理技术可以将各种类型的信息转化为统一格式的二进制数，从而为信息传播提供了极大便利。无论是繁简各异的文字，还是五彩斑斓的图片，抑或是妙趣横生的影音，均可通过二进制数的形式存储和传播。

（3）新媒体的数字化处理技术可实现不同形式信息间的相互转化，从而带给人们新奇的感官体验。例如，如今很多阅读软件（如掌阅、微信读书等）都提供了文字转语音的功能，这使得人们可通过耳朵“读书”。又如，微信的语音转文字功能使人们可以用眼睛来“听语音”。

3. 个性化

在为用户提供丰富内容的同时，新媒体的海量内容也容易使用户迷失在“信息海洋”中。为解决这一难题，新媒体普遍使用了个性化推荐系统。该系统基于云计算、大数据、人工智能等先进技术，通过收集、分析用户的使用信息，判断用户的习惯和偏好，并以此为依据为每一位用户提供满足其个性化需求的服务和信息。

1.1.4 新媒体的常见类型

随着时代的发展和科技的进步，新媒体的类型也如同其内涵一样不断丰富。它既包括PC端时期以图文形式发布信息的博客网站，也包括如今移动互联网时代的“两微一端”，还包括未来层出不穷的新形态。因此，要将所有的新媒体类型一一列举是不现实的，下面重点介绍几种目前常见且具有代表性的新媒体类型，包括门户网站、搜索引擎、网络社区、移动数字电视、微博、微信、网络直播、短视频等。

提 示 | TISHI

“两微一端”是当前传统媒体向新媒体发展融合的主要表现形式。“两微”是指微博和微信，“一端”是指移动客户端（也常称作App）。

1. 门户网站

门户网站（portal website）是指提供综合性互联网信息资源及相关信息服务的分类信息网站。它是第一代的新媒体类型，也是人们广泛认知新媒体和互联网的起点。根据网站定位的不同，可将门户网站分为综合性门户网站、地方生活门户网站、企业组织门户网站等。

（1）综合性门户网站通常包括新闻事件、娱乐资讯、体育赛事、行业动态、热播影视剧、生活服务信息等内容。目前国内知名的综合性门户网站有网易、腾讯网、新浪网、搜狐、人民网等。

（2）地方生活门户网站的内容以民生政策、本地趣闻、招聘信息为主。目前国内知名的地方生活门户网站有58同城（见图1-2）、赶集网、百姓网等。

图1-2　58同城

（3）企业组织门户网站是企业组织为进行企业宣传、产品推广、品牌建设、在线服务、开拓线上市场等营销活动而创建的，也是如今互联网上较常见的门户网站类型。例如，华为公司官网（http://www.huawei.com/cn）、中国移动官网（http://www.10086.cn）等。

2. 搜索引擎

搜索引擎（search engine）是一种专门帮助用户在互联网上搜集信息的检索技术。用户在使用搜索引擎时，只需在搜索框中输入要查找内容的关键词，然后按“Enter”键或搜索按钮即可进入搜索结果页。在搜索结果页中，搜索引擎会按关键词的匹配度高低对信息进行排序并呈现给用户。目前国内外较知名的搜索引擎包括百度、360搜索、搜狗搜索、谷歌（Google）、雅虎（yahoo！）、必应（bing）等，如图1-3所示。

图1-3　国内外较知名的搜索引擎

3. 网络社区

网络社区（online community）是互联网上由关系疏密不一的成员组成的、围绕某些目标进行自由交流或展开行动的虚拟社群，也是我国互联网早期较常见的新媒体类型。网络社区以网络论坛（bulletin board system，BBS）为基础核心应用，包括公告栏、群组讨论、在线聊天、交友、个人空间等形式，具有用户高度参与、信息传播和创作去中心化、内容多元化等特点。

知识库 | ZHISHIKU

去中心化（decentralization）是一种与中心化相对的新型网络内容生产方式。传统媒体时代，内容由专业的媒体机构和特定人群创作，这种内容生产方式就是中心化的。到了新媒体时代，内容的传播和创作不再依赖专业机构和特定人群，而是由权级平等的全体网民共同参与。

网络社区主要分为综合网络社区、地方网络社区和专题网络社区3种。

（1）综合网络社区中的话题包罗万象，内容鱼龙混杂，几乎能够满足所有用户的不同需求。目前国内较知名的综合网络社区包括天涯社区、百度贴吧、豆瓣等。

（2）地方网络社区中的成员通常来自相同的城市，其中的内容一般围绕当地生活展开，社区名称格式通常是“城市名+论坛”，如北京论坛、西安论坛等。

（3）专题网络社区的成员或从事相同职业，或志同道合，其中的内容一般为针对某一专业领域的行业资讯、所见所闻、答疑解惑等，如数码社区“手机之家”、军事社区“铁血网”、游戏社区“游侠网”、体育社区“虎扑”（见图1-4）等。

图1-4　虎扑

4. 移动数字电视

数字电视（digital television，DTV）是指从节目采集、节目制作、节目传输一直到用户端都使用数字化技术的电视系统。数字电视的画面清晰度高，伴音效果好，抗干扰能力强，扩展性强，是取代传统模拟电视的新一代电视技术，也是新媒体的主要形式之一。

移动数字电视（mobile digital television，MDTV）是数字电视的典型代表，它通过无线形式发送和接收数字电视信号，具有安装简便、覆盖广泛、反应迅速、移动性强的特点，无论是在高速移动还是在固定的状态下均能保持画面的清晰流畅，因此可随时随地收看电视节目，极大地满足了快节奏社会中人们对信息的需求。如今，在我国的地铁、公交车、火车、轮船上，均可看到移动数字电视的身影。

5. 微博

微博（microblog）是微型博客的简称，也称微博客。它是一种基于关注机制分享、传播简短实时信息的广播式社交网络平台，也是近年来最热门、最受欢迎的新媒体类型之一。之所以称为微博，是因为与传统博客相比，其在形式上更加简洁。起初一篇微博的最大字数限制为140个字，这就使得微博的编辑门槛非常低，微博用户可随时随地通过微博在线创作、分享和发现内容，进行公开、实时的自我表达。

新浪微博（见图1-5）是目前国内最知名的微博，其中不仅网罗了众多的娱乐明星、企业高层、媒体精英，还入驻了大量政府官媒、专家学者、各类机构。这些“大V”（即拥有众多粉丝的微博用户）的入驻一方面是缘于新浪微博相对自由的舆论环境和庞大的用户群体，另一方面也促使微博的用户数量进一步增加，社会影响力进一步扩大。新浪2020年第二季度的财报显示，2020年6月新浪微博的月活跃用户数达到了5.23亿。如此庞大的用户体量使得新浪微博一枝独秀，成为我国娱乐、商业、民生等社会各领域信息传播的重要窗口。

图1-5　新浪微博

6. 微信

微信（WeChat）是腾讯公司推出的一款为智能终端提供即时通信服务的应用程序，也是目前我国市场占有率最高的国民级即时通信软件。通过微信，用户之间既能以一对一的形式快速发送文字和多媒体信息（如语音、图片、视频、链接、文件等），也可进行语音通话和视频通话，还可进行多人群聊、发朋友圈、查找附近的人、扫一扫等。

除通信功能外，微信作为新媒体，还有一种非常重要的信息传播方式——微信公众平台。微信公众平台可以为个人、企业和组织提供强大的业务服务与用户管理能力，构建与读者之间更好的沟通模式，帮助企业和组织更好地进行品牌宣传、营销推广等活动。微信公众平台分为服务号、订阅号和小程序3种类型（见图1-6），用户可根据自身需求进行选择。

图1-6　微信公众平台

7. 网络直播

网络直播（webcast）是一种新兴的新媒体传播方式，它借助互联网传播速度快、时效性强、互动性强的独特优势，以视频、音频、图文等形式向观众持续发布实时信息，以获取传播效果或商业收益。目前国内较知名的网络直播平台包括斗鱼直播、YY直播、虎牙直播、淘宝直播等。

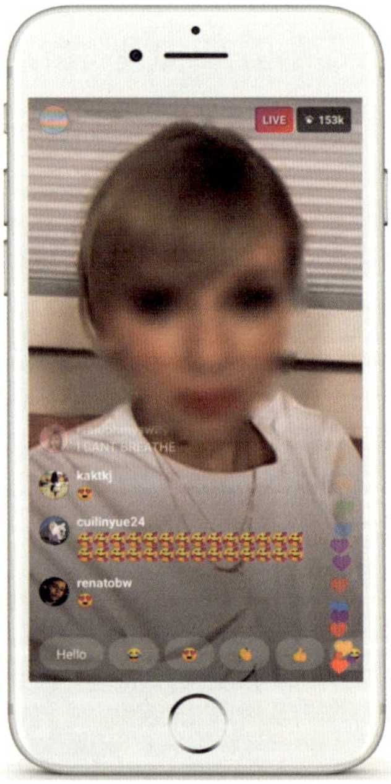

图1-7　网络视频直播

视频融合了图像、文字、声音的优势，因此网络视频直播（见图1-7）是目前主要的网络直播形式。而网络视频直播又可分为网络现场直播和网络互动直播两种。其中，网络现场直播（如产品发布会直播、网络课堂）一般以宣传为主，由于互联网和直播平台扩大了受众群体，可起到很好的宣传效果。网络互动直播（如游戏直播、购物直播、明星互动直播）一般以娱乐为主，直播的主要内容即网络主播在直播频道（称为“直播间”）中与受众进行一对多的互动，这种互动方式可看作是面对面交流互动的延伸。

8. 短视频

短视频即视频短片，是利用数字技术制作的一种新媒体视频形式。近几年，短视频因其播放时长短、制作周期短、创作成本低、内容精练生动、互动性强等特点，在众多视频类型中异军突起，成为时下最火爆的新媒体类型之一。

短视频之所以能够迅速崛起，主要归结于以下几点。

（1）时长一般不超过5分钟，不需要大量的拍摄时间和后期剪辑工作。

（2）节奏通常较快，十分贴合现代社会快节奏的生活方式。

（3）拍摄门槛较低，只要有创意，每个人都有机会创作出火爆全网的短视频作品。

（4）即拍即传，流量小，观看方便，很容易在互联网中迅速传播。

（5）话题的参与度高，每个人都可以对感兴趣的话题进行讨论参与。

（6）与商业行为联系紧密，通过视频获取的流量能够迅速变现。

目前国内较知名的短视频平台包括抖音（见图1-8）、快手、秒拍、火山小视频、腾讯微视等。

图1-8　抖音

1.2　新媒体编辑概述

XINMEITI BIANJI

大多数人对新媒体编辑这一新兴职业尚有些陌生，很多人甚至会觉得新媒体编辑与传统编辑并没有什么区别，其工作内容无非还是写文案、排版面等，只是其工作平台由原先的线下转为了线上。那么，新媒体编辑究竟是做什么的？要成为一名优秀的新媒体编辑，需要具备哪些能力和素养呢？

扫一扫

新媒体编辑概述

1.2.1　新媒体编辑的工作内容

新媒体编辑（new media editor）是指以新媒体思维策划和设计内容，利用新媒体技术搜集、加工和优化信息，并通过新媒体传播手段将内容呈现给受众的专业人员。

新媒体编辑的日常工作主要围绕内容展开，具体可分为选题策划、素材搜集、内容创作、预览优化和审查发布环节，下面一一介绍。

1. 选题策划

良好的选题是新媒体编辑产出高质量、高点击量内容的前提。因此，新媒体编辑在开始内容创作之前，需要先对内容主题进行策划。在进行选题策划时，应优先考虑受众喜闻乐见的、有代入感的选题，越是“接地气”、贴近大众生活，越能够引起受众的共鸣和广泛讨论，从而为内容带来巨大的流量。此外，新媒体编辑还应尽量贴合实时热点，以增加内容的话题性，为内容赢得更多流量。

2. 素材搜集

确定选题后，新媒体编辑就要开始搜集相关素材了。素材内容可通过文字、图片、视频、音频等多种形式呈现，如何在海量内容中快速、准确地搜集到自己需要的信息，是每个新媒体编辑必须要掌握的基本功。

此外，素材的积累也决定了一名新媒体编辑的工作能力，前期搜集素材的数量越多、质量越好，则后期的内容创作越容易，工作效率也越高。

高手点拨 | GAOSHOUDIANBO

在新媒体编辑的日常工作中，如果看到好的资料或有创意的内容，应随手收藏下来，并及时将这些素材分门别类地整理到自身的素材库中。当素材积累得足够丰富时，就能成为新媒体编辑内容创作的绝佳素材。

3. 内容创作

素材搜集完成后，新媒体编辑就需要将搜集到的资料进行整合，并开始创作具体内容，即“写文案”。内容创作主要包括定义语言风格、设计内容、加入引流关键词和加入吸粉元素等。

（1）定义语言风格。独特的语言风格可以向受众传达一种特有的情绪。例如，有的文案文风平实温和，让受众心旷神怡；有的文案文风辛辣犀利，让受众面红耳赤，拍手称快；有的文案文风严肃深刻，容易引发受众的思考和自省。语言风格就是内容的“性格”，独特的内容“性格”更容易给受众留下深刻印象。

（2）设计内容。内容是文案的灵魂。因此，内容永远是新媒体编辑最应当花费心血的地方。好的内容需要有高屋建瓴的框架、抓人眼球的标题、醒目清爽的版面和丰富多彩的形式等，这些往往很难一蹴而就，需要新媒体编辑不断进行优化和改进。

（3）加入引流关键词。除了要创作优质内容，新媒体编辑还必须想办法在铺天盖地的文案中为自家文案寻求“出路”。为此，新媒体编辑可在内容或标题中加入一些热点关键词，来吸引浏览量。

（4）加入吸粉元素。如果一篇文案通过热点关键词成功吸引受众点击标题，并通过优质的内容让受众萌生了关注作者或查看其更多作品的念头时，在文章中就有必要加入一些引导受众关注的吸粉元素，如作者主页链接、二维码等。

4. 预览优化

文案撰写完成后，新媒体编辑并不是将其直接交付到新媒体平台进行发布，而是先对文案进行预览和优化。预览和优化的主要对象是标题、副标题、描述、封面图等，这些要素会直接显示在新媒体的内容列表中（见图1-9），受众只有对这些要素感兴趣才会点击链接查看具体的内容，因此，对这些元素的预览和优化是十分必要的。

图1-9　新媒体的内容列表

5. 审查发布

审查发布是指新媒体编辑将内容交付给审查部门，由审查部门根据选题的定位和要求、相关法律法规、平台发布规则等，对内容进行一次或多次审查，审查通过的作品方可上传到新媒体平台进行发布。在发布作品时，应着重注意以下两点。

（1）选好发布时间。对于热点事件，应当“让子弹飞一会”，其最佳发布时间是节假日的晚11时到早7时，因为这个时间段发布内容后，经过一夜发酵，很容易在第二天成为头版头条；对于非热点事件，则可选在工作日的早上9时至晚上11时，因为这个时段受众使用新媒体平台较频繁，且容易获得其他新媒体账号的转发。

（2）选好发布平台。新媒体编辑应根据内容主题，尽量选择与内容相关度高、话题度高、曝光量大的新媒体平台。例如，某球队夺冠的信息，发布在虎扑后火爆的概率要大于发布在豆瓣上的概率。

课外扩展 | KEWAIKUOZHAN

请在互联网中收集在各大新媒体平台（如微信公众平台、百家号、大鱼号、头条号等）上发布内容的规则和注意事项，并对比其中的异同。

1.2.2 新媒体编辑的岗位要求

要成为一名优秀的新媒体编辑，需要具备较强的综合素质。一般来说，新媒体编辑的岗位要求可分为能力素质、职业道德和法律规范3个方面。

1. 能力素质

目前，新媒体行业发展迅速，对新媒体编辑的能力和素质也不断提出新要求。具体来说，新媒体编辑岗位对能力素质的要求主要有以下几点。

（1）敏锐的网感。网感是指新媒体编辑对受众需求、热门时事、网络热词、流行文化等互联网要素的感知与洞悉。具有敏锐网感的新媒体编辑能在海量信息中精准捕捉到舆论焦点，发掘出能引发热议的信息，通过直接使用这些信息或对其进行二次创作，吸引大量流量，获得较高的点击量。

（2）扎实的文字功底。无论是传统编辑还是新媒体编辑，其每天的工作都不可避免地要涉及文案撰写和编辑。因此，文字功底始终是编辑立足于行业的基石，也是决定其今后发展的重要因素。一位具有扎实文字功底的编辑，往往能够创作出特色鲜明、观点犀利、逻辑清晰、干货满满的原创文章，也必然能够引起读者的广泛关注和讨论。

（3）多媒体内容制作。新媒体内容的呈现形式多种多样，除了文字，往往还会使用图片、视频等多媒体内容来吸引受众眼球。因此，新媒体编辑必须具备制作多媒体内容的能力，并掌握诸如Photoshop、Illustrator、Audition、Premiere等多媒体编辑工具的用法。

（4）良好的审美。创作文案好比做菜，不仅要"好吃"，更要"好看"，才能吸引更多流量。因此，一名优秀的新媒体编辑应该在保证优质内容的基础上，对图片、色彩等元素及文案整体风格进行设计和搭配，使作品更加具有美感。只有这样，才能使创作出的内容在海量新媒体作品中脱颖而出。

（5）数据分析能力。当今的时代是大数据时代，在这个时代，每天都会涌现海量的、不断变化的、个性化的受众数据，通过分析这些数据，可以准确获取目标受众的喜爱偏好、各类型内容的流量走向、不同平台的用户画像等极具价值的信息。因此，新媒体编辑应当具备一定的数据分析能力，并以分析结果为依据，创作出具有针对性的、符合受众喜好的、容易引起关注的作品。

（6）选题策划能力。有趣新颖、视角独特的选题往往更加吸引受众眼球。因此新媒体编辑不能只会埋头创作文案，还必须具有选题策划的能力，不断创新，让内容更加富有创意。

（7）终身学习能力和专业纵深能力。用"瞬息万变"来形容如今的互联网毫不夸张，各种新思想、新观点、新知识、新技术都在不断涌现，新媒体编辑只靠自身的知识储备是远远不够的。因此，新媒体编辑必须具备终身学习的能力，不断吸收新鲜事物，对各领域广泛涉猎，拓宽认知范围，以适应时代发展的需要。同时，新媒体编辑还应在自己擅长的领域持续深耕，以提升自身的核心竞争力。只有这样，才不会在日新月异的互联网时代中被淘汰。

2. 职业道德

新媒体依托于新时代、新技术，其监管难度要远高于传统媒体。因此，新媒体编辑在工作中要坚守职业道德，做一名高素质的、专业的编辑。

1991年1月，中华全国新闻工作者协会第四届理事会第一次全体会议通过了《中国新闻工作者职业道德准则》（以下简称《准则》）；2019年11月7日，中华全国新闻工作者协会第九届全国理事会第五次常务理事会对《准则》进行了修订。作为新时代背景下的新闻工作者，新媒体编辑同样需要遵守《准则》提出的如下职业道德要求。

（1）全心全意为人民服务。忠于党、忠于祖国、忠于人民，把体现党的主张与反映人民心声统一起来，把坚持正确舆论导向与通达社情民意统一起来，把坚持正面宣传为主与正确开展舆论监督统一起来，发挥党和政府联系人民群众的桥梁纽带作用。

（2）坚持正确舆论导向。坚持团结稳定鼓劲、正面宣传为主，弘扬主旋律、传播正能量，不断巩固和壮大积极健康向上的主流思想舆论。

（3）坚持新闻真实性原则。把真实作为新闻的生命，努力到一线、到现场采访核实，坚持深入调查研究，报道做到真实、准确、全面、客观。

（4）发扬优良作风。树立正确的世界观、人生观、价值观，加强品德修养，提高综合素质，抵制不良风气，保持一身正气，接受社会监督。

（5）坚持改进创新。遵循新闻传播规律和新兴媒体发展规律，创新理念、内容、体裁、形式、方法、手段、业态等，做到体现时代性、把握规律性、富于创造性。

（6）遵守法律纪律。增强法治观念，遵守宪法和法律法规，遵守党的新闻工作纪律，维护国家利益和安全，保守国家秘密。

（7）对外展示良好形象。努力培养世界眼光和国际视野，讲好中国故事，传播好中国声音，积极搭建中国与世界交流沟通的桥梁，展现真实、立体、全面的中国。

3．法律规范

开放发达的互联网使新媒体编辑搜集资料的途径愈发广泛，获取也愈发方便，但也正是因为这种便捷，使得新媒体一度成为侵权“重灾区”。因此，一名合格的新媒体编辑，除需要具备各项能力素质、遵守职业道德外，还必须了解新媒体行业中（尤其是涉及著作权、隐私权、肖像权、名誉权等方面）的相关法律法规，并树立相关的法律意识，自觉遵守相关法律法规，避免做出侵权或其他违法行为。

与新媒体编辑岗位密切相关的法律法规很多，且由于新媒体行业的快速变化，这些法律法规为适应新媒体发展的需要，也在不断作出修改和调整。这些法律法规主要涉及信息安全、版权保护、名誉权保护等方面，如《互联网信息服务管理办法》的第十五条和第十六条，《互联网电子公告服务管理规定》的第九条，《互联网新闻信息服务管理规定》的第五条，《信息网络传播权保护条例》的第五条、第六条及第十四条到第十七条，《中华人民共和国民法典》的第一百一十条、第一百一十一条、第一百二十三条和第四编第三章到第六章，《中华人民共和国著作权法》和《互联网新闻信息服务管理规定》等。

法治在线

中华人民共和国国家互联网信息办公室在2017年公布了新修订的《互联网新闻信息服务管理规定》，将各类新媒体纳入管理范畴。其第五条明确规定，通过互联网站、应用程序、论坛、博客、微博客、公众账号、即时通信工具、网络直播等形式向社会公众提供互联网新闻信息服务，应当取得互联网新闻信息服务许可，禁止未经许可或超越许可范围开展互联网新闻信息服务活动。此外，其第十五条规定，互联网新闻信息服务提供者转载新闻信息，应当遵守著作权相关法律法规的规定，保护著作权人的合法权益。

编辑实战——调研分析新媒体编辑职业现状

XINMEITI BIANJI

实战目标

通过对当今市场上新媒体编辑及其相关职业现状的调查和研究，了解新媒体编辑这一工作岗位的要求、职责、薪资水平等信息，帮助自身建立清醒的职业认知和职业规划。

实战步骤

访问智联招聘（https://www.zhaopin.com）、前程无忧（https://www.51job.com）、BOSS直聘（https://www.zhipin.com）等线上招聘网站，在搜索框中输入“新媒体编辑”关键词，在搜索结果页中查看传统企业、互联网企业、网店等不同领域的企业招聘启事中对新媒体编辑这一职位的描述，如图1-10所示。

新媒体编辑 (职位编号：MJ000864)　0.8-1万/月
深圳市　有限公司　查看所有职位
北京　在校生/应届生　本科　招3人　10-19发布

职位信息

岗位职责：
1、公众号内容生产，提升用户活跃度和认可度；
2、通过内容提升品牌价值，完成用户教育，促进业务转化。

岗位要求：
1、喜欢读书，有较好的理解能力，有一定的知识积淀；
2、熟悉网络文化，对微博、微信、短视频等多种形式的内容均有一定了解；
3、对严肃媒体或大众自媒体的内容均有了解或者精于其中一种；
4、网感好，脑洞大；
5、喜欢写作，有作品分享；有写作人物故事、情感分享、文化评析等严肃内容的能力和经历或者有社交媒体创意内容的写作经历；
6、有深度整合的能力和原创策划的能力，有自己的方法论；
7、有知名传统媒体和新媒体工作经历者优先。

职能类别：编辑
关键字：新媒体
微信分享

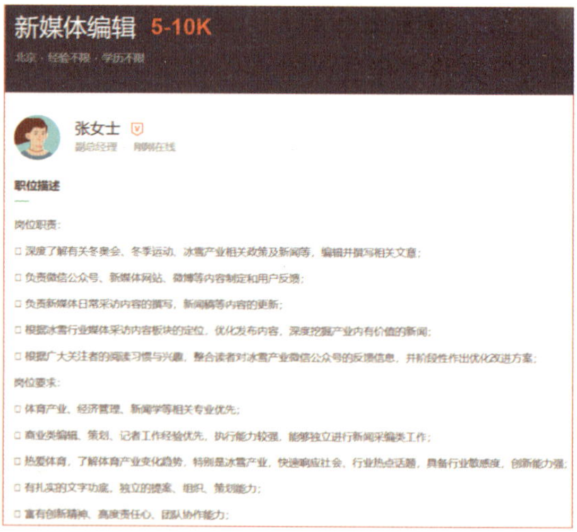

新媒体编辑　5-10K
北京 · 经验不限 · 学历不限
张女士
副总经理　刚刚在线

职位描述

岗位职责：
□ 深度了解有关冬奥会、冬季运动、冰雪产业相关政策及新闻等，编辑并撰写相关文章；
□ 负责微信公众号、新媒体网站、微博等内容制定和用户反馈；
□ 负责新媒体日常采访内容的撰写，新闻稿等内容的更新；
□ 根据冰雪行业媒体采访内容板块的定位，优化发布内容，深度挖掘产业内有价值的新闻；
□ 根据广大关注者的阅读习惯与兴趣，整合读者对冰雪产业微信公众号的反馈信息，并阶段性作出优化改进方案；
岗位要求：
□ 体育产业、经济管理、新闻学等相关专业优先；
□ 商业类编辑、策划、记者工作经验优先，执行能力较强，能够独立进行新闻采编类工作；
□ 热爱体育，了解体育产业变化趋势，特别是冰雪产业，快速响应社会、行业热点话题，具备行业敏感度，创新能力强；
□ 有扎实的文字功底，独立的提案、组织、策划能力；
□ 富有创新精神、高度责任心、团队协作能力；

图1-10　新媒体编辑的职位描述

对查到的新媒体编辑的职位描述进行整理总结，并将结果填入表1-1中，以进一步了解新媒体编辑的职业现状。根据上述内容，充分审视自己，并为自己树立一个清晰的职业目标。

表1-1 新媒体编辑职位描述总结

项 目	个 数	自我评价（1～10分）
查看的招聘启事总数（不少于10条）		
职位描述中与新媒体编辑相似的相关职位		
职位描述中要求必须是新闻或网络与新媒体相关专业的		
职位描述中要求具有敏锐网感或熟悉网络文化的		
职位描述中要求具有扎实文字功底的		
职位描述中要求会使用PS、Pr等多媒体软件的		
职位描述中要求具有良好审美的		
职位描述中要求具有数据分析能力的		
职位描述中要求具有选题策划能力的		
职位描述中要求对某领域十分精通的		

佳作赏析 JIAZUOSHANGXI

赏析1 《全国美食为热干面加油》海报

2020年初，一场突如其来的疫情席卷全国，尤以武汉疫情形势最为严峻。一时间，全民进入了抗疫的紧张时期，举国支援武汉。1月23日，武汉封城，牵动着全国人民的心，网友们都用各种各样的方式为武汉加油。1月30日，原创动漫《野萌君》作者、微博网友“陈小桃momo”发布了一张有趣的海报：病房内，象征武汉的热干面躺在病床上，正在接受医护人员的诊疗；窗外，山东大葱、南京小笼包、陕西肉夹馍等象征祖国其他地区的美食们正在为热干面打气加油，如图1-11所示。

图1-11 《全国美食为热干面加油》海报

很快，这幅名为《全国美食为热干面加油》的海报就成了微博热门话题，包括拥有超1亿粉丝的央视新闻、人民日报等众多官媒纷纷转载，网友们也纷纷在各大官博的评论区进行互动，如“山东煎饼为热干面加油！”“猪肉炖粉条祝热干面早日康复。”“代表俺们胡辣汤为热干面加油！”等。那么，这张海报有何魅力，为什么能引发全民讨论和转发呢？

首先，《全国美食为热干面加油》海报构思巧妙。作者“陈小桃momo”通过漫画特有的象征手法，将疫情中的武汉拟人化为新冠肺炎患者，将其封城的举动象征化为在隔离病房中接受治疗，将全国各省份拟人化为探病家属，以小见大，将中华民族“一方有难，八方支援”的家国情怀以极富生活气息的景象传达出来。

扫一扫

热干面系列海报

其次，《全国美食为热干面加油》海报情怀十足。中国人特有的饮食文化是联系中华民族情感的重要纽带，而作者恰恰巧妙地将饮食文化融入作品中，运用各种极具地域性且家喻户晓的地方特色美食对武汉和各省进行了拟物化和“萌化”，提炼成可爱的漫画形象，从而引起了全国各地网友们热爱家乡、热爱祖国的强烈情感和共鸣。

最后，《全国美食为热干面加油》海报发布在了目前国内最知名的新浪微博上，借助于互联网传播速度快、时效性强、互动性强的独特优势迅速扩散传播，引发全体网民的讨论和转发。

同心抗疫

2020年，一场新型冠状病毒引发的肺炎疫情席卷全球。疫情来势汹汹，但无法吓退勇敢坚强的中国人民。我国人民万众一心，众志成城，在全国范围内掀起了一场“抗疫攻坚战”。

疫情期间，党和政府采取了诸多防控举措，如控制公共场所的人流量、避免人群聚集；社区防控、一人一码；科学溯源，群防群治等。对此，广大人民全力配合。最终，在全国人民的共同努力下，我国的疫情防控取得了阶段性胜利，为全球抗疫工作做出了突出贡献。

赏析2 《一禅小和尚》动画

《一禅小和尚》是一系列原创的3D动画，以中国传统故事“从前有座山，山里有座庙，庙里有个老和尚，老和尚对小和尚说……”为原型，讲述了一个6岁的小和尚一禅（见图1-12）和他的师父阿斗在寺庙中的言谈举止和日常生活。其良好的角色设定、有趣而温情的小故事、美轮美奂的古风场景、积极向上的人生哲理，击中了中国人的归隐情结，引起了大量网友的共鸣，迅速成为国民级别的动画IP。

扫一扫

《一禅小和尚》动画

图1-12　一禅小和尚

据悉，《一禅小和尚》于2016年开始运营，截至2018年，短短两年时间，就在全网积累了4 000万+粉丝，视频累计播放40亿次以上，还获得了哔哩哔哩9.6分、豆瓣8.9分的好评，可谓“流量口碑双丰收”。一禅小和尚的成功充分体现了互联网时代下新媒体思维的重要性。

思考与练习 SIKAOYULIANXI

1．选择题

（1）下列关于新媒体概念的说法，错误的是（　　）。

A．广播、电视是纸质媒体时代的传统媒体

B．美国《连线》杂志对新媒体的定义是所有人对所有人的传播

C．新媒体的概念并不是一成不变的

D．新媒体的“新”是相对于传统媒体而言的

（2）下列不属于传统媒体的是（　　）。

A．报刊　　B．广播

C．微博　　D．电视

（3）与传统媒体相比，新媒体的“新”不体现在（　　）上。

A．信息的双向窄播　　B．信息传播的延迟性

C．即时传播　　D．信息内容的多元化

（4）受众对内容进行点赞和转发体现了新媒体的（　　）特征。

A．数字化　　B．个性化

C．交互性　　D．虚拟性

（5）（　　）是新媒体的本质，也是其与传统媒体区别的分水岭。

A．虚拟性　　B．个性化

C．交互性　　D．数字化

（6）下列关于搜索引擎的说法中，错误的是（　　）。

A．搜索引擎是一种专门帮助用户在互联网上搜集信息的检索技术

B．国内外知名的搜索引擎包括百度、360搜索、搜狗搜索、搜狐等

C．用户可在搜索引擎主页的搜索框通过关键词查询要查找的内容

D．搜索引擎可帮助用户快速查找到需要的信息

（7）下列关于网络社区的说法中，正确的是（　　）。

A．网络社区以BBS为基础核心应用

B．网络社区就是门户网站

C．天涯社区是国内知名的专题网络社区

D．地方网络社区的内容一般包括某专业领域的行业资讯、所见所闻、答疑解惑

（8）下列关于新媒体编辑的说法中，错误的是（　　）。

A．新媒体编辑的本质还是编辑

B．新媒体编辑与传统媒体编辑没有任何区别

C．新媒体编辑以新媒体思维策划和设计内容

D．新媒体编辑通过新媒体传播手段将内容呈现给受众

（9）下列不属于新媒体编辑的工作内容的是（　　）。

A．选题策划　　B．素材收集

C．审查发布　　D．运营推广

（10）为了适应瞬息万变的互联网，新媒体编辑必须具备（　　）。

A．扎实的文字功底　　B．数据分析能力

C．良好的审美　　D．终身学习能力和专业纵深能力

2．填空题

（1）新媒体是以＿＿＿＿＿＿＿＿技术为基础，通过＿＿＿＿＿＿、宽带局域网、无线通信网和卫星等通信途径，利用计算机、数字电视机和以智能手机为代表的便携智能终端等，向用户提供＿＿＿＿＿＿和＿＿＿＿＿＿服务的传播形态。

（2）在传统媒体时代，信息源以＿＿＿＿＿＿的方式传播信息，到了新媒体时代，信息源以＿＿＿＿＿＿的方式传播信息。

（3）无论是新媒体还是传统媒体，信息的＿＿＿＿＿＿都非常重要，信息发布时间的早晚很大程度上决定了其价值的大小。

（4）新媒体的＿＿＿＿＿＿＿＿是其最鲜明的特征。

（5）＿＿＿＿是微型博客的简称，它是近年来最热门、最受欢迎的新媒体类型之一。

（6）微信公众平台分为＿＿＿＿＿＿、＿＿＿＿＿＿和＿＿＿＿＿＿三种类型。

（7）新媒体编辑就是指以＿＿＿＿＿＿＿策划和设计内容，利用＿＿＿＿＿＿＿手段搜集、加工和优化信息，并通过＿＿＿＿＿＿＿手段将内容呈现给受众的专业人员。

（8）____________是指新媒体编辑对受众需求、热门时事、网络热词、流行文化等互联网要素的感知与洞悉。

（9）无论是传统媒体编辑还是新媒体编辑，____________始终是其立足于行业的基石，也是决定其今后发展的重要因素。

（10）作为新时代背景下的新闻工作者，新媒体编辑必须遵守1991年1月通过的_______________________________________。

3．简答题

（1）新媒体“新”在何处？

（2）简述新媒体的特征。

（3）简述常见的新媒体类型。

（4）简述新媒体编辑的工作内容。

（5）简述新媒体编辑的岗位要求。

（6）新媒体如今正飞快发展，发展过程中出现了很多问题，如网络谣言、网络暴力、侵犯知识产权、网络诈骗等。请你谈谈对这些问题的看法，并思考：作为一名新媒体编辑应当如何避免这些问题？

学习目标

- 熟悉常见的新媒体信息搜索途径。
- 掌握常用的新媒体信息搜索技巧。
- 了解新媒体信息的评价标准，包括价值评价标准和社会评价标准两方面。
- 掌握新媒体信息整理的方法和技巧。
- 了解并学习使用新媒体信息整理工具。

素质目标

- 培养信息搜集与检索能力，增强适应时代潮流的信息素养。
- 坚守职业道德和法律规范，培养良好的职业素养。

02 CHAPTER

新媒体信息搜集

本章导读

互联网中具有海量的信息，是新媒体编辑的宝库。到了Web 2.0时期，人人都可以创作内容，这使得互联网中的信息呈现出规模庞大、流转迅速、类型多样、价值密度低等特点。在这样的大数据时代，快速搜集所需的优质信息已成为新媒体编辑提升工作效率和工作水平的重要技能。

本章从新媒体信息搜集的一般过程入手，分别介绍新媒体信息搜索、新媒体信息筛选和新媒体信息整理的相关内容。

2.1 新媒体信息搜索

互联网是全球最大的信息库，其中的内容浩如烟海。如何在互联网这个“信息海洋”中精准、快速地找到所需信息资源，是每位新媒体编辑的必修课。

对于普通的互联网用户而言，搜索引擎即可满足其信息搜索的需求，而对于新媒体编辑而言，仅仅使用搜索引擎是远远不够的，还必须在此基础上学习使用其他搜索途径（如专业性更强的垂直网站）和搜索技巧（如使用检索表达式），以精准、快速地从互联网中获取所需信息资源。

2.1.1 常见的新媒体信息搜索途径

新媒体信息是指在新媒体平台上传播的信息的总和。根据内容、功能和属性的不同，可将新媒体信息分为时政、财经、文化、历史、科技、数码、美食、育儿、情感、教育、法律等多种类型；根据表现形式的不同，可将新媒体信息分为文字、图片、音频、视频、动画等多种类型。不同类型的新媒体信息应采用不同的搜索途径，只有这样，才能精准、快速地获取所需的资源。

1. 综合信息搜索途径

搜索综合信息可使用综合类搜索引擎，如百度、360搜索、搜狗搜索等。之所以称其为综合类搜索引擎，是因为其搜索结果中不仅包含网页，还包含图片、视频等多种元素。用户可以直接搜索，也可以针对其中的某种类型进行特定的搜索。以360搜索为例，用户可搜索某关键词（如“如何提高写作能力”）相关的网页、资讯、视频、图片、地图、百科、文库等多种类型的信息（默认显示网页），如图2-1所示。

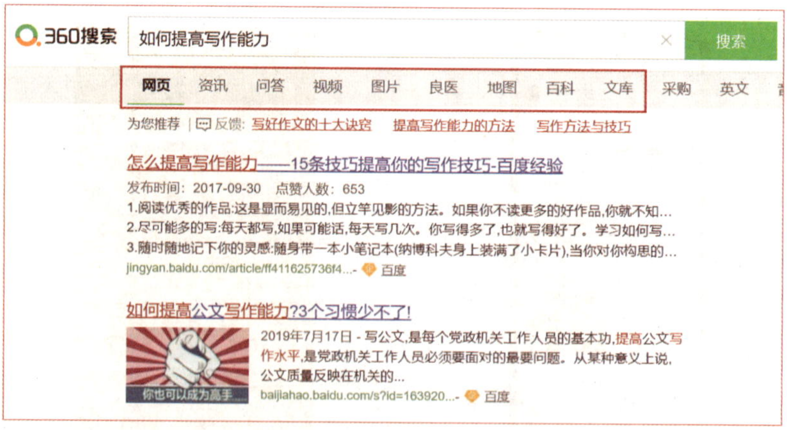

图2-1 使用360搜索进行综合信息搜索

使用综合类搜索引擎搜集信息不仅方便快捷，且信息内容覆盖广泛、无所不包；但也存在信息内容重复度高、时效性差、质量良莠不齐、价值密度较低等问题。

2. 文件资料搜索途径

新媒体编辑在进行内容创作时，知识类、工作类的文件资料是必不可少的。当前国内较为知名的文件资料搜索和下载网站包括百度文库（https://wenku.baidu.com）、道客巴巴（https://www.doc88.com）、爱问共享资料（https://ishare.iask.sina.com.cn）、360doc个人图书馆（http://www.360doc.com）、豆丁网（https://www.docin.com）等。其中，以百度文库（其搜索界面见图2-2）中收录的文件资料最多最全，在日常工作中，可将百度文库作为文件资料的主要搜索网站，其余网站作为补充。

图2-2　百度文库搜索界面

高手点拨 | GAOSHOUDIANBO

除上述文件资料搜索网站外，还有一些覆盖范围较小，但更加细分、更加精确的网站可在某些特定的场合发挥作用。例如，当内容中需要引用学术观点时，可访问专业的学术论文和期刊收录网站——中国知网（https://www.cnki.net）搜索相关内容。又如，当需要介绍某产品质量的相关国家规定时，可访问国家标准委员会发布的国家标准全文公开系统（https://openstd.samr.gov.cn）搜索相关标准。

总之，新媒体编辑在日常工作中应根据具体的文件资料搜索需求“对症下药”，选择权威且专业的网站，使工作事半功倍。

3. 企业信息搜索途径

新媒体的运营模式更加商业化，企业广告是其收入的重要来源，因此新媒体编辑免不了与企业打交道。例如，新媒体编辑在为合作企业进行产品推广、品牌宣传等内容创作时，需要了解一些企业公开信息，如企业成立时间、注册资本、经营范围等。这些信息可通过国家企业信用信息公示系统（见图2-3）、天眼查（https://www.tianyancha.com）、爱企查（https://aiqicha.baidu.com）等网站进行搜索查询。

图2-3　国家企业信用信息公示系统

4. 民生数据搜索途径

为使内容更具有说服力，新媒体编辑常常需要在内容中援引一些民生数据，如国内生产总值（GDP）、居民消费价格指数（CPI）、人口总数等。为保证内容的准确性，应尽量选取来自权威部门的民生数据，如中国政府网的“数据”专栏（http://www.gov.cn/shuju）（见图2-4）、“国家数据”网站（https://data.stats.gov.cn）等。

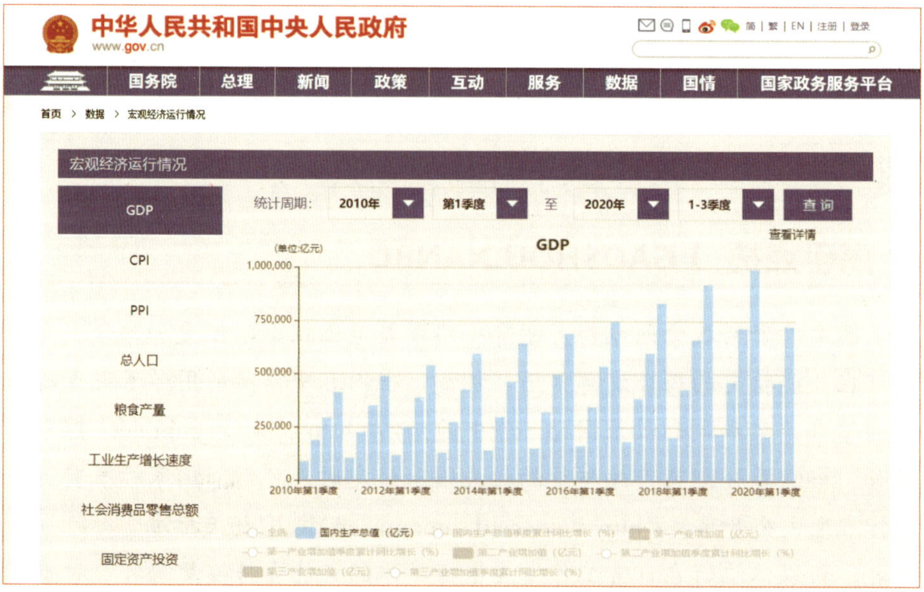

图2-4　中国政府网的“数据”专栏

5. 热点趋势搜索途径

新媒体编辑在创作时常常需要结合当下的热点事件，以使创作的内容获得更多的关注和点击量，俗称“蹭热点”。比起普通民众对热点的围观态度，新媒体编辑必须对各热点的来龙去脉和走向趋势有充分的了解，以从中选取话题度高、热度持续发酵的热点。要实现这一点，可借助一些能显示实时热点及其热度走势的网站，如微热点（https://www.wrd.cn）（见图2-5）、百度搜索风云榜（http://top.baidu.com）百度指数（http://index.baidu.com）、“微信指数”小程序（见图2-6）、微博热搜榜（https://s.weibo.com/top/summary）、新榜（https://www.newrank.cn）等。

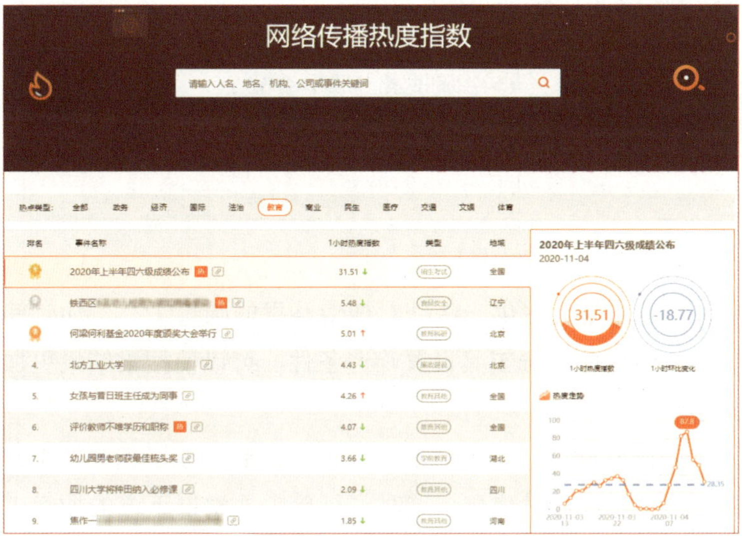

图2-5　微热点

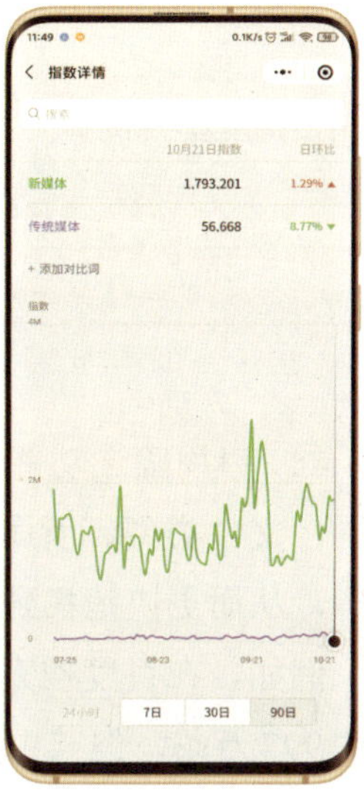

图2-6　“微信指数”小程序

课外扩展 | KEWAIKUOZHAN

请利用上述的新媒体信息搜索途径，分别获取以下新媒体信息：

（1）桂林山水风景图片。

（2）个人简历模板文档。

（3）深圳腾讯科技有限公司的企业相关信息。

（4）2015年北京市GDP。

（5）2019年中国微信500强年榜。

（6）新浪微博实时热搜榜。

2.1.2　新媒体信息搜索技巧

除上述常见的新媒体信息搜索途径外，一些新媒体信息的搜索技巧也可以帮助新媒体编辑快速、准确地找到所需信息资源。

扫一扫

搜索引擎使用技巧

1. 搜索引擎使用技巧

搜索引擎操作简单，搜索结果全面，是新媒体编辑在互联网上搜集信息最常用的工具之一。然而，如今互联网中的信息规模过于庞大，在动辄数百万条的搜索结果中快速、准确地找到所需信息仍然是十分困难的。因此，掌握一些搜索引擎的使用技巧，可有效提高搜索信息的效率。

（1）丰富关键词。一般来说，关键词越短，得到的搜索结果越多；关键词越长，得到的结果越具体，对关键词进行丰富的过程其实就是筛选信息的过程。例如，使用搜狗搜索搜索关键词“新媒体”，系统显示相关搜索结果约165.7万条；而将关键词换成“新媒体编辑”后，相关搜索结果仅剩约2.8万条，如图2-7所示。

图2-7　丰富关键词

（2）善用筛选功能。搜索引擎中通常会提供一些针对搜索结果的筛选工具，如时间范围、文件类型、所属站点等，利用这些筛选工具设置筛选条件，可以使搜索结果更加精确，从而更快地找到所需信息。

例如，在百度搜索关键词“中国互联网络发展状况统计报告”后，显示相关搜索结果约997万条，但其中很多都是几年前的过时信息。这时，可单击搜索框下方的搜索工具图标搜索工具，在出现的筛选条件中选择“时间不限”→“一月内”选项，即可看到筛选后更具时效性的搜索结果，如图2-8所示。

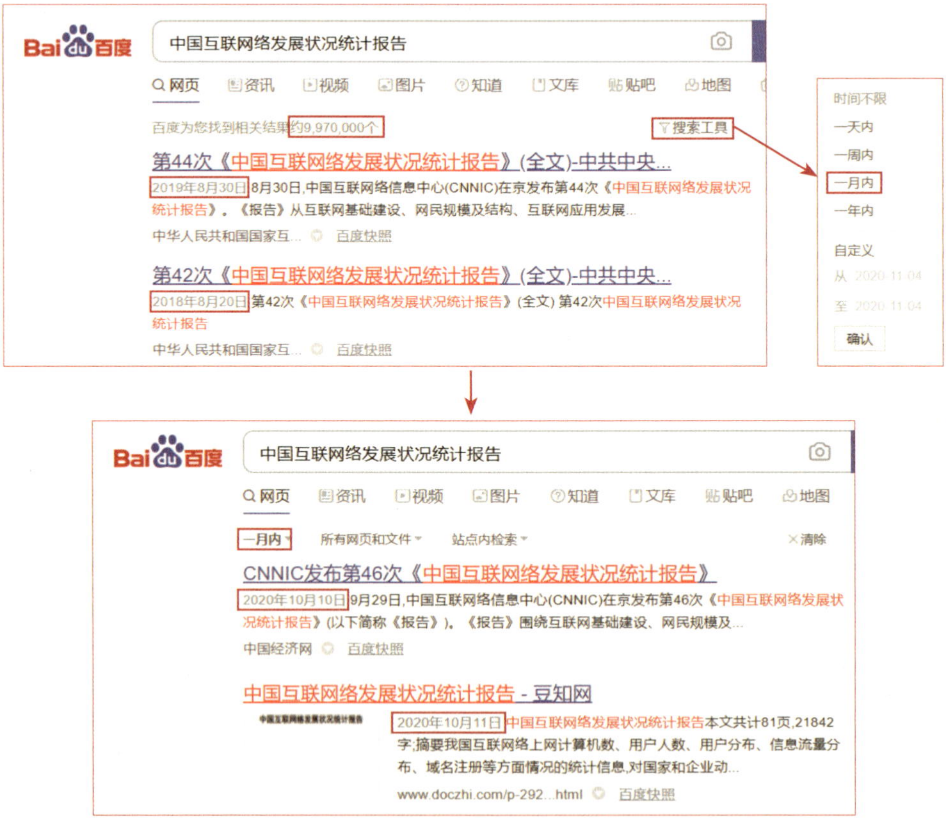

图2-8　使用搜索引擎的筛选功能

（3）使用检索表达式。在搜索引擎中使用检索表达式可有效提高搜索的精准性。常用的检索表达式如表2-1所示。

表 2-1 常用的检索表达式

检索表达式	作 用	使用实例
"[关键词]"	只反馈与关键词完全吻合的搜索结果	百度直接搜索"新媒体工作经验"，搜索结果约1 470万条；为关键词加上双引号后，搜索结果为55条
[关键词A] 一[关键词B]（关键词A后空一格）	在关键词A的搜索结果中屏蔽关键词B	百度直接搜索"孙悟空"，搜索结果中会出现《七龙珠》动漫中角色的相关条目；搜索"孙悟空 一龙珠"，搜索结果将不显示该动漫角色的相关条目
[关键词A] +[关键词B]（关键词A后空一格）	搜索结果必须同时包含关键词A和关键词B	百度直接搜索"大学"，搜索结果多为大学院校；搜索"大学 +四书"，搜索结果为"四书"之一的《大学》
[关键词] site:[网址]（关键词后空一格）	搜索结果只显示来自某网站的条目	百度直接搜索"新媒体"，搜索结果来自全网；搜索"新媒体 site:zhihu.com"，搜索结果只显示来自知乎的条目
[关键词] filetype:[.文件扩展名]（关键词后空一格）	搜索结果只显示某类型的文件	百度直接搜索"新媒体"，搜索结果的类型多种多样；搜索"新媒体 filetype:.ppt"，搜索结果均为演示文稿文档

2. 在垂直网站搜索

搜索引擎固然好用，但内容过于宽泛，需要用户花费很长时间进行筛选和判断。因此，在搜索新媒体信息时，应根据信息的类型去对应的垂直网站内进行搜索。

垂直网站一般专注于某一特定领域的某种特定需求，其内容相对专业，且更符合平台定位。例如，某微信公众号有一篇阅读量为"10万+"的爆款文章，通过搜索引擎虽然也可以找到这篇文章，但通常为转载过的二手、三手资料，仅能呈现内容，无法呈现点赞、评论、浏览量等原始数据，而使用微信的"搜一搜"功能，即可找到原文链接。类似的，要搜索话题浏览量过亿的微博，可使用微博自带的站内搜索；要寻找某电影的影评及评分，可去豆瓣搜索电影名称。

3. 使用网络爬虫

网络爬虫（web crawler）又称"网页蜘蛛""网络机器人"，是一种按照一定的规则，自动采集（称为"爬取"）万维网信息的程序或者脚本。如果将互联网比作一张蜘蛛网，互联网上的一个个网页比作蜘蛛网上的一个个节点，那么网络爬虫就是在网上爬来爬去的蜘蛛。“蜘蛛”爬到一个节点就相当于访问了该网页，并从中提取所需信息。掌握网络爬虫的使用方法，可以帮助新媒体编辑获取范围更大、类型更多的信息资源。

目前市面上有很多操作方便、功能多样的网络爬虫工具，如八爪鱼采集器、集搜客、HTTrack等。以八爪鱼采集器为例，这是一款功能强大的网站爬虫，可采集市面上几乎所有网站上任意类型的数据。八爪鱼采集器提供了简洁明了的可视化界面（见图2-9）、丰富的采集模板和操作教程，非编程人员也可轻松上手使用；支持模板采集、智能采集、云采集、自定义采集等多种信息采集模式，还可将采集到的内容保存为Excel、txt、html等结构化格式。

图2-9　八爪鱼采集器的可视化界面

2.2　新媒体信息筛选

XINMEITI BIANJI

时至今日，互联网中累积的信息量之大已超乎想象，这些信息是新媒体编辑宝贵的财富，但其中也有很多未经加工、没有价值甚至虚假的信息。作为新媒体编辑，必须了解新媒体信息的评价标准，具备筛选信息的能力。一般来说，对新媒体信息的筛选就是对其价值和社会影响两个方面的综合评价。

2.2.1　新媒体信息价值评价标准

对新媒体信息的价值评价标准包括5个方面，即信息的真实性、时效性、权威性、实用性和趣味性。

1. 真实性

真实性是指事件的前因后果、涉及的人和事物、造成的影响等各个要素都是客观存在且真实的。真实性是信息最重要的价值评价标准。在互联网中，一些虚假信息由于利用了受众的好奇、利他或恐慌心理，往往比真实信息传播更快，影响范围更广。这些虚假信息鱼目混珠，让人难以分辨。要判断信息的真实性，可从其内容（what）、当事人（who）、来源（where）、时间（when）和缘由（why）的客观真实性及彼此间关联的逻辑性等多角度进行判断。

2. 时效性

新媒体信息的时效性是指信息的新旧程度。同一事件的性质在不同的时间可能具有很大差异，这种差异决定了描述该事件的信息只在特定时间段内具有较大价值。尤其是对于一些突发事件，其时效性是人们获取该信息时关心的主要问题之一，谁拥有最新信息，谁就最有发言权。

需要注意的是，时效性并不总是决定信息的价值，还取决于事件本身的时效性。例如，当新媒体编辑创作的内容主题是娱乐新闻，时效性就成了其筛选信息的重要依据，而当其创作的内容主题是历史趣闻，时效性就显得无关紧要了。

3. 权威性

权威性是指信息的发布主体在科学研究或社会生活的某个领域具有令人信服的力量。通常，权威性较高的机构、组织和个人发布的信息的质量和可信度较高。例如，某三甲医院官方公众号发布的医学科普文章的可信度要远高于某不知名自媒体发布的文章。因此，在筛选信息时，可以此为依据来保证信息的真实性。

当然，将权威性作为信息价值的评价标准并不意味着迷信权威，权威机构、组织和个人的话也不能偏听偏信，而应当始终以真实性作为首要原则，保持清醒的头脑，对信息进行客观公正的评价。

4. 实用性

对于互联网用户而言，互联网俨然已成为其获取知识的重要来源。一些内容更实用、“干货满满”的信息往往更加容易受到用户的青睐和推荐。因此，新媒体编辑在筛选信息时，不仅要保证信息的真实性和时效性，也要尽量保证其实用性。只有这样，才能为自身赢得更多流量。

5. 趣味性

趣味性也是评价信息价值的重要标准，但不是必要标准。现代社会的人们生活节奏快，工作和学业压力大，因此很多人会将新媒体信息作为自身排遣压力、放松身心的重要途径，内容中含有“萌宠”“搞笑”“解压”等关键词的信息往往对人们有更大的吸引力。因此，在保证信息真实性和时效性的前提下，应将信息的趣味性也纳入信息的筛选条件中。

案例剖析 | ANLIPOUXI

李永乐老师的趣味科普之路

2017年，一条解释“闰年”的趣味科普短视频火爆全网，该视频作者李永乐老师也因此意外走红。随后，李永乐老师开设了自己的新媒体账号，开始制作趣味科普视频。在他的科普视频中，经常结合时事热点引出问题。例如，“《我不是药神》里的格列卫为什么这么贵？”“《流浪地球》里的引力弹弓是什么？”……无论知识本身多么枯燥难懂，李永乐老师总能以诙谐幽默的语言，深入浅出地将其讲解清楚，于是，他在多个新媒体平台上迅速收获了大量粉丝。截至2020年11月，李永乐老师全网粉丝数已超过2 000万。

扫一扫

2.2.2 新媒体信息社会评价标准

一般来说，对新媒体信息的社会评价标准涉及政治政策、法律法规、公序良俗等多个方面，而较具概括性的是新媒体业界常提及的“九不准”和“七条底线”。

1. “九不准”

“九不准”是国务院颁布的《互联网信息服务管理办法》中规定的内容。《互联网信息服务管理办法》第十五条明确规定，互联网信息服务提供者不得制作、复制、发布、传播含有下列内容的信息：

（1）反对宪法所确定的基本原则的；

（2）危害国家安全，泄露国家秘密，颠覆国家政权，破坏国家统一的；

（3）损害国家荣誉和利益的；

（4）煽动民族仇恨、民族歧视，破坏民族团结的；

（5）破坏国家宗教政策，宣扬邪教和封建迷信的；

（6）散布谣言，扰乱社会秩序，破坏社会稳定的；

（7）散布淫秽、色情、赌博、暴力、凶杀、恐怖或者教唆犯罪的；

（8）侮辱或者诽谤他人，侵害他人合法权益的；

（9）含有法律、行政法规禁止的其他内容的。

2. “七条底线”

“七条底线”是指中华人民共和国国家互联网信息办公室在2013年举办的“网络名人社会责任论坛”上，各网络名人达成共识后提出的七条原则，即：法律法规底线、社会主义制度底线、国家利益底线、公民合法权益底线、社会公共秩序底线、道德风尚底线、信息真实性底线。

“七条底线”既是广大互联网用户应遵守的共同原则，同时也是新媒体编辑在进行信息筛选时重要的社会评价标准。

2.3 新媒体信息整理

很多新媒体编辑在平时会搜集大量的信息素材，但在内容创作时，却仍然苦于灵感枯竭，无从下手。这是因为，尽管搜集了大量新媒体信息，但这些信息却杂乱无序、毫无章法，不仅无法提高新媒体编辑的工作效率，还会使其耗费大量时间和精力在素材的查找和辨别上，大大降低工作效率。

因此，新媒体编辑必须养成信息整理的好习惯。通过对新媒体信息进行整理，新媒体编辑不仅可以快速查找到所需信息，还能从这些持续更新的信息中源源不断地获取灵感，可谓一举两得。那么，如何高效整理新媒体信息呢？

2.3.1 新媒体信息整理方法

每位新媒体编辑由于工作性质、工作领域的不同，对新媒体信息的需求不尽相同，整理新媒体信息的方法也多种多样。下面介绍两种实用的新媒体信息整理方法。

1. 分类整理

分类整理是指将具有相同特征（如相同主题）的信息归为一类进行管理的信息整理方法。信息往往不止一种特征，因此分类的方法也多种多样，但无论如何分类，都应遵循实用、易用、高效的原则。

根据与所创作内容的相关程度，可将新媒体编辑搜集到的信息分为体系化信息和碎片化信息两类，并分别进行整理。

（1）体系化信息。一个新媒体账号发布的内容通常会紧紧围绕某一主题，如情感、母婴、图书、影音、数码等。这意味着该账号的新媒体编辑需长时间地创作与该主题相关的内容，自然也会积累大量与主题相关的信息。这些信息的表现形式各不相同，但都属于同一体系下，因此称为体系化信息。例如，某数码资讯领域的新媒体编辑搜集到的体系化信息的关键词如图2-10所示。

数码资讯领域关键词
- 手机
  - 通信手机：Apple、华为、小米等
  - 手机配件：充电器、移动电源、贴膜、保护壳等
- 电脑
  - 电脑整机：台式机、一体机、笔记本电脑、平板电脑等
  - 电脑配件：显卡、键盘、鼠标、耳机等
- 其他
  - 智能生活：智能家电、智能穿戴、智能门锁等
  - 休闲娱乐：相机、游戏机、VR头盔、无人机、投影仪等

图2-10 数码资讯领域新媒体信息关键词

对于新媒体编辑而言，体系化信息与主题的关联度较大，可以反复利用，对内容创作起着支撑作用，因此新媒体编辑应当重点整理体系化信息，将其建成一个素材库，并在今后的工作中不断对其进行丰富。久而久之，这个素材库将会成为新媒体编辑内容创作重要的灵感来源。

（2）碎片化信息。在日常的工作过程中，新媒体编辑往往会在不经意间接触到一些值得收藏的信息，如：灵光一现的观点，令人眼前一亮、拍案叫绝的标题、文案、热评，质量较高的素材下载网站，引发轰动的热点事件等。这些信息跨度很大，内容较少，因此称为碎片化信息。

新媒体编辑搜集到的碎片化信息与主题的关联性较小，往往无法直接使用，但却可能会为之后的内容创作提供灵感，或成为某篇作品的点睛之笔。因此碎片化信息同样十分重要，新媒体编辑应注重对其的整理。例如，可建立“灵感”“鸡汤”“热点”“金句”“美图”等文件夹，将日常工作中遇到的碎片化信息按类别整理到对应的文件夹中。

2. 分层整理

分层是一种广泛应用于各领域、各学科的信息描述思想，也是一种实用的信息整理方法。分层非常适合描述由海量元素组成的庞大系统，通过不断地将这个系统向下细分，可对其进行非常清晰和体系化的描述。例如，生物学按分层思想建立了生物分类学，尽管全球的物种有上百万种，但任何已知物种均可通过生物分类学的“界门纲目科属种”体系准确描述。

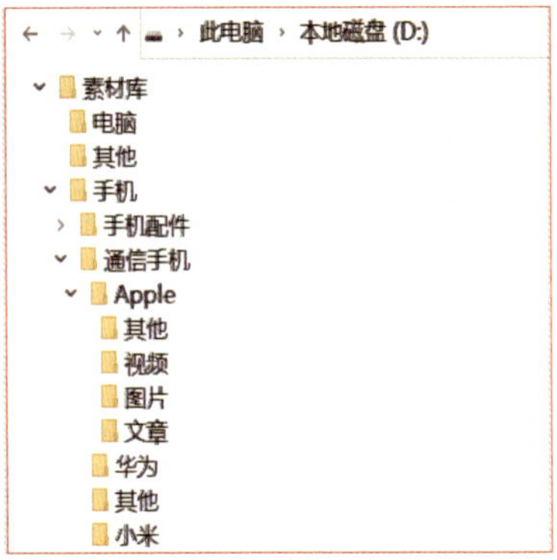

图2-11　数码资讯领域的新媒体素材库

对于新媒体编辑而言，可以通过分层整理的方法，根据某一依据（如使用频率、与主题相关程度）划分若干种类，并不断向下细分，将搜集到的大量新媒体信息梳理为一个自成体系、秩序井然的素材库。例如，上述数码资讯领域的新媒体编辑创建素材库（见图2-11）的过程如下：

（1）在计算机的D盘中创建初始文件夹“素材库”。

（2）以内容侧重点为依据，在初始文件夹“素材库”中创建“手机”“电脑”“其他”3个一级文件夹。

（3）在各一级文件夹中分别创建若干个二级文件夹。例如，在“手机”一级文件夹中以类别为依据创建“通信手机”和“手机配件”两个二级文件夹。

（4）在各二级文件夹中分别创建若干个三级文件夹。例如，在“通信手机”二级文件夹中以品牌为依据创建“Apple”“华为”“小米”“其他”4个三级文件夹。

（5）在各三级文件夹中分别创建若干个四级文件夹。例如，在“Apple”三级文件夹中，以素材文件类型为依据，创建“文章”“图片”“视频”“其他”4个四级文件夹。

（6）以此类推，即可创建一个涵盖数码资讯领域所有信息，且易于查找和归类的素材库。

2.3.2 新媒体信息整理技巧

分类和分层的新媒体信息整理方法可帮助新媒体编辑建立一个逻辑清晰、井井有条的素材库。此外，新媒体编辑可通过一些新媒体信息整理技巧来提高素材库的使用和信息查找效率。

1. 规范化命名

在一个完善的素材库中，一个文件夹中可能包含十余个乃至数十个子文件夹，如果这些文件夹的命名五花八门，会让人眼花缭乱，影响信息的整理和查找效率。因此，新媒体编辑在整理信息时，应注意对文件夹进行规范化命名。

（1）以阿拉伯数字或字母开头。操作系统按照字典顺序（即拼音首字母顺序）对汉字进行排序。因此，若直接使用汉字命名文件夹，则可能造成文件顺序混乱，不易查找和归类。以阿拉伯数字或字母开头命名文件夹，如“1.[文件夹名称]”或“A.[文件夹名称]”，可使文件夹按照数字或字母顺序进行排列，清晰明了，易于查找和归类。

（2）根据使用频率排序。在素材库中，可通过以阿拉伯数字或字母开头的命名方式将使用频率较高的文件夹放在第一或前几的位置，以便快速找到。而对于一些不经常使用的文件夹，则可通过命名将其放在靠后的位置。例如，上述数码资讯领域新媒体编辑的素材库的二级文件夹可根据其使用频率命名为“1.手机”“2.电脑”“3.其他”。

（3）名称尽量简洁。文件夹的名称应尽量简洁，这样可以大大减少信息查找的时间。例如，“23.商务PPT模板”就远比“600份商务风格简洁大气PPT模板”更容易查找。

2. 定期清理

新媒体编辑虽然可通过分类、分层等整理方法将素材库整理得层次清晰、井井有条，但随着时间的推移，素材库中的信息会越来越多，而这些素材并不一定都有价值。例如，有的素材可能存在重复项或类似项，有的可能早已失去了时效性，有的可能已经有了更好的替代品，有的可能囿于当时的审美或能力，如今已不再适用。这些素材会占用计算机的很多存储空间，却无法发挥作用，甚至还会影响新媒体编辑查找信息的效率。因此，新媒体编辑应定期清理素材库中无价值的素材，保持素材库的高实用性。

2.3.3 新媒体信息整理工具

除掌握正确的整理方法和技巧外，新媒体编辑还可以通过使用新媒体信息整理工具来提高信息整理效率。这类工具软件有很多，下面介绍几种具有代表性的工具。

1. 云笔记

云笔记是一种基于云端同步技术的电子笔记本软件，可在PC端、移动端之间实现信息的同步。目前市场上知名的云笔记包括有道云笔记、印象笔记、OneNote等，这些笔记本都具有十分丰富的功能：具有PC端、手机端、平板电脑端、Mac端、网页等多种客户端；支持以文字、图片、语音、手写等多种形式记笔记，还可对图片中的文字进行识别；可直接插入、阅读和编辑Office与PDF文档；支持微信、微博、网页链接一键保存；具有浏览器插件，可将网页做成剪报一键收藏；可协作处理内容；具有分类、分层、搜索功能等。

借助云笔记强大的记录和同步功能，新媒体编辑可随时随地记录灵感，搜集、整理和查看新媒体信息，大大提高工作效率。

2. 思维导图

思维导图又称“脑图”“心智导图”，是一种用于发散思维表达、思路梳理、观点总结的图像化辅助工具。目前较知名的思维导图软件包括XMind、MindLine思维导图、幕布等。

思维导图利用具象化的图像、颜色等元素，运用图文并重的技巧，将各主题的从属、相关或并列的层级关系以树状图的方式表现出来，帮助读者为主题之间建立记忆链接，从而使原本抽象晦涩的内容变得一目了然，混乱郁结的思路变得清晰通畅。

新媒体编辑在整理信息时，可借助思维导图来设计和改良素材库结构，或在建立素材库后建立索引以便于更好地整理和使用素材。例如，可使用MindLine思维导图软件，将上述数码资讯领域新媒体编辑所创建素材库的索引制作成思维导图，如图2-12所示。

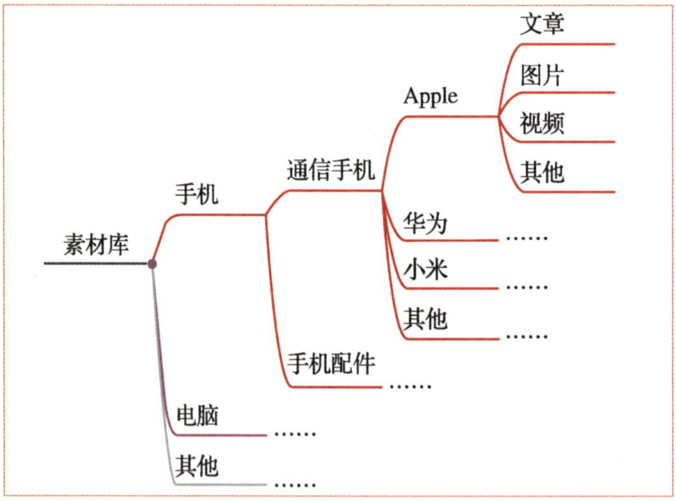

图2-12　素材库索引（部分）

3. 收趣

收趣是一款专门用于将网络上的内容进行集中保存和整理的“云收藏夹”软件，它具有与云笔记类似的特点，如多端同步，具有浏览器插件，可一键收藏，支持微信、微博、网页链接一键保存，具有分类、分层、搜索功能等。与云笔记不同的是，收趣的功能更加偏向于“收藏”和“阅读体验”，其主推的功能是内容的完整收藏、统一风格排版和全平台内容聚合。因此，新媒体编辑可在使用云笔记的同时，通过收趣将内容以一种统一的风格更加完整地保存下来，对信息整理起到一定的辅助作用。

4. Everything

Everything是一款运行在Windows操作系统上的轻量级本地文件搜索工具，可快速查找到计算机中的文件和文件夹。尽管Windows操作系统的资源管理器也可进行文件的搜索，但搜索速度却不尽如人意。Everything则不同，该软件只需在初次运行时花费一定时间建立全盘文件索引，之后用户每次运行Everything后，只需在搜索栏中输入要查找文件的关键词，Everything就会实时显示包含此关键字的文件或文件夹，如图2-13所示。

Everything快速查找本地文件的特性可为新媒体编辑提供更多的文件整理和查找思路。例如，当要使用的素材位于层级较多的文件夹中时，可通过Everything快速定位该文件；又如，当忘记要使用的素材所在路径时，可通过Everything快速打开该文件。

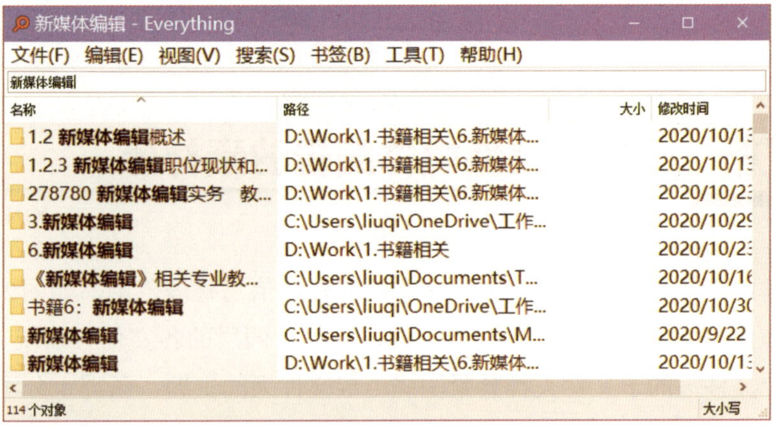

图2-13 使用Everything搜索文件

编辑实战——为企业形象宣传文案搜集信息

XINMEITI BIANJI

实战目标

结合本章提到的信息搜索、信息筛选和信息整理的新媒体信息搜集知识，为图书策划、出版和发行公司——北京金企鹅文化发展有限公司的企业形象宣传文案搜集素材。

实战步骤

本实战需要借助连入互联网的计算机完成，具体步骤如下。

步骤1　使用百度搜索引擎，搜索关键词“金企鹅”，在搜索结果中寻找其官方网站。若无法找到，则可使用一些搜索引擎的使用技巧，如丰富关键词，将关键词“金企鹅”丰富为“北京金企鹅文化发展有限公司”；或使用检索表达式，根据该公司的类型，搜索关键词“金企鹅 +图书”。找到其官方网站后，访问该网站，在网站中找到企业简介、业务范围、公司LOGO、经营产品等企业信息。

步骤2　搜索企业信息。访问国家企业信用信息公示系统（北京）（http://bj.gsxt.gov.cn），搜索关键词“北京金企鹅文化发展有限公司”，进入其企业信息详情页，获取相关信息，如公司类型、注册时间、公司所在地、公司法人代表等。

步骤3　访问微博热搜榜，查看当前榜单中可用于充当文案素材中的条目，如企业、图书、教育相关的网络热词、爆梗、热点事件等。

步骤4　根据新媒体信息的价值评价标准和社会评价标准，对所搜集到的信息进行筛选。

步骤5　将筛选后的信息按照分类、分层的整理方法整理到个人素材库中，以备接下来撰写企业形象宣传文案使用。

佳作赏析——赏析某新媒体编辑的素材库

XINMEITI BIANJI

某新媒体编辑的素材库是一个非常优秀的新媒体信息整理范本，如图2-14所示。

首先，该素材库的分类和层级设计合理，不仅对同层的各文件夹按统一依据进行了分类，且每个文件夹的子文件夹都紧紧围绕上层文件夹的主题，条理十分清晰。

其次，该素材库使用了规范化的命名方式，如使用阿拉伯数字为二级文件夹“2.图片”命名后，其下的三级文件夹使用了“2-×”的命名形式来表明从属关系，而再往下的四级文件夹则使用了大写英文字母开头以便于区分。

再次，素材库还根据使用频率对文件夹进行了排序，且每个文件夹的名称非常简洁，一目了然，可快速查找到所需的信息素材。

最后，该素材库设置了“其他”文件夹，便于将除工具、文案、图片和影音外的素材进行归类。此外，各层级均保留了“临时”或“未分类”文件夹，以将临时性或无法为其分类的素材暂时保存到其中。

图2-14　某新媒体编辑素材库的一部分

思考与练习 SIKAOYULIANXI

1．选择题

（1）下面有关新媒体信息搜索的说法中，错误的是（　　）。

A．搜索引擎可满足一切新媒体信息搜索需求

B．综合类搜索引擎具有方便快捷、覆盖广泛、无所不包的优点

C．百度文库是知名的文件资料搜索和下载网站

D．一些更加细分、更加精确的网站可在某些特定的场合发挥作用

（2）某新媒体编辑要将作品与当下热点事件结合，要搜索当下的热点事件相关信息，最适合他的新媒体信息搜索途径是（　　）。

A．综合信息搜索　　B．文件资料搜索

C．民生数据搜索　　D．热点趋势搜索

（3）下列不属于搜索引擎实用技巧的是（　　）。

A．丰富关键词　　B．使用通话功能

C．使用检索表达式　　D．使用筛选功能

（4）下列搜索引擎检索表达式的用法中，错误的是（　　）。

A．为关键词加上双引号后，搜索引擎只会反馈和关键词完全吻合的搜索结果

B．[关键词A] －[关键词B]表示在搜索关键词A的同时屏蔽关键词B

C．[关键词A] /[关键词B]表示搜索结果必须同时包含关键词A和关键词B

D．[关键词] filetype:[.文件扩展名]表示搜索结果只显示某类型的文件

（5）新媒体信息最重要的价值评价标准是（　　）。

A．真实性　　B．权威性

C．趣味性　　D．时效性

（6）（　　）是指信息的新旧程度。

A．真实性　　B．权威性

C．趣味性　　D．时效性

（7）一般来说，对新媒体信息的社会评价不涉及（　　）。

A．公序良俗　　B．政治政策

C．实用性　　D．法律法规

（8）根据新媒体信息与新媒体编辑所创作内容的相关程度可分为（　　）。

A．体系化信息和娱乐化信息　　B．体系化信息和碎片化信息

C．娱乐化信息和碎片化信息　　D．娱乐化信息和专业化信息

（9）下面不属于规范化命名技巧的是（　　）。

A．使用“一”“二”等汉字数字作为文件名开头

B．使用“1”“2”等阿拉伯数字作为文件名开头

C．根据文件或文件夹的使用频率对其进行排序

D．文件和文件夹名称应尽量简洁

（10）下列不属于云笔记的是（　　）。

A．OneNote　　B．印象笔记

C．收趣　　D．有道云笔记

2．填空题

（1）常见的新媒体信息搜索途径包括综合信息搜索途径、____________、企业信息搜索途径、____________和热点趋势搜索途径等。

（2）要使搜索引擎的结果只来自某网站，应使用的检索表达式是____________。

（3）____________又称“网页蜘蛛”“网络机器人”，是一种按照一定的规则，自动采集（称为“爬取”）万维网信息的程序或者脚本。

（4）信息的真实性可从其__________（what）、__________（who）、__________（where）、__________（when）和__________（why）的客观真实性及彼此间关联的逻辑性等多角度进行判断。

（5）______________是指信息的发布主体在科学研究或社会生活的某个领域具有令人信服的力量。

（6）______________是国务院颁布的《互联网信息服务管理办法》中规定的内容。

（7）无论如何分类新媒体信息，都应遵循__________、__________、__________的原则。

（8）处理计算机中无用素材的通用方法是______________。

（9）______________是一种基于云端同步技术的电子笔记本软件，可在PC端、移动端之间实现信息的同步。

（10）______________又称“脑图”“心智导图”，是一种用于发散思维表达、思路梳理、观点总结的图像化辅助工具。

3．简答题

（1）简述常见的热点趋势网站。

（2）简述搜索引擎的使用技巧。

（3）简述信息筛选的价值评价标准。

（4）简述新媒体信息整理的方法和技巧。

（5）简述规范化命名的技巧。

SHIJIANPIAN

实践篇

03 CHAPTER

学习目标

- 了解新媒体文案的概念、特征和类型。
- 熟悉新媒体文案选题策划的流程。
- 掌握新媒体文案选题策划的技巧。
- 熟悉新媒体文案内容的常见结构。
- 了解新媒体文案标题的重要性。
- 掌握新媒体文案内容和标题的创作技巧。

素质目标

- 领略中华文化的博大精深，树立文化自信。
- 坚持实事求是的工作作风，树立正确的价值观。

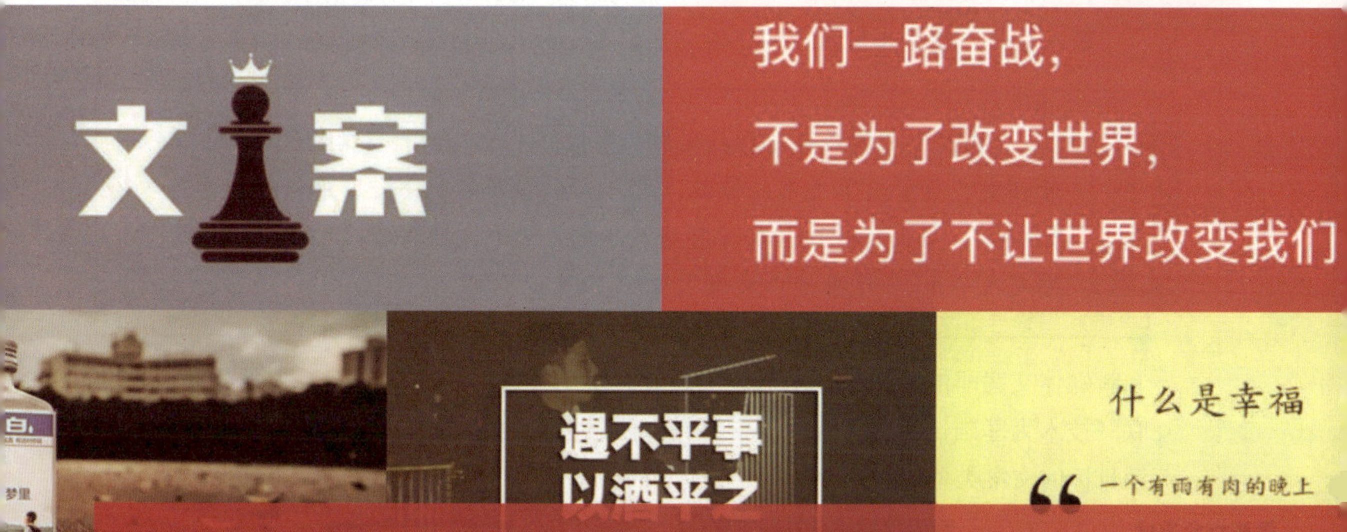

新媒体文案创作

本章导读

无论是传统媒体还是新媒体，优秀的文案永远是凸显其价值的核心竞争力。对于新媒体编辑而言，即使掌握再多提升工作效率的方法和技巧，如果写不出好的文案，那也算不上一名合格的新媒体编辑。

本章从新媒体文案的基本概念入手，介绍新媒体文案创作的相关知识，包括新媒体文案的选题策划、内容编辑、标题编辑等内容。

3.1 新媒体文案概述

打开电视，“充电五分钟，通话两小时”“怕上火，喝加多宝”等耳熟能详的电视广告语扑面而来；走在街上，店铺招牌、街道或公交站台上的宣传广告语随处可见；上网冲浪，网页上林林总总的广告弹窗纷纷映入眼帘……在现代商业社会，广告可谓无孔不入，无处不在，而广告的核心就是文案。那么，究竟什么是文案呢？新媒体文案又是什么？

3.1.1 什么是新媒体文案

“文案”一词来源于广告行业，是“广告文案”的简称，多指广告中构思巧妙、以吸引受众为目的的创意内容。文案有狭义和广义之分，狭义的文案仅指广告中的语言文字部分，如广告的标题、副标题、广告语、活动主题文字等；广义的文案则包含广告的全部，包括语言文字部分和图片、视频等表现形式。例如，如图3-1所示的“钻石恒久远，一颗永流传”就是非常经典的广告文案。

源远流长

“文案”一词最早是指放文件和书信的桌子，后来专指古代官衙中掌管档案、负责起草文书的僚属，也可指代官署中的公文、书信等，亦作“文按”。唐代的戴叔伦在《答崔载华》一诗中这样写道：“文案日成堆，愁眉拽不开。”这里的“文案”，就是公文的意思。

新媒体文案即由新媒体技术催生的、具有鲜明互联网特色的文案。它是一种以移动互联网技术为基础，利用新媒体的交互性，进行创意内容输出，以辅助商家或企业实现营销目标的文案类型。例如，如图3-2所示的微博就是一篇典型的新媒体文案。

图3-1 广告文案

图3-2 新媒体文案

一篇优秀的新媒体文案必须做到两点：其一是文案能在消费者心中留下深刻印象；其二是文案流传度要广，能取得良好的营销效果。要实现第1点，文案必须符合品牌形象，体现产品的核心价值；要实现第2点，文案自身需要具备主动传播价值，能让受众乐于主动分享或传播文案。简单来说就是，一篇优秀的新媒体文案必然能在宣传品牌形象或体现产品核心价值的同时，具备主动传播价值。

知识库 | ZHISHIKU

在某些企业的新媒体部门中，会对新媒体岗位进行更加细致的分工，一些专职于文案创作和加工的新媒体编辑也叫"文案"。

3.1.2 新媒体文案的特征

作为新媒体催生的产物，新媒体文案同样具有新媒体的诸多特征，具体包括发布成本低、传播途径和形式多样、交互性强、目标群体精准等。

1. 发布成本低

传统文案主要发布在报纸、杂志、广播和电视等平台，其成本普遍较高。例如，在某卫视黄金时段投放一条15秒的广告，单价为16.7万元，若月投放60次，则文案的发布成本高达1 002万。

新媒体平台上的文案发布成本则相对低廉。例如，在某坐拥千万粉丝的微信公众号上发布一篇头条广告的价格约为45万元。此外，由于新媒体账号会在某一领域持续深耕，其受众群体的构成简单，且黏性较高，故通过新媒体发布的文案常常只需花费一次成本就能取得不错的营销效果。

2. 传播途径和形式多样

传统文案的发布平台较少，因此传播途径和形式都非常有限。例如，报纸和杂志只能以图文形式传播文案，广播只能以音频形式传播文案。而新媒体文案的发布平台非常多，如微信公众平台、微博、知乎、QQ看点、百家号、头条号等，这为新媒体文案提供了非常丰富的传播途径。此外，新媒体采用的数字化技术为文案提供了文字、图片、影音、超链接等多种表现形式，受众通过一台计算机或手机即可接收各种形式的新媒体文案，十分方便。

3. 交互性强

交互性强是新媒体最鲜明的特征，同样的，它也是新媒体文案最鲜明的特征。新媒体的受众对于文案的选择空间很大，且可对文案进行实时反馈和评价。要吸引受众的眼球，就必须创作出接地气的、能引起受众强烈共鸣的、极具主动传播价值的文案。因此，新媒体文案非常注重内容和形式的交互性，在向受众传播文案时，也积极与受众进行互动，随时接收受众的反馈信息，以为受众提供更好的售后服务。

4. 目标群体精准

传统媒体的受众群体规模巨大，涵盖层次广泛，这使得传统文案很难制定有针对性的文案创作标准，自然也无法精准定位目标群体。

新媒体双向窄播的信息传播方式虽然造成了受众的分流，但也使得受众群体的层次得到了明显的划分，各新媒体平台受众群体的兴趣爱好、年龄层次、性别比重等特征十分鲜明，各受众群体的内部聚集效应明显，文案的针对性和推广力度更强。例如，学生群体常使用的通信软件为QQ，其感兴趣的话题包括动漫、游戏、运动、数码、校园等；职场人士常使用的通信软件为微信、钉钉，其感兴趣的话题包括财经、健康、时尚、情感……新媒体编辑可根据这些特征精准刻画目标群体的用户画像，创作出主题契合且易于传播的新媒体文案。

3.1.3 新媒体文案的类型

根据不同的标准，可将新媒体文案划分为不同的类型。不同类型的文案有着不同的创作重点和应用场景，也能起到不同的效果。因此，对新媒体编辑而言，了解常见的新媒体文案类型是十分必要的。下面介绍几种常见的新媒体文案的类型。

1. 销售文案和宣传文案

根据营销目的的不同，可将新媒体文案分为销售文案和宣传文案。

（1）销售文案（见图3-3）的营销目的是销售产品。因此，销售文案会明确商品的核心卖点，并通过一些引导和营销手段（如折扣、限购、个性彰显、社会价值绑定等），让消费者相信该产品能满足自身某方面的需求，给予消费者充足的购买理由，以勾起消费者的购买欲望。

（2）宣传文案（见图3-4）的营销目的是宣传品牌或产品，扩大品牌或产品的影响力。这种文案通常会用生活场景、情感态度、情怀理想等内容引发受众的共鸣，让受众对品牌或产品留下深刻印象。

图3-3 销售文案

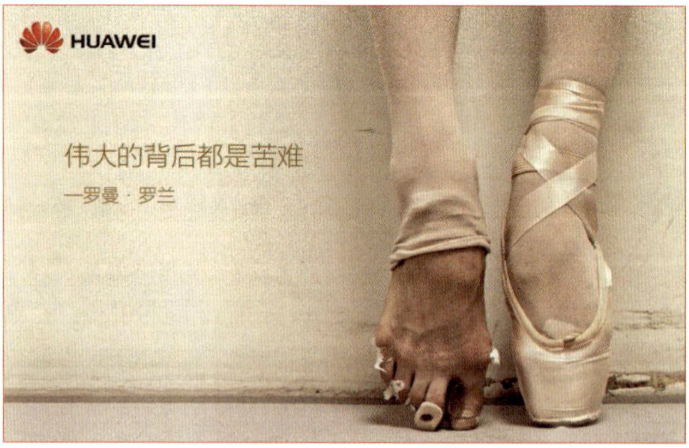

图3-4 宣传文案

2. 硬广文案和软广文案

根据广告呈现方式的不同，可将新媒体文案分为硬广文案和软广文案。

（1）硬广文案是指将广告内容直白地发布到新媒体平台上的文案。例如，爱奇艺、优酷视频、腾讯视频等视频平台上的片头广告，各大综艺节目的冠名商和赞助商口播等都属于硬广文案。

（2）软广文案即植入性广告，这种文案通常不直接介绍商品、品牌或服务，而是将广告与文案内容融为一体。软广文案的特点是构思巧妙，“春风化雨，润物细无声”，能够在尽量不影响受众观赏体验的情况下，将广告内容潜移默化地传递给受众，从而达到广告宣传的效果。

硬广文案常常因循环洗脑的营销、不精准的受众定位和格格不入的广告内容等引发受众的抵触情绪，而软广文案的高明之处在于巧妙避开了这些“雷区”，通过将广告设置为文案的笑点、焦点，乃至推动情节发展的关键，扭转了受众对广告的抵触情绪。因此，软广文案在新媒体文案中的使用频率日益增加。

案例剖析 | ANLIPOUXI

《奇葩说》的“花式广告大法”

《奇葩说》是一档爱奇艺自制的辩论主题综艺，自开播以来一直口碑爆棚。随着节目热度的水涨船高，越来越多的赞助商慕名而来，其节目中的广告也越来越多，大多以软广文案的形式呈现。令人称奇的是，这些广告不仅没有影响其爆棚的口碑，反而被网友们调侃为“花式广告大法”，成了其节目特色之一。

扫一扫

3. 长文案和短文案

根据篇幅的长短，可将新媒体文案分为长文案和短文案。一般来说，长文案在几百字至数千字不等，通过文字来铺垫情感、烘托气氛，感染受众情绪，从而塑造品牌或产品形象，传达品牌精神；而短文案往往短小精悍，讲求用寥寥数语传达品牌或产品的核心概念，引人深思或激发受众的购买欲望。

在实际应用中，往往需要根据不同新媒体平台的特点决定选择长文案还是短文案。例如，汽车品牌奥迪在宣传其上市的新车时，在其官方微信公众号上发布了宣传该产品的长文案（见图3-5），而在其官方微博上则发布了宣传该产品的短文案，如图3-6所示。

图3-5　长文案

图3-6　短文案

4．其他文案

除上述的文案类型外，还可根据不同的分类依据将新媒体文案分为不同的类型。例如，根据发布平台的不同，可将新媒体文案分为公众号文案、微博文案、头条文案等；根据表现形式的不同，可将新媒体文案分为文字文案、图片文案、动画文案、视频文案等。

3.2　新媒体文案的选题策划

XINMEITI BIANJI

小米科技创始人雷军曾说过一句极具新媒体思维的话："站在风口上，猪都可以飞起来。"新媒体文案就好比这头"猪"，而能够使其"飞"起来的"风口"，就是一个能为其引来巨大流量、使其成为爆款的选题。由此可以看出，选题策划对于新媒体文案的传播和营销效果有着至关重要的作用。那么，如何进行新媒体文案的选题策划呢？

3.2.1　新媒体文案选题策划流程

新媒体文案的选题策划应当紧紧围绕品牌或产品展开。一般来说，新媒体文案选题策划的流程包括分析受众群体、分析竞争对手、归纳产品属性、提炼核心卖点4步。

1．分析受众群体

新媒体文案的受众始终是流量制造者和信息传播者，一篇优秀的新媒体文案往往在受众群体中传播十分火爆，甚至会发生“出圈”现象，引发更广泛的关注与传播，从而成为爆款。因此，新媒体文案选题策划的首要工作就是分析受众群体，从而使新媒体文案的创作更具有针对性。具体来说，新媒体编辑可从文化、社会和个人3个方面对受众群体进行分析。

（1）文化。此处的文化主要是指社会文化。社会由无数个体组成，相同经历或特征的个体通常会拥有同一个标签。例如，根据出生年代被赋予标签的“80后”“90后”“00后”；根据地域被赋予标签的“南方人”和“北方人”……每个标签背后都蕴藏着规模庞大的个体和鲜明的文化特征，如生活习惯、饮食习俗、语言模式、思想观念等。

新媒体编辑可通过分析这些标签背后的个体和文化特征，有针对性地进行文案的选题策划工作，使文案更加“接地气”。例如，著名的家居品牌宜家（IKEA）在我国东北地区的门店中，用“暖乎儿”“贼漂亮”“咋整”等东北方言（见图3-7）设计了产品介绍文案。这种“入乡随俗”不仅让消费者感到格外亲切，同时也让人们看到了这个外来品牌服务本土消费者的诚意。

图3-7　宜家东北方言文案

（2）社会。人的本质是一切社会关系的总和，每个人都在家庭和社会中扮演着某种角色。新媒体编辑可针对这些社会特征对受众进行分析。例如，40岁左右的男性一般处于“上有老，下有小”的阶段，具有一定经济实力，因此可围绕此类群体重视的健康、教育、家庭、情怀、身份象征等话题进行文案的选题策划。

（3）个人。人们的年龄层次、行业岗位、兴趣爱好、消费观念和受教育程度等因素在很大程度上会决定其对某新媒体文案的接受和理解程度。因此，新媒体编辑在进行选题策划时，应考虑到这些个人因素，投其所好，创作出更具针对性的文案。

2. 分析竞争对手

《孙子兵法》云：“知己知彼，百战不殆。”新媒体编辑在进行文案的选题策划时，应充分分析竞争对手，对比自身与竞争对手在产品或品牌特色、核心竞争力等方面的优劣势，总结自身的核心竞争力，从而创作出更优质、更具突破力的文案。

新媒体编辑可采用SWOT战略分析法对竞争对手进行详细分析。SWOT是4个英文单词的首字母，即strengths（优势）、weaknesses（劣势）、opportunities（机会）和threats（威胁）。

（1）优势是指产品在成本、营销、品牌影响力等方面胜过竞争对手的方面。

（2）劣势是指产品在成本、营销、品牌影响力等方面比不过竞争对手的方面。

（3）机会是指人们观念的变化、产品的迭代更新、新型营销手段和销售渠道的出现等给产品营销或品牌推广带来的新的竞争力。

（4）威胁是指某些不利于产品营销或推广的因素，如行业最新发展、相关规定、经济形势、竞争对手的恶意竞争等。

从整体上看，SWOT战略分析法可分成两大部分：第一部分为SW，主要用来分析内部环境；第二部分为OT，主要用来分析外部环境。SWOT战略分析法模板如表3-1所示。

表3-1 SWOT战略分析法模板

内部 / 外部		内部环境	
		优势（S）	劣势（W）
外部环境	机会（O）	SO战略：依靠内部优势，利用外部机会	WO战略：利用外部机会，改进内部劣势
	威胁（T）	ST战略：依靠内部优势，回避外部威胁	WT战略：克服内部劣势，回避外部威胁

3．归纳产品属性

除公益广告外，几乎所有文案的最终目的都是销售产品。因此，新媒体编辑在进行文案的选题策划时，首先要了解产品的属性。一般来说，产品的属性可分为基本属性和附加属性。

（1）基本属性是产品本身就具有的属性，如产品的外观、材质、工艺、功效、性能等。基本属性是产品最根本的属性，决定了产品的定位和本质。

（2）附加属性是产品的延伸属性，如概念、理念、社交、情怀等。这些属性大多是通过文案附加在产品上的价值，以达到提升品牌知名度、提高产品竞争力、突出产品卖点等目的。例如，某手机品牌将“成功人士的标配”的理念作为自家产品的附加属性进行宣传，并将受众群体定位为职场中年男性，取得了巨大的成功。

4．提炼核心卖点

在归纳了产品属性后，新媒体编辑需要对这些属性进行梳理，提炼出最能体现产品竞争力的核心卖点，这是产品在市场中发声的重要依据，也是新媒体文案应重点宣传的内容。

产品的核心卖点既可以是其基本属性，也可以是其附加属性。无论是哪种属性，核心卖点都应当独树一帜，使产品能够成为同类型产品中最具特色的一款，甚至成为一种消费理念和消费者的不二选择。所谓“三流企业卖产品，二流企业卖品牌，一流企业卖理念”，说的就是这个道理。

案例剖析 | ANLIPOUXI

我是江小白，生活很简单

主打年轻人市场的白酒品牌“江小白”为吸引消费群体的目光，将自身产品的核心卖点定位为“情怀”，其产品营销方案（如文案创作、活动策划等）和文案创作都紧紧围绕“青春”“个性”“奋斗”“孤独”“社交”等关键词展开，常常能够戳中年轻人的“泪点”和“燃点”，引起强烈共鸣。大获成功的“表达瓶”活动（见图3-8），就是其营销策略的绝佳例证。

图3-8 “江小白”的“表达瓶”

3.2.2 新媒体文案选题策划技巧

在进行新媒体文案选题策划时，适当使用一些技巧，可使文案选题更加符合受众的口味和当下的传播趋势，提升文案成为爆款的可能性。下面介绍两种实用的新媒体文案选题策划技巧。

1. 结合热点事件

通常，各大新媒体平台上的热点事件都能获得较高的关注度、浏览量和转发量，结合这些热点事件的新媒体文案往往也更容易获得更高的话题热度和传播价值。因此，新媒体编辑应持续关注当前热门的社会现象、流行文化、网络流行语（常称作“梗”）等，并在进行选题策划时结合当前热点事件，以达到更好的营销效果。

新媒体编辑在结合热点事件进行选题策划时，有以下几点需要特别注意。

（1）从多平台获取热点事件。在互联网上，不同的新媒体平台各具特色，专注的领域不尽相同，在某新媒体平台上引起轩然大波的热点事件，却可能在另一个新媒体平台上悄无声息。因此，新媒体编辑在获取热点事件时，应注意在不同的新媒体平台上获取热点事件，以尽可能获得覆盖相对全面的热点事件。

（2）获取的热点事件需要进行梳理。热点事件通常是一个完整的事件，新媒体编辑关注某热点事件的时间可能正处于该热点事件发展的某个阶段。新媒体编辑应秉承“兼听则明，偏信则暗”的原则，仔细梳理该热点事件的前因后果、来龙去脉，为该热点事件勾勒出相对完整、客观的全景图，确保在进行文案创作时有足够的证据支撑，避免情节的空穴来风和叙述的含混不清。

提　示 | TISHI

对于突发的热点事件，媒体行业向来讲究“兵贵神速”，能率先报道该事件的媒体毫无疑问将成为流量的中心。然而，如果新媒体编辑在尚未对热点事件进行充分调查和证实的情况下就创作和发布了相关文案，一旦信息不实或热点事件出现反转，会给自身带来巨大的舆论压力，甚至丧失作为新闻媒体的公信力，得不偿失。

因此，新媒体编辑在进行文案创作时，不要一味求快，而应把好质量关，确保文案中与热点事件相关的内容客观、公正，舆论导向正确、积极。

（3）注意对热点事件级别进行评估。决定热点事件级别的因素包括影响力、事件性质、受众面、平台相关性、再创作价值等。新媒体编辑在获取热点事件后，应根据这些因素对热点事件的级别进行评估。评估结果可使用五维评价图表示。例如，某热点事件的五维评价图如图3-9所示。由图可以看出，该热点事件的影响力极大，事件性质为中性，受众面较窄，平台相关性较高，再创作价值较小。

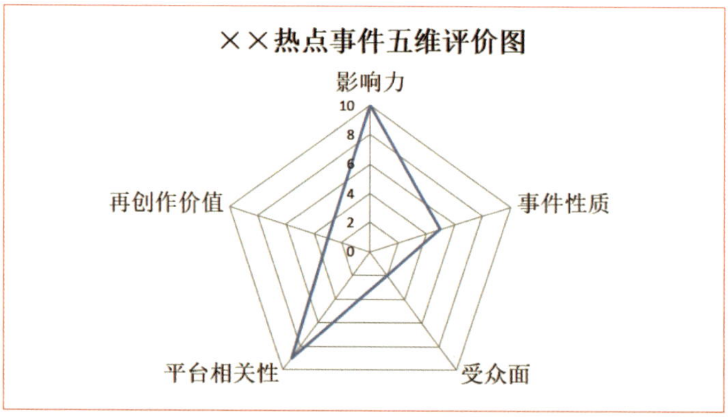

图3-9　某热点事件的五维评价图

（4）找到文案内容与热点事件的结合点。在结束热点事件的获取、梳理和评估等工作后，最终落脚点还是要回到文案的创作中。新媒体编辑应找到文案内容与热点事件的结合点，将两者联系起来，以获得更好的营销效果。

（5）剑走偏锋，出奇制胜。要使自家文案吸引到受众和流量，从众多文案中脱颖而出，新媒体编辑可在文案选题策划时打破传统思维，另辟蹊径，利用逆向思维制造悬念和反差，以成就独一无二的高水平文案。

案例剖析 | ANLIPOUXI

网易严选退出“双十一”大战

2020年“双十一”前夕，网易旗下电商平台“网易严选”发布了一则公告，高调宣布退出当年的“双十一”大战。这一不走寻常路的举动无异于平地惊雷，在互联网上引起了轩然大波，也为“网易严选”赚足了眼球。事实上，这则公告本身就是一篇设计巧妙的宣传文案，退出是假，营销是真。事实证明，这篇剑走偏锋的文案取得了非常好的效果。

扫一扫

2. 借鉴爆款文案

爆款文案是指浏览量、点击量、话题度、热度极高，且传播很广的文案。一篇文案能够成为爆款，必然有其可取之处。因此，新媒体编辑平时应注意多分析一些爆款文案，并从中提炼能够为己所用的元素，总结经验和灵感。

一般来说，各新媒体平台都拥有粉丝数量非常多的新媒体账号（称为“头部账号”），这些头部账号的文案质量通常都很高，很容易产生爆款文案。新媒体编辑应经常浏览和分析这些头部账号的文案，总结其风格、特色和独到之处，并尝试运用到自己的文案选题和创作中。

此外，新媒体编辑还应重点关注一些浏览和转发等数据远高于同一新媒体账号中其他内容的文案，将其与其他文案进行对比，分析其成为爆款的原因，并以此为依据进行自身文案的选题策划和后期的内容创作。

3.3 新媒体文案内容编辑

XINMEITI BIANJI

一篇优秀的新媒体文案应该具有主动传播价值，而衡量其传播和营销效果的重要指标就是“流量”。那么，是不是流量高的文案就一定是优秀的文案呢？要创作一篇优秀的文案，又该如何安排其内容呢？

3.3.1 “流量为王”还是“内容为王”

新媒体的兴起催生了“粉丝经济”，一时间，传媒行业进入了全民造星的时代。只要粉丝群体足够大，宣传足够到位，就能制造出数亿浏览量、上百万讨论量的超级话题，浏览量“10万+”的爆款文章，点赞过百万的短视频等。这一现象不禁让人感叹，“内容为王”的时代已经过去，“流量为王”的时代正在开启。

其实不然，“流量为王”只会是一时的表象，“内容为王”才是传媒行业永不过时的主旋律。传媒的主要功能是信息的生产与传播，新媒体的各种技术使得信息的生产变得前所未有的便利和普及，每个人都可以成为信息的生产者；同时，信息的传播方式也由单向变为了双向，受众可自行选择是否接收信息，以及是否传播信息。一些劣质内容尽管可通过宣传造势吸引一定规模的受众，但也只能起效果于一时，后劲不足。最终吸引受众驻足欣赏并成为忠实粉丝的，只能是优质的内容。

因此，新媒体编辑在进行文案内容的创作时，应以“内容为王”为创作准则，将优质的内容作为吸引更多流量的前提，切记不能本末倒置，一味追求流量，而忽略对文案内容的打磨。

3.3.2 新媒体文案内容的常见结构

很多新媒体编辑总是苦于写不出好文案，并将无法“下笔如有神”的原因归咎于文采的缺乏。其实不然，新媒体文案的受众主要是广大消费者，因此文案内容最重要的是逻辑严谨、表达清晰、内容完整地向消费者传达产品信息，即“把话说清楚”。“把话说清楚”的关键并非文采，而是清晰的行文结构，这不仅能帮助受众更好地理解文案内容，还能帮助新媒体编辑理清创作思路，提高工作效率。

新媒体文案内容的常见结构包括总分总结构、清单式结构和故事式结构。

1. 总分总结构

总分总结构是最常见的文案结构，通常也称作“开头—正文—结尾”三段式结构。这种结构具有普适性，几乎适用于所有新媒体文案。

（1）开头。文案的开头部分一般用于描述客观事物或抛出观点，通常可起到制造悬念、引出下文、总领全篇的作用。在新媒体文案中，开头部分非常重要，如果开头不够精彩，受众会失去看下去的欲望，甚至会直接关闭页面，这会使后面的正文和结尾变得毫无意义。

（2）正文。文案的正文部分一般用于说明或论证自己的观点，通常是文案内容最多的部分。在形式上，可逐条列出观点及佐证观点的论据或案例，各条目间可以是并列关系，也可以是递进和对比关系。

（3）结尾。文案的结尾部分一般用于叙述个人观点，起到总结全文、升华主题、引导受众关注的作用。与开头相比，结尾显得相对简单。但是，新媒体编辑也需要精心设计新媒体文案的结尾，以提高受众黏度，带来更高的转化率和更好的营销效果。

案例剖析 | ANLIPOUXI

最好的余生：有家回，有人等，有饭吃

扫一扫

来源：微信公众号“十点读书”。

内容：本文是一篇总分总结构的心灵鸡汤文案，主要对幸福的家庭生活状态进行了展开论证。

2．清单式结构

清单式结构是一种平行结构，通过模块化的清单形式列举信息，其中各模块的结构与风格类似。适用于清单式结构的文案内容主要是推荐类内容、方法类内容、排行榜类内容等。

（1）推荐类内容。这种文案的标题一般类似于“北京必去的十大景点推荐”“7本技能提升类好书推荐”“瞬间提升幸福感的5款家居收纳好物”等。

（2）方法类内容。这种文案的标题一般类似于“100个生活小妙招”“Excel的十大好用快捷键”“减肥八法”等。

（3）排行榜类内容。这种文案的标题一般类似于“年度畅销机型Top 20”“年度口碑最炸裂的国产影片排行榜Top 10”等。

3．故事式结构

故事式结构是以讲故事的形式创作和展现的新媒体文案，通常包括故事背景、起因、经过、结果和升华等环节。通过故事情节的推进，新媒体编辑可在各环节中穿插对某观点或事物的阐述、分析、解答、引申和提炼等，启发受众对关联事物的联想，达到概念传播和推广的作用。正因如此，软广文案常采用故事式结构，将广告内容以碎片化的形式植入文案正文中，或以一种“神转折”的形式出现在文案结尾。

案例剖析 | ANLIPOUXI

楼下的法官，有种咱们换换？

来源：微信公众号“庭前独角兽”，由上海市最高人民法院创办。

扫一扫

内容：本文结合清单式结构和故事式结构，以漫画的形式讲述了在同一栋大厦里工作的家事法官、商事法官、刑事法官等各类法官自倒苦水和相互羡慕的“围城”故事，以诙谐幽默的语气揭开了在大众眼中高冷威严的法官们的神秘面纱，为大众科普了各类法官的职责。

3.3.3 新媒体文案内容的创作技巧

在创作新媒体文案内容时，适当地运用技巧可使新媒体编辑事半功倍。下面主要介绍文案开头和结尾的创作技巧。

1. 开头的创作技巧

好的开头是一篇好文案的基础。下面介绍文案开头的几种常见创作技巧。

（1）制造悬念，激发好奇心。制造悬念可吊足受众的胃口，激发受众的好奇心，让其带着寻求答案的想法继续阅读文案，从而一步步沉浸在文案中。

案例剖析 | ANLIPOUXI

奥运全球直播中，十亿人看着他差点“溺死”在水里

来源：微信公众号“Instagram优选”。

内容：本文讲述了赤道几内亚的游泳选手埃里克在艰苦条件下，以全国唯一一名游泳运动员的身份，排除万难参加奥运会的故事。该文案内容的开头如下：

全球直播中，他险些淹死在奥运会泳池里。

17 000位观众人声鼎沸，十条泳道静默无声，一道黑影在水里拼命翻腾，他在爬向终点。

扫一扫

（2）描述场景，引发共鸣。将一些贴近生活的细节和场景作为文案的开头，可以让受众迅速产生代入感和认同感，并有读下去的欲望。

（3）开门见山，直奔主题。在文案的开头可直截了当地点明要论述的对象或观点，如某产品或服务的功能、特点等，快速切入文章核心，避免受众产生疑惑和不耐烦的情绪。

（4）以问代答，发人深思。在文案的开头将一个能揭露主旨的问题抛给受众。这样不仅能引发受众的思考，还能使受众在思考的过程中，加深对文案主旨的印象，使得中心思想更加突出。

案例剖析 | ANLIPOUXI

起床晕、走路晕、抬头晕……原因你一定想不到！

来源：微信公众号“京医通”，由北京市医院管理局创办。

内容：本文用通俗易懂的语言和图示向受众科普了耳石症的概念、症状、诊断和治疗方法。该文案内容的开头如下：

『晕』是一种很多中老年人常见的症状：起床晕、走路晕、抬头晕、低头晕

扫一扫

一提到晕，很多人可能先会想到：颈椎病？高血压？

但其实，有相当一部分患者冤枉了颈椎病或高血压。那么到底是哪出了问题呢？

(5) 台词书摘，名人名言。台词、书摘、名人名言的流传度很广，一方面在于其名人效应，另一方面在于其往往高度凝练、言简意赅、朗朗上口、富有文采。因此，使用名句开头是一种非常好的文案开头方法，运用得当不仅可以充分体现文章主旨，还能使文案充满吸引力。

(6) 对你有用，与你相关。与自身利益相关的内容往往更容易引起受众的关注。因此，新媒体编辑若希望文案获得更多流量，可在开头就向受众表明，这篇文案里有他需要的东西和对他有价值的信息。

案例剖析 | ANLIPOUXI

关键时刻能救命！面对火灾，你应该这样做……

扫一扫

来源：微信公众号“央视新闻”。

内容：《关键时刻能救命！面对火灾，你应该这样做……》主要介绍了一些实用的消防安全知识。该文案内容的开头如下：

今天（11月9日）是全国消防日

家用电器着火、油锅起火……这些都是我们生活中可能遇到的情况

学好消防安全知识，关键时刻能救命

(7) 源自内心，发自肺腑。在虚拟的网络世界里，一些“掏心窝子”的话往往能够引发受众的共鸣，使其倍感亲切。因此，新媒体编辑在创作文案内容时，以作者内心独白式的陈述作为开头更容易拉近与受众间的距离。

(8) 引用权威，佐证观点。新媒体编辑在进行文案创作时，要善于把握民众对权威的信任。因此，在文案开头可援引权威机构的数据、报告和调查结果，以及权威人士的语录等。这样，人们对权威的信任就会嫁接到文案上，使文案更加具有说服力。

(9) 趣闻轶事，实时热点。新媒体编辑在进行文案创作时，要善于把握民众对新鲜事物的猎奇心理，以当下较火爆、引起广泛讨论的热点话题作为文案开头更能引发受众关注和讨论。例如，在推荐书籍时，可从当年的文学奖项（如诺贝尔文学奖）入手引入内容。

2. 结尾的创作技巧

(1) 强调观点，升华主题。与开头类似，名人名言、古诗谚语等金句的传唱度高、概括性强，往往寥寥数语即可揭示一个道理，因此使用这些金句作为结尾可升华文案的

主题，帮助受众更好地理解文案的理念，引发受众的共鸣，提高文案转发率。新媒体编辑还可对结尾金句的格式进行处理（如加粗、变色等），以将其突出显示。

（2）制造话题，引发讨论。在结尾时，新媒体编辑可根据文案的内容抛出问题，如“针对××问题，你的看法是什么？”“那么，你是否也会经历×××，你又是如何处理的呢？”这时受众往往会在平台发表自身的看法，甚至会将文案转发到社交圈中，邀请更多朋友参与到话题的讨论中，这样可大大增加文案的热度和话题度。

案例剖析 | ANLIPOUXI

你小时候干过哪些自作聪明的蠢事？

来源：微信公众号“每日豆瓣”。

内容：《你小时候干过哪些自作聪明的蠢事？》主要介绍了一些网友儿时做过的令人捧腹的“蠢事”。该文案的结尾这样写道：

你有没有类似的经历呢？

欢迎留言分享

扫一扫

（3）出人意料的“神转折”。这种结尾非常适合软广文案。例如，某文案为受众讲述了一篇精彩绝伦的故事，正当文章娓娓道来，受众沉浸其中时，话锋一转，忽然以一句话转到了某产品的宣传语上，这种落差所制造的意外感和笑点，虽然会让受众直呼“猝不及防”，但由于烘托到位的气氛和意料之外的戏剧性，会给受众留下非常深的印象。

（4）语言诙谐，善用幽默。幽默是生活中不可或缺的解压良药，一些让人忍俊不禁的语言总是能引发十分广泛的传播效应。因此，新媒体编辑在进行文案结尾的创作时，可结合时下的网络流行语创作一些诙谐幽默的语句，让受众在愉悦的心情中结束文案的阅读，甚至能主动分享或传播当前文案。

3.4 新媒体文案标题编辑

世界广告创意大师大卫·奥格威曾在《一个广告人的自白》中说：“标题在大部分广告中，都是最重要的元素……标题的价值将是整个广告预算的80%。”那么，为什么新媒体文案的标题如此重要呢？如何才能创作出优秀的文案标题呢？

3.4.1 标题是流量的入口

新媒体时代，衡量新媒体内容受众数量最直观的依据就是流量。例如，在微信公众平台推送的文章页面末尾会显示该文章的阅读量、点赞数和“在看”数，这些数据就是文案的流量。日常所说的公众号爆款文章通常是指阅读量超过了“10万+”，或“在看”数破千的文章。对于新媒体编辑和运营来说，流量是日常工作绩效考核的重要指标。

新媒体文案的表现形式是多种多样的，除了文字，海报、视频等都是新媒体文案常见的表现形式。但是，无论文案采用了何种表现形式，受众第一眼看到的往往都是文案的标题。受众只有对某个标题感兴趣后，才会点击标题阅读其中的文案内容，否则，即使文案的内容再优秀，也无法获得亮眼的流量数据。

课堂互动 | KETANGHUDONG

对比下列各组文案标题，你觉得哪个标题更加适合作为新媒体文案的标题呢？

第1组：（1）西装穿搭常识

（2）你真的会穿西装吗？这样穿更有气质

第2组：（1）教你写出优秀的新媒体文案

（2）月薪3k与月薪30k新媒体编辑的区别

第3组：（1）家庭小妙招集锦

（2）这12个提升幸福感的家庭小妙招，你知道几个？

第4组：（1）西藏旅行指南

（2）西藏究竟有什么独特之处，让无数人如此神往？

研究表明，受众在新媒体平台上选择内容时，停留在文案标题上的时间一般只有两秒左右，要在这两秒时间内吸引受众，并使他们点击阅读文案内容，就必须在文案标题上下足功夫。因此，说“标题是流量的入口”丝毫不夸张。

3.4.2 新媒体文案标题的创作技巧

标题是文案的核心所在，一个好的文案标题能够瞬间吸引受众的注意力，促使受众点击标题进而阅读文案内容。要创作出更有吸引力的文案标题，新媒体编辑可借鉴如下几条常用技巧。

1. 善用修辞

新媒体编辑在进行文案标题的创作时，可使用一些修辞手法，以使标题具有更强的表现力和感染力。

（1）比喻。在文案标题中使用比喻修辞手法，可将某项抽象的事物具体化，引发受众的遐想，从而使其对文案内容产生兴趣。例如：

初雪后的北京，一尘不染，宛如仙境！

有时，孤独就像关节炎一样痛

看了这些，你还想瘦成闪电吗？

(2) 拟人。在文案标题中使用拟人修辞手法的作用与比喻类似，都可将某项抽象的事物具体化，激发受众的阅读兴趣，引导其点击查看具体的文案内容。例如：

一根羊毛的奇妙之旅

9岁的微信，都改变了什么？

考古专家获得重大突破，唤醒了一段沉睡的历史

(3) 夸张。在文案标题中使用夸张修辞手法，可利用一些看似不符合逻辑或超出固有印象的描述激发受众的好奇心。例如：

一条价值上亿的牛仔裤，你穿过吗？

这样精彩的烧脑剧，1万集也不嫌多！

这才是年度最佳电影，比《×××》精彩100倍！

(4) 对偶。在文案标题中使用对偶修辞手法，可使标题语言凝练，富有节奏感，在一众标题中迅速吸引受众的目光。例如：

不一般的盛会，不止步的开放

阳光正好，秋风不燥，出去走走吧

小雪|天地初飘雪，人间共白头

(5) 双关。双关是指利用词的多义或同音的特点，使语句具有两层意思，或言此意彼。在文案标题中使用双关修辞手法，可使标题显得与众不同，构思巧妙，吸引受众进一步阅读文案内容。例如：

秋冬款上新！年轻“帽”美的你，何不“颈”上添花？

好看的皮囊千篇“衣”律，有趣的灵魂万里挑“衣”

“葱”忙涨价为哪般？

(6) 反语。反语是指正话反说或反话正说。在文案标题中使用反语修辞手法，既能够制造落差感，又能让人对反语真正要表达的内容印象深刻。例如：

我害怕阅读的人

对不起，折扣太低是我的错

她成功的秘诀不是努力，而是放弃

此外，新媒体编辑可对一些民众耳熟能详的谚语、成语、诗句等使用反语并作为文案标题，达到良好的营销效果，例如：

花有重开日，人可再少年——××焕颜修复精华液，让肌肤永远在春天

要做就做出头鸟

2. 妙用语气

在进行文案标题的创作时，使用祈使、感叹和疑问等语气可使标题的情感更加充沛，也更容易引起受众的共情。

（1）祈使语气。祈使语气表示发出命令或指示，如要求、请求、命令、劝告、叮嘱、建议别人做或不做某事。在文案标题中使用祈使语气能引起受众注意，从而使其阅读文案内容。例如：

答应我，不要再这样拍照了

餐桌礼仪|这些行为千万别做！

不要再躺在床上玩手机了！

（2）感叹语气。在文案标题中使用感叹语气和感叹号可加重内容的感情，引起受众的注意。例如：

年少有为！17岁少女获顶尖科学家大会颁奖，还是省文学之星

原来微信有这么多隐藏的好用功能，快进来看看吧！

太壮观了！“雾凇之都”首场雾凇抵临，仙气十足

（3）疑问语气。使用疑问语气和问号的文案标题更容易在一众标题中引起受众的注意，且由于标题中只包含问题，没有答案，更容易激发受众的求知欲。例如：

立冬后，如何保养身体？

牛奶和豆浆，哪个更有营养？

曾陪伴无数孩子成长的他，现在过得如何？

此外，在标题中使用疑问语气时，也可用设问句的形式对文案内容进行展示，以达到吸引受众，锚定主讲对象、主讲人或内容主题的目的，让受众对文案内容中要论述的问题有一个大致印象。例如：

你真的会喝水吗？听听专家怎么说

全球变暖对你有什么影响？这部纪录片给出了答案

爱是什么？这些孩子们的回答太感动了

3．巧用数字

数字可传递直观、清晰的信息，降低大脑对信息的理解难度。因此，在新媒体文案的标题中加入数字，可提高其辨识度和冲击力，有利于引导受众进一步阅读文案的内容。在文案标题中巧用数字一般适用于以下几个方面。

（1）年龄。如果一个人取得的成就与其年龄在大众认知方面存在严重不符，就很容易产生反差。此时，以数字形式强调年龄，会使文案标题更加具有冲击力。例如：

互联网家喻户晓的六大神童，15岁上天才少年班，30岁当总裁

71岁老人考上大学，坚持参加军训：想给年轻人做个表率

（2）时间。要体现事物的发展，其所经历的时间可以为受众带来最直观的感受。如果某事件经历了很短的时间，会让受众觉得其发展迅速；如果某事件经历了很长的时间，会让受众感到沧海桑田般的震撼。例如：

小伙离职创业，靠卖炒冷面，短短一年就赚了500万

坚守山区学校40年，他荣登“中国好人榜”

（3）价值。价格、工资、销售额、身价、利润等能够体现价值的数字，是大部分受众都感兴趣的话题，因此可尽量将这些数字体现在文案标题中，吸引受众的注意力。例如：

从月薪5 000到年入千万，他靠的是成长思维

一家年入400万元煎饼铺的运营方式

4. 借力造势

新媒体编辑在创作文案标题时，应学会借力造势，即通过“蹭”热点事件、网络热词、知名人物、权威机构和权威头衔等来提高文案的关注度。

（1）热点事件。互联网时代每天都有热点事件发生，新媒体编辑在创作文案标题时，要懂得利用这些话题参与度高、浏览量大的热点事件来吸引受众的注意力。例如：

双十一，被买买买欺骗的消费者审美

考研倒计时！冲刺阶段，这些“雷区”千万不要踩

春晚节目单来了！来看看你最期待哪个节目

（2）网络热词。网络热词是网友们自发传播的、极具感染力的网络短语。例如，2020年下半年，“打工人”一词火爆全网，引得各新媒体账号纷纷来“蹭”这个网络热词的热度，例如：

打工人，打工魂，打工才是人上人

打工人要小心，这3个问题正在伤害你的身体

打工人，平凡而不平庸

（3）知名人物。在互联网上，知名人物常常会得到受众的广泛关注，其日常生活的一举一动都会受到网民们广泛的关注，流量聚集效应非常明显。在文案的标题中提及知名人物，就如同站在“巨人”的肩膀上，不仅能迅速吸引受众的眼球，还能增加文案的权威性。例如：

冰心：半生温柔如春水，一片冰心似春风

钟南山流泪了，我们也流泪了

“央视名嘴”康辉的逆袭之路

（4）权威机构和权威头衔。在文案标题中提及权威机构和权威头衔的效果与知名人物类似，都能够增加文案的权威性，且两者往往可以同时运用。例如：

中科院院士对青年学者的三条建议

这位老人令无数人感动，人民日报为其点赞

教育部：延期开学，学生停课不停学

5. 注意平台相关性

新媒体平台多种多样，一篇文案在不同平台发布已经是新媒体编辑的普遍做法。但是，新媒体平台不同，其风格、属性及文案的表现形式也不同。因此，新媒体编辑在不同平台发布文案时，应注意平台的相关性，为不同平台发布的文案草拟不同的标题，以免出现生搬硬套、“水土不服”的现象。例如，在文案标题的创作中，新媒体编辑往往会加入一些表达话题火爆程度的关键词，如“火爆全网！”“朋友圈转疯了！”“微博转发过万”等，以吸引更多流量。在使用这些关键词时，就必须注意其与平台的契合程度。若在新浪微博发布的文案标题中包含“朋友圈转疯了！”等关键词，显然是不合时宜的。

求真务实

“标题党”是指一些新媒体编辑为了吸引受众，在文案标题上故弄玄虚、夸大其词，甚至哗众取宠，迎合低级趣味。例如：

儿子月薪过万却啃老，对女儿，他们却……

疑似高考题泄漏，删前速看！

不转不是中国人！他的一席话，让大家潸然泪下

新媒体文案的标题固然重要，但新媒体编辑在创作标题时，务必要坚守底线，绝不能做“标题党”。

编辑实战——创作企业形象宣传文案

XINMEITI BIANJI

实战目标

结合本章提到的新媒体文案选题策划、内容编辑和标题编辑的知识，为图书策划、出版和发行公司——北京金企鹅文化发展有限公司创作企业形象宣传文案。

实战步骤

1. 确定文案类型

步骤1　本次文案的目的是宣传北京金企鹅文化发展有限公司的企业形象，因此可将其确定为宣传文案。

步骤2　宣传文案的目的是使受众对企业或品牌留下深刻印象。要达到这一点，就要用文字来铺垫情感、烘托气氛，感染受众情绪，从而塑造企业或品牌形象，传达企业

精神。故金企鹅公司的企业宣传文案应为一篇长文案。

2．文案选题策划

步骤1　分析受众群体。该公司主要从事大中专教材及计算机图书的策划、出版与发行，因此其受众群体主要是大中专院校的教师、学生，图书经销商，以及各大培训机构。

步骤2　分析竞争对手。该公司的竞争对手即市面上其他的图书出版公司。使用SWOT战略分析法分析金企鹅公司的竞争对手，如表3-2所示。

表3-2　SWOT战略分析法

内部 / 外部		内部环境	
		优势（S）	劣势（W）
外部环境	机会（O）	图书品类齐全、质量出色，远超市场上竞争对手的同类书籍，品牌影响力较高；公司还针对教育部和各级教育部门出台的最新政策，以及当下大火的新兴技术出版了一系列书籍，市场上鲜有可匹敌者	该公司在零售市场的占有率尚有一定差距，但由于零售市场上的书籍质量良莠不齐，该公司可针对零售市场出版一批内容新、质量高的书籍，抢占市场高地
	威胁（T）	目前教育市场与新媒体技术的结合日益紧密，线上教育如火如荼，传统教育模式受到一定挑战。该公司应基于自家完善的教材体系和丰厚的客户资源，迅速搭建自家的新媒体教育平台	当今的移动互联网时代，数字技术威胁着传统图书行业，该公司应时刻注意与时俱进、未雨绸缪，避免掉队

步骤3　总结品牌特色和核心竞争力。该公司的品牌特色可总结为卓越、创新、合作、共赢；其核心竞争力是品类丰富且不断完善的教材体系、一流的工作团队、完善的经销渠道、与时俱进的“互联网+”思维和优秀的市场口碑。

3．编辑文案内容

步骤1　为文案选择结构。由于选定的文案类型是宣传文案和长文案，可直接采用总分总的三段式结构。

步骤2　创作文案的开头。文案的开头可采用制造悬念的方法，引人入胜。例如：

这家公司自成立之日起就始终保持高速增长的态势，如今已经持续了十余年。它是谁？它保持增长的秘诀是什么？它就是北京金企鹅文化发展有限公司。

步骤3　创作文案的正文。文案的正文可包含公司简介、发展历程、公司团队、特色业务、企业理念等内容，如图3-10所示。

一、公司简介

成立于 2003 年的北京金企鹅文化发展有限公司于 2007 年正式进军计算机图书和大中专教材出版发行领域。早在那时，金企鹅就坚信，十年树木百年树人，教育承载着国家的未来和民族的希望。而教材作为教育的基石，其质量好坏将极大影响教育的质量。因此，金企鹅以助力中国教育事业发展为己任，十年如一日，锲而不舍地提升产品质量，认真打磨每一本教材。

如今，金企鹅的产品已从最初的几十种发展到了上千种，涵盖了本科教材、高职教材、中职教材、考试与培训教材四大品类，全国各地使用金企鹅教材的大中专院校已超千所。

二、发展历程

自成立至今，金企鹅始终以树德育人、服务社会为己任，在督促自身不断进步的同时，努力把握行业脉动，一步步从市场新秀成长为拥有一定话语权的业界先驱，回首往昔，不禁感慨万千。

2003 年，北京金企鹅文化发展有限公司正式成立，中国文化教育市场多了一支生力军。

2007 年，金企鹅正式进入大中专教材市场，中国大中专教材市场的一匹黑马就此诞生。

2014 年，金企鹅进入高速发展时期，此后每年，金企鹅的综合增速均保持高位。

2017 年，金企鹅进入大中专教材市场后 10 年，市场规模已达到 2007 年的数十倍。

2020 年，公司教材发行册数再创新高，市场规模达到了 2013 年的 15 倍。

三、卓越——一流的团队

经过十几年的快速发展，公司已逐步健全了各项制度、机制与架构，打造了一支水平卓越、爱岗敬业的发行团队、编辑团队、排版与印制团队、技术开发团队、培训教材和课程研发与运营团队、数字化课程研发与运营团队、零售图书研发与运营团队，从而奠定了金企鹅永续发展的坚实基础。

四、创新——互联网+教育

十几年来，金企鹅都将持续创新作为动力引擎，不断与时俱进，紧跟时代发展的步伐。为了迎接互联网+时代的到来，金企鹅为旗下大部分教材都配上了精美的微课，读者只需扫描教材对应位置的二维码即可观看。

此外，金企鹅还自主研发了金企鹅综合教育平台，该平台支持 PC 端和移动端，可帮助教师布置作业、组织考试，学生也可在该平台上扫码看微课、提交作业、进行各种练习、参加考试等；金企鹅综合教育平台还提供了丰富的课程和题库，如会计职称、教师资格证、各种英语考试、全国计算机等级考试等。

五、合作——携手共赢

十几年来，金企鹅都将合作共赢作为立足之本，坚持提升服务质量，坚持信守承诺，坚持与合作伙伴风雨同舟。很多合作多年的老朋友都与金企鹅肝胆相照，将金企鹅视作莫逆之交；很多循声而来的新朋友也与金企鹅相见恨晚，与金企鹅结为坚定盟友。

图3-10　文案正文

步骤4　创作文案的结尾。文案的结尾可采用“强调观点，升华主题”的创作技巧，通过富有哲理的名言金句对文案的主题进行升华。例如：

常言道：“得道者多助，失道者寡助”，怀揣赤子之心的金企鹅，凭借锲而不舍的努力、精心打造的产品和一诺千金的真诚，得到了越来越多合作伙伴的鼎力支持，从芽苞初放的幼苗慢慢长成了傲然挺立的大树。未来，金企鹅人也将不忘初心，砥砺前行，与合作伙伴一起策马扬鞭，共襄盛举！

4. 编辑文案标题

利用“妙用语气”的创作技巧，通过疑问语气制造悬念，激发受众的好奇心。例如：

从创立至今始终保持增速发展，这家公司的秘诀是什么？

佳作赏析 JIAZUOSHANGXI

XINMEITI BIANJI

赏析1　爆款标题大赏——《故宫，你这么缺钱？》

《故宫，你这么缺钱？》是微信公众号“视觉志”发布的一篇文案（见图3-11），主要讲述了自称故宫“看门人”的故宫博物院院长单霁翔通过“卖惨”、故宫文创、提供拍摄场地等方式，为故宫的文物修缮工作筹措资金的故事。该文案在取得阅读量“10万+”成就的同时，点赞数和“在看”数均破万。

这篇文案的标题非常短，但是构思却非常巧妙。

首先，该文案的标题采用了拟人修辞手法，将故宫经费的窘迫比作一个人的“缺钱”，十分“接地气”，既便于理解，也容易引发受众的联想。

其次，该文案的标题采用了疑问语气，使得受众在看到标题时不禁会想，身处祖国首都且在大众印象中非常“贵气”的故宫怎么会缺钱呢？从而很好地激起了受众的好奇心和阅读兴趣。

最后，该文案发布时，正值故宫博物院举办“丹宸永固——紫禁城建成六百年”大展期间，不仅景区的门票一票难求，其秋日美景、文物风采和游客争相游览故宫的盛况也频频登上各大平台的热搜。因此，该文案巧妙借助了这一热点事件，吸引了远超平常的关注。

扫一扫

扫码查看原文

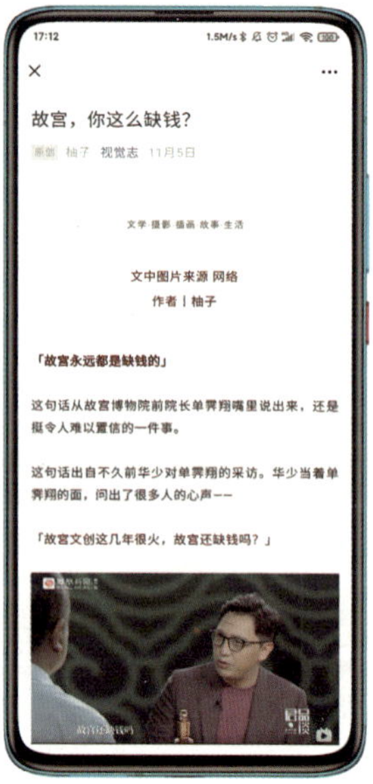

图3-11 《故宫，你这么缺钱？》

卓越创新

作为一个拥有600多年历史的文化符号，故宫拥有众多皇宫建筑群、文物古迹，是中国传统文化的典型象征。近年来，为了让文物藏品更好地融入人们日常生活中，发挥其文化价值，故宫进行了主题性的文化挖掘，研发了“奉旨旅行”行李牌、“朕就是这样汉子”折扇、“朝珠”耳机等一系列创意满满且文化科普价值极高的文化创意产品，与年轻人的“脑洞”碰撞到一起。在文创产业带动下，故宫化身成为融历史与现代、文化与科技、传统与创新为一体的“网红”博物院。

如今，故宫已不仅仅是一座充满厚重历史气息的博物院，更是利用文创产品走近百姓生活的一个鲜活样板。

赏析2 爆款文案大赏——《常见的水果有哪些冷知识？》

本文标题是知名的问答社区“知乎”上的一个热门问题，在该问题下有近200个来自各新媒体账号的回答。其中，“丁香医生”的回答获得了3.5万个认同和7 700多个喜欢和700多条评论，成为当前问题下最受欢迎的回答，如图3-12所示。

扫一扫

扫码查看原回答

“丁香医生”在该问题下的回答文案采用了总分总结构。该文案的开头写道：“在这个深秋初冬的时节，多吃点水果，总是没错的”，不仅描述了具体的场景，而且还通过“对你有用、与你相关”的开头创作技巧，迅速地引起了受众的注意。

文案的正文列举了19条关于常见水果不为人所熟知的冷知识，其结构采用清单式：每条都先以“序号+冷知识总结”的小标题形式（如“4.榴梿不要放在冰箱里”）言简意赅地概括了冷知识内容，并对其进行了增大字号和加粗处理，使其更加醒目；然后在下方对上述冷知识进行了详细叙述，并在最后增加了水果的图片，使得文案内容的结构变得非常清晰，阅读起来也更加具有趣味性。

在文案的结尾部分，虽然小标题形式仍然与正文部分类似，但内容变成了“20.给我点赞会变美”，以诙谐幽默的方式使受众对其结尾处的账号推广和内容跳转链接不再反感，甚至使得受众主动参与到幽默环境的营造中，将这种幽默的氛围持续下去。例如，有受众在文案的评论区留下了“我来辟个谣，20是假的”“唯独最后一个我是不信的”等评论，不由使得大家会心一笑。

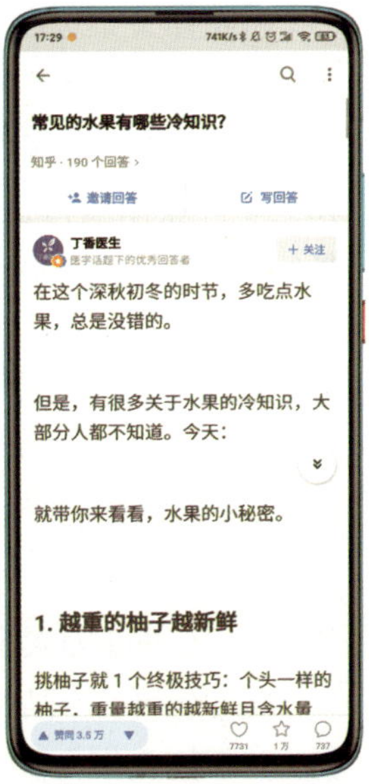

图3-12 “丁香医生”的知乎回答

思考与练习 SIKAOYULIANXI

1. 选择题

（1）下列关于文案的说法中，错误的是（　　）。

A. 文案是广告的核心

B.“文案”是“广告文案”的简称

C. 广义的文案指广告中的语言文字部分

D. 狭义的文案指广告中的语言文字部分

（2）下列关于新媒体文案的说法中，错误的是（　　）。

A. 新媒体文案是新媒体技术催生的、具有鲜明互联网特色的文案

B. 新媒体文案以移动互联网技术为基础

C. 新媒体文案可辅助商家或企业实现营销目标

D. 新媒体文案只需体现品牌的核心价值

（3）下列不属于新媒体文案特征的是（　　）。

A. 目标受众群体较难定位　　B. 发布成本低

C. 传播途径和形式多样　　D. 互动性强

（4）某企业通过一个长达两分钟的视频短片，介绍了该品牌10年来从小到大、从无到有的奋斗历程。这种新媒体文案属于（　　）。

A. 销售文案　　B. 宣传文案

C. 电商文案　　D. 线上文案

（5）新媒体文案选题策划的首要工作是（　　）。

A．分析受众群体　　B．分析竞争对手

C．归纳产品属性　　D．提炼核心卖点

（6）某新媒体编辑在进行文案的选题策划时，其针对的受众群体主要分布在四川，因此最终将文案主题确定为饮食习俗特色文案。这体现了新媒体编辑在（　　）方面对受众群体的分析。

A．经济　　B．社会　　C．文化　　D．个人

（7）SWOT战略分析法中，威胁是指（　　）。

A．本产品胜过竞争对手的项目

B．本产品比不过竞争对手的项目

C．内外部因素变化为产品营销带来的新的竞争力

D．不利于产品推广的因素

（8）在下列文案中，宣传产品基本属性的是（　　）。

A．衡水老白干，喝出男人味

B．节能空调，一晚只需1度电

C．今年过节不收礼，收礼只收脑白金

D．钻石恒久远，一颗永流传

（9）某新媒体编辑的文案内容是性价比排行榜Top 5的扫地机器人推荐，则最适合该文案内容的结构是（　　）。

A．总分总结构　　B．清单式结构

C．总分结构　　D．故事式结构

（10）（　　）的文案开头的创作技巧能够使文案更加具有说服力。

A．制造悬念，激发好奇心　　B．对你有用，与你相关

C．引用权威，佐证观点　　D．开门见山，直奔主题

（11）某文案的结尾写道：“生活中，你是否也会遇到这种经历呢？你是如何处理的呢？请在下方评论区留言。”该文案的结尾采用的创作技巧是（　　）。

A．使用金句，升华主题　　B．诙谐幽默，令人捧腹

C．引发讨论，制造话题　　D．脑洞大开，出人意料

（12）文案标题“这片‘病了’10年的土地，在他的治理下恢复了生机”使用了（　　）的修辞手法。

A．比喻　　B．拟人　　C．对偶　　D．反语

（13）文案标题“到底谁才是水果中的‘最强王者’？”使用了（　　）语气。

A．祈使　　B．设问　　C．感叹　　D．疑问

（14）新媒体文案标题“胃好人长寿，4个养胃小妙招送给你”使用了（　　）的新媒体标题创作技巧。

A．善用修辞　　B．善用语气

C．巧用数字　　D．借力造势

（15）下列不属于新媒体标题创作技巧的是（　　）。

A．故弄玄虚　　B．善用修辞　　C．善用语气　　D．巧用数字

2．填空题

（1）新媒体文案是一种以__________技术为基础，利用新媒体的__________，进行创意内容输出，以辅助商家或企业实现__________的文案类型。

（2）新媒体文案的特征包括__________、__________、__________、__________。

（3）按照新媒体文案营销目的的不同，可将其分为销售文案和宣传文案。其中，__________的营销目的是销售产品，__________的营销目的是推广产品或品牌，扩大产品或品牌的影响力。

（4）__________可在尽量不影响受众观赏体验的同时，将广告内容潜移默化地传递给受众。

（5）一般来说，新媒体文案选题策划的流程包括分析受众群体、__________、归纳产品属性、__________4步。

（6）决定热点事件级别的因素包括__________、事件性质、受众面、__________、再创作价值等。

（7）常应用清单式结构的文案内容包括__________、__________、排行榜类内容等。

（8）在进行新媒体文案标题创作时，可使用的创作技巧包括__________、妙用语气、__________、__________。此外，还需要注意平台的相关性。

（9）________是指利用词的多义或同音的特点，使文案具有两层意思，或言此意彼。

（10）________是指正话反说或反话正说。

3．简答题

（1）什么是SWOT战略分析法？

（2）新媒体编辑如何结合热点事件进行选题策划？

（3）简述新媒体文案内容的常见结构。

（4）简述新媒体文案内容开头的创作技巧。

（5）简述新媒体文案内容结尾的创作技巧。

4．操作题

万事通公司是一家主营汽车用品的公司，该公司近期新推出了一款行车记录仪，主打视角宽广、画面清晰、多种摄影模式和最新的处理器等特色。请根据上述信息，并查阅相关资料，为万事通公司创作销售短文案。

04 CHAPTER

学习目标

- 了解新媒体图片的基础知识。
- 了解新媒体图片的使用原则和法律法规。
- 熟悉常用的图片素材网站。
- 掌握常用的图片编辑工具及其简单的使用方法。
- 了解GIF图片的概念和特点。
- 掌握获取和制作GIF图片的方法。

素质目标

- 锻炼生动具体、活学活用的具象思维。
- 自觉遵守相关法律法规，树立版权保护意识。
- 培养社会责任感和使命感，勇担社会责任。

新媒体图片编辑

本章导读

在当下快节奏的现代社会中，受众对于冗长的文字内容越来越没有耐心。相比之下，精美且具有感染力的图片逐渐成为受众更乐于接受的信息表现形式。在新媒体文案中合理使用图片，不仅可以缓解受众对于长篇大论的厌烦，还能更加有力地向受众传达文案内容和文案包含的情感。

本章从新媒体图片的基础知识入手，介绍新媒体图片的常见类型、使用原则、法律规范、素材网站，以及常用的图片编辑工具等内容。

4.1 新媒体图片概述

4.1.1 一图胜千言

某牙膏品牌新推出一款主打健齿美白功能的牙膏，为了给产品宣传造势，该品牌的宣发团队创作了如下的销售文案。

××草本牙膏，让牙齿健康亮白

一减一修：天然草本成分，减轻牙龈出血，修复黏膜损伤。

护牙抑菌：微米级羟基磷灰石，长效防护牙釉质，抑制有害菌滋生。

洁齿亮白：高效美白因子，深层溶解牙垢牙渍，让牙齿持续亮白。

可以看出，尽管上述文案对牙膏的成分和功效进行了详细专业的描述，但大段的文字会让受众一头雾水，无法在受众心中建立产品最直观的印象。

图4-1 牙膏创意海报

而同样是表现产品的特点，如图4-1所示的海报图片就以一种非常直观且幽默的方式将产品“美白”的功效展现得淋漓尽致，受众几乎一眼就能看出来图片想要表现的核心卖点，可谓“一图胜千言”。

之所以说“一图胜千言”，是因为图片具有以下文字无法企及的优点。

（1）图片色彩鲜艳、形象生动，所传达的信息更加直观，比文字更容易引起受众的注意，也更容易让受众理解和记忆。

（2）图片所传达的情感更加具有感染力，能以富有视觉冲击力的画面感染受众的情绪，使受众产生心理上的共鸣。

因此，在新媒体时代，纯文字文案已经很少单独出现了，更多的文案开始以图文的形式呈现。在图文形式的文案中，生动直观、富有创意的图片与逻辑缜密、构思巧妙的文字相结合，可真正实现视觉力量与思维力量的互补。

4.1.2 新媒体图片的基础知识

图片是视觉类新媒体中人们接触最多的一种表现形式，其最大的特点是可以生动、形象、直观地表现大量的信息，具有文本无法比拟的优点。图片有位图和矢量图之分。严格地说，位图称为图像，矢量图称为图形。

1. 位图和矢量图

位图也叫点阵图，一般经由数码相机和扫描仪，以及屏幕截取得到。简单来说，位图就是由大量细小的颜色块组成的点阵图片，这些颜色块是组成图片的最基本元素，称为“像素（pixel）”。放大位图后，即可看到像素。

位图具有表现力强、色彩细腻、层次多且细节丰富等优点，特别适合表现细节丰富或颜色复杂的内容。其缺点是图片大小和清晰度与分辨率有关。一般来说，分辨率越高的位图越清晰，其占用的存储空间也越大。但无论多么清晰的位图，在放至足够大后都会产生锯齿状边缘，出现类似马赛克的模糊效果，如图4-2所示。

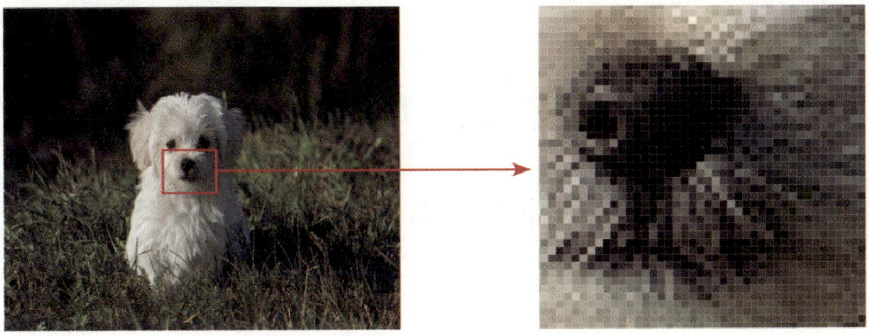

图4-2　放大后模糊的位图

知识库 | ZHISHIKU

图像分辨率（image resolution）是指位图在单位长度（通常为英寸）中包含的像素数量，一般用像素/英寸（pixels per inch，ppi）表示。图像分辨率决定了位图细节的精细程度。一般来说，图像分辨率越高，其单位长度包含的像素就越多，图像就越清晰，印刷的质量也就越好。例如，相同尺寸的两张位图，分辨率为30 ppi的位图（见图4-3）远不如分辨率为300 ppi的位图（见图4-4）清晰。

图4-3　分辨率为30 ppi的位图

图4-4　分辨率为300 ppi的位图

矢量图一般由矢量绘图软件（如Adobe Illustrator、CorelDRAW等）绘制得到。简单来说，矢量图就是由各种图形（如点、线、矩形、多边形、圆和弧线等）组成的图片，这些图形都是由计算机利用数学公式推演出来的，无论放大多少倍，都不会出现模糊、锯齿或马赛克效果。这也使得矢量图的清晰度不受分辨率和图片大小的影响，如图4-5所示。

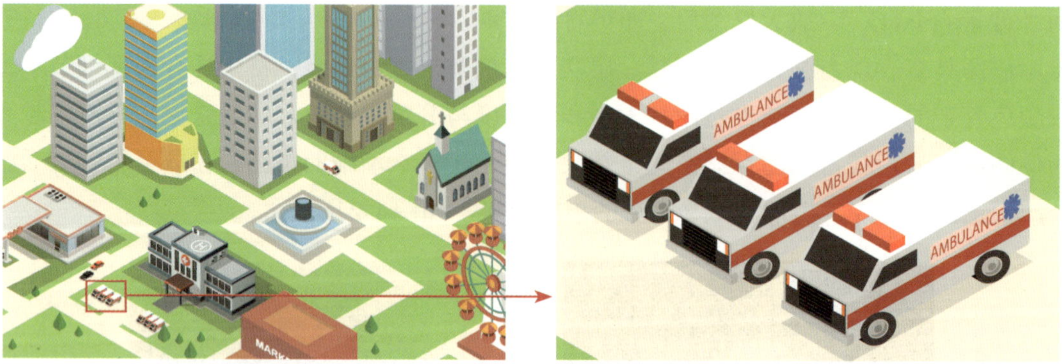

图4-5　放大后仍然清晰的矢量图

矢量图具有占用存储空间小、不会失真、色彩明艳等优点，特别适合用于设计标志、插画、卡通形象和产品效果图等。其缺点是色彩单调、细节不够丰富、表现力有限，无法逼真地表现自然界中的事物。

2. 常见的图形图像文件格式

为适应不同方面的应用，图形图像可以多种格式进行存储。下面介绍几种常见的图形图像文件格式。

（1）SVG格式。该格式是一种可缩放的矢量图文件格式，可任意放大图形显示，边缘异常清晰。文字在SVG图形中保留可编辑和可搜寻的状态，没有字体的限制。SVG格式的图形文件很小，十分适合用于设计高分辨率的Web图形页面。

（2）AI格式。该格式是Adobe Illustrator软件专用的矢量图文件格式，其优点是占用的存储空间较小、打开速度较快，且可与其他多种矢量图形文件格式相互转换。

（3）WMF格式。该格式是微软公司定义的一种矢量图文件格式。其优点是文件占用的存储空间较小，且兼容性强，Windows操作系统下的多种软件（如画图、Microsoft Office、CAD等）都提供对其的支持，缺点是打开速度较慢。

（4）CDR格式。该格式是CorelDRAW软件专用的混合文件格式，可同时保存位图和矢量图对象。

（5）PSD格式。该格式是Adobe Photoshop专用的图像文件格式，其优点是可将图层、通道等信息完整地保存下来，便于修改图像，缺点是文件占用的存储空间较大。

（6）BMP格式。该格式是Windows操作系统中“画图”程序的标准图像文件格式，可与Windows操作系统的大多数应用程序兼容。BMP格式采用了无损压缩技术保存图像，其优点是图像完全不失真，缺点是图像文件的尺寸较大。

（7）JPEG格式。该格式是一种常见的图像文件格式，能以很高的压缩比例保存图像

（可选择压缩比例）。JPEG格式采用的是具有破坏性的压缩算法，但图像质量损失不多，通常用于存储自然风景照、人和动物的各种彩照、大型图像等。但是，该格式不适用于保存包含较小文字的图像。否则，将导致图像中的字迹模糊。

（8）PNG格式。该格式是一种常见的图像文件格式，可以在不失真的情况下压缩保存图像，并且支持透明背景和消除锯齿边缘的功能。

（9）TIFF格式。该格式是一种应用非常广泛的图像文件格式，可以保存图层、通道和透明信息等，几乎所有的扫描仪和图像处理软件都支持这种格式。

（10）GIF格式。该格式图像最多可包含256种颜色，颜色模式为索引颜色模式，文件占用的存储空间较小，支持透明背景，且支持多帧，特别适合作为网页图像或网页动画。

4.1.3 新媒体图片的使用原则

新媒体编辑在使用新媒体图片时，应注意遵守一些图片的使用原则，以使其发挥出最大价值。

1. 保证图片的清晰度

清晰度高的图片能够带给受众更好的观赏体验，提升受众对文案的好感度。因此，新媒体编辑在使用图片时，应注意使用高清晰度的图片。互联网中有很多专业的图片网站，其中提供的图片通常清晰度较高，新媒体编辑可通过这些网站搜集所需要的图片。

2. 对图片进行适当美化

为了带给受众更好的视觉享受，新媒体编辑在使用新媒体图片时，应选择漂亮美观、令人赏心悦目的图片。例如，在为某旅游景点宣传文案选择图片时，艳阳高照、游客如织的图片肯定要比采光暗淡、门市冷清的图片更合适。新媒体编辑要善于使用图片编辑工具（如美图秀秀、光影魔术手、创客贴等）美化图片。例如，为图片增加滤镜，裁掉图片中不需要的部分等。

此外，带有马赛克和水印的图片会给受众一种杂乱、劣质的观感，破坏图片的整洁性，新媒体编辑应避免使用这种图片。

3. 图片要符合文案主题

在新媒体作品中，无论是文字还是图片，说到底都是文案的一种表现形式，都需要为文案主题服务。因此，新媒体编辑在使用新媒体图片时，应注意其与文案主题的关联，若图片与文案的关联度太小，则很容易让受众感到不明就里、莫名其妙。例如，在创作某品牌服饰的销售文案时，新媒体编辑应尽量在文案中使用与服饰相关的图片，若在其中出现了与主题无关的图片（如食品、家电等），受众会感到莫名其妙，文案的宣传效果也会大打折扣。

4. 合理控制图片数量

在一篇文案中，如果图片过少，受众很容易因大段的文字而感到枯燥和不耐烦；如果图片过多，则可能导致文案篇幅过长、加载速度慢、内容流于形式等问题，给受众带来不好的阅读体验。因此，新媒体编辑在进行文案创作时，应注意合理控制图片数量，使图片和文字互为表里。

5. 保持图片的协调性

图片的协调性是指应尽量保持同一个新媒体作品中图片的统一，包括色调、尺寸、类型等属性。这样，可使作品中的图片相得益彰，更加协调，也可使内容更具有整体性。

4.1.4 使用新媒体图片涉及的法律法规

新媒体编辑在使用新媒体图片时，务必要遵守相关法律法规，否则可能会造成严重的侵权问题，并承担相应的法律责任。一般来说，使用新媒体图片涉及的法律法规主要包括著作权和人格权两方面。

1. 著作权

新媒体编辑在使用图片时，应当遵守《中华人民共和国著作权法》中的相关规定，以免侵犯图片作者的著作权。例如，《中华人民共和国著作权法》第十条规定，著作权包括发表权、署名权、修改权、保护作品完整权、复制权、发行权、出租权、展览权、表演权、放映权、广播权、信息网络传播权、摄制权、改编权、翻译权、汇编权，以及应当由著作权人享有的其他权利；第五十二条规定，在未经著作权人许可，发表、歪曲、篡改、剽窃其作品的，属侵权行为，应当根据情况，承担停止侵害、消除影响、赔礼道歉、赔偿损失等民事责任。

法治在线

2021年10月16日，为期三天的第八届中国国际版权博览会（以下简称“版博会”）在杭州开幕，国家版权局在此期间举办了“著作权法实施30周年成就展”，该成就展全面系统地展现了自1991年6月1日《中华人民共和国著作权法》施行的30年来，我国在版权立法、版权保护、版权产业和版权国际交流合作等方面取得的重大成就。

30年来，通过全面实施《中华人民共和国著作权法》，我国版权事业不断发展壮大，版权工作取得了令人瞩目的历史性成就：版权法律制度日益完善，版权保护体系不断健全，版权作品极大丰富，版权产业快速发展，人民群众版权意识显著提高，版权国际话语权和影响力持续提升。《中华人民共和国著作权法》有效保护了有关权利主体的合法权益，极大鼓励了优秀作品的创作和传播，有力促进了社会主义文化和科学事业的发展与繁荣。

2. 人格权

新媒体编辑在使用图片时，应当遵守《中华人民共和国民法典》中的相关规定，以免侵犯图片作者及图片相关联人员的人格权，尤其是肖像权、名誉权、隐私权等权利。例如，《中华人民共和国民法典》第九百九十五条规定，人格权受到侵害的，受害人有权依照本法和其他法律的规定请求行为人承担民事责任。第一千零一十九条规定，未经肖像权人同意，肖像作品权利人不得以发表、复制、发行、出租、展览等方式使用或者公开肖像权人的肖像。

4.1.5 常用的图片素材网站

互联网中有很多专业的图片素材网站，新媒体编辑可通过这些网站，以免费或付费的方式获取需要的图片素材。下面介绍几个常用的图片素材网站，如表4-1所示。

表 4-1 常用的图片素材网站

名称及网址	简　介
Unsplash （https://unsplash.com）	提供可免费下载的、可免授权使用的高质量图片。其中的图片大多由专业摄影师拍摄并上传，普遍具有设计感
Pixabay （https://pixabay.com）	提供可免费下载的图片资源，这些图片资源包括人物、动物、交通、医疗、金融等多个领域，具有多种分辨率，且均遵循CC0协议，免授权用于商业用途
Pexels （https://www.pexels.com）	该网站的所有内容均遵循CC0协议，可免费下载和商用，用户可按照热度和颜色筛选图片，也可通过关键词搜索图片
Iconfont （https://www.iconfont.cn）	中文名称是“阿里巴巴矢量图标库”，提供矢量图下载、在线存储、格式转换等功能。该网站中的矢量图资源十分丰富，且大部分都可免费下载，但用于商业用途需获得原作者授权
easyicon （https://www.easyicon.net）	收集了超60万张矢量图，且提供在线转换功能，可将矢量图标下载为SVG/PNG/ICO/ICNS等格式。网站中的大多数图标均可免费下载，但用于商业用途时需获得原作者授权
包图网 （https://ibaotu.com）	网站中包括数量超3 000万的正版图片、视频、音频等素材，这些素材均可商用，但要下载这些素材需要付费开通VIP
摄图网 （https://699pic.com）	网站提供丰富的多媒体素材，涵盖照片、视频、创意背景、设计模板、GIF动图、免抠元素、办公文档、插画、音乐等，均可商用，但要下载这些素材需要付费开通VIP
千图网 （https://www.58pic.com）	提供矢量图、PSD源文件、图片素材、网页素材、3D模型素材、手机App素材、PPT、画册、图标等多种图片素材下载，并设有“免费专区”，允许普通用户在此专区内每日免费下载1次素材
昵图网 （http://www.nipic.com）	提供的图片以摄影、设计、多媒体数字视觉为主，所有内容均由用户自行上传并享有版权或使用权。若要将其中的图片用于商业用途，需要获得原作者授权
花瓣网 （https://huaban.com）	花瓣网是一个图片分享社区，其中收集了众多图片，涵盖平面、插画、漫画、摄影、游戏、动漫、工业设计、建筑设计、人文艺术、家居家装、女装搭配、男士风尚等多种风格
沙沙野 （https://www.ssyer.com）	原“别样网”，提供百万高清照片、网页素材、矢量图等，可免费下载和用于商业用途

拓展阅读 | TUOZHANYUEDU

CC0协议是国际知名组织"知识共享组织"(Creative Commons)所提供的一种版权许可协议。若文字、图片、音频、视频等作品遵循CC0协议，表示作品的著作权人已放弃对其享有的一切权利，将其贡献到了公共领域中。创作者无须顾虑著作权风险就可以随意复制、修改、发行和演绎这些作品，甚至将其用于商业性目的。简单来说，就是遵循了CC0协议的作品可以随意使用，包括商用。

4.2 常用的图片编辑工具

XINMEITI BIANJI

新媒体编辑在搜集到图片素材后，往往并不能直接使用，还需要对其进行一定的处理和美化，以使其达到要求。因此，掌握常用图片编辑工具软件的用法，是每个新媒体编辑都应具备的基本技能。

下面简单介绍6款新媒体和视觉设计领域从业者常用的图片编辑工具，分别是美图秀秀、光影魔术手、创客贴、Adobe Photoshop、Adobe Illustrator和Snapseed，它们的图标如图4-6所示。

图4-6　常用的图片编辑工具

1. 美图秀秀

美图秀秀是一款很好用的国产图片编辑工具，其丰富的图片特效、美容、饰品、边框、场景、拼图等功能，可以帮助用户在短时间内制作出影楼级照片。该软件由于简单易用、功能丰富且可免费使用，受到了广大用户的欢迎和追捧。目前，美图秀秀全球累计用户已超过10亿。

作为一款优秀的图片编辑工具，美图秀秀具有移动App（支持Android和iOS操作系统）、电脑版（只支持Windows操作系统）和网页版等多个版本，覆盖了几乎所有平台。其中，美图秀秀App具有非常丰富的实用工具，如Get同款、专业证件照、动感照片、定制相册书、私人相册、证件照扫描等（见图4-7），常用于移动端人像摄影照片的处理。

图4-7　美图秀秀App

2. 光影魔术手

光影魔术手是一款优秀的国产图片编辑工具，主要用于改善摄影图片的画质，提升图像的视觉效果。光影魔术手的使用门槛很低，用户无须掌握任何专业的图像处理知识即可轻松上手。

作为一款功能强大的图片编辑工具，光影魔术手具有强大的调图参数、丰富的暗房特效、海量精美的边框素材、趣味十足的拼图模块、便捷易用的文字与水印，以及图片批量处理等功能。

3. 创客贴

创客贴是一款为新媒体从业人员量身定做的、功能强大的线上图片编辑工具，其应用场景非常广泛，如新媒体配图、营销海报、印刷物料、办公文档、壁纸头像、电商设计、原创插画等。

创客贴具有电脑版（支持Windows和macOS操作系统）、移动App（支持Android和iOS操作系统）、网页版、微信小程序等多个版本，几乎覆盖了所有平台。无论是哪个版本的创客贴，其上手都非常容易。用户可使用平台提供的大量图片、字体、模板等设计元素，通过拖、拉、拽等简单操作，轻松制作出自己所需要的图片。以网页版为例，其工作界面如图4-8所示。

图4-8 创客贴网页版的工作界面

4. Adobe Photoshop

Adobe Photoshop即人们常说的“PS”，它是Adobe公司开发的一款功能强大、操作便捷、应用广泛的平面设计软件，多年来一直深受平面设计者的青睐。如今的Adobe Photoshop已是当今世界最流行的图像处理软件之一，也是众多新媒体从业者的入门必学软件之一。

Adobe Photoshop具有非常强大的功能，因此其应用领域也非常广泛，包括平面设计、绘画、数码照片处理、工业产品设计、建筑效果图、后期处理、三维动画制作等。其中，最具代表性的应用是平面设计、绘画和数码照片处理。

5. Adobe Illustrator

Adobe Illustrator是一款矢量图绘制软件，同样由Adobe公司开发。该软件以其强大的功能、自由便捷的操作及亮丽丰富的色彩为设计者提供了广阔的创意空间，一经问世就受到了用户的热烈欢迎，并迅速占据了全球矢量图软件市场的大量份额，成为矢量图绘制软件中的佼佼者。

自推出至今，Adobe Illustrator的版本在不断更新，其功能也在不断增强与完善。如今的Adobe Illustrator已经具有非常专业、全面且强大的矢量图绘制功能，并广泛应用于印刷出版、专业插画、多媒体图像处理、平面广告、漫画绘制、插图绘制、网页美工设计，以及多媒体创意设计等领域。此外，Adobe Illustrator还可与Adobe公司的其他图片编辑工具（如Adobe Photoshop、Adobe Lightroom）实现功能的无缝连接，非常方便。

6. Snapseed

Snapseed是Google公司旗下的一款功能强大的免费图片编辑工具，目前只提供移动App版本。Snapseed的工作界面非常简洁，只包括样式、工具和导出3个模块：在“样式”模块中，包含多种滤镜；在“工具”模块中，包含调整图片、突出细节、曲线、白平衡等数十种功能（见图4-9）；在“导出”模块中，用户不仅可将编辑好的图片保存到本地，还可对图片进行分享、导出等操作。

图4-9 Snapseed“工具”模块

4.3 GIF图片

XINMEITI BIANJI

近几年，在微信、QQ、百度贴吧、新浪微博等各大新媒体平台上刮起了一股“斗图”热潮，人们用各种层出不穷的表情包（见图4-10）代替语言，通过夸张的表情、肢体动作或具体场景将情感非常准确、充沛地表达出来，营造出醒目、新奇、诙谐或讽刺的效果。

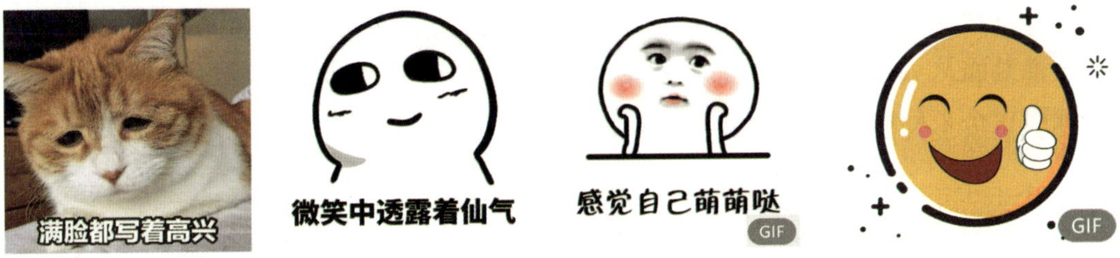

图4-10　表情包

同心抗疫

2020年疫情期间，由山东工艺美术学院的师生共同设计的《防疫三字经》表情包火爆朋友圈。表情包中的孔子一改人们心目中圣人的神秘形象，变身为慈眉善目的“防疫宣传大使”。例如，在“云会友”表情（见图4-11）里，孔子向大家作揖，头上方蓝色的Wi-Fi信号仿佛在提醒大家线上聚会；在“消消毒”表情里，孔子带头戴着口罩喷洒消毒液；“多运动”表情里，孔子则撸起袖子成为举哑铃的健身达人。

图4-11　《防疫三字经》表情包“云会友”

《防疫三字经》表情包将GIF图片制作、优秀传统文化和防疫知识宣传巧妙融合，不仅塑造了古今混搭、诙谐幽默的卡通形象，还科普了疫情防护知识，做到了寓学于乐。

一开始，表情包“斗图”还只是某些群体彰显个性的小众行为，而如今的表情包已经演变成一种进化了的网络语言和文化符号，跻身互联网主流文化中。表情包可分为静态表情包和动态表情包两种。其中，动态表情包因能够以动画的形式传达更丰富的信息而大受欢迎。动态表情包也称动图、GIF表情包，是GIF图片的一种。那么，究竟什么是GIF图片呢？

4.3.1　什么是GIF图片

GIF的全称是graphics interchange format，译作图像互换格式，是一种压缩位图格式。GIF图片由多幅图像压缩成一个图像获得，并以动画的形式循环展现。GIF图片支持展现透明背景的图像，不需要任何播放器和插件即可直接播放，几乎所有浏览器都支持浏览GIF图片。

GIF图片可承载的信息量远大于静态图片，且GIF图片占用的存储空间通常较小，打开和传播成本要远低于视频。因此，GIF图片在新媒体时代如鱼得水，成为新媒体信息的重要载体，网络上很多小动画都是GIF图片。但是，GIF图片也存在时长较短、画质模糊、播放不受控制、色彩失真等缺点，无法完全取代视频。

4.3.2 GIF图片素材网站

新媒体编辑在进行内容创作时，常常需要寻找各式各样的GIF图片，而专业的GIF图片素材网站无疑可以使新媒体编辑的工作效率得到显著提高。下面介绍两个专业的GIF图片素材网站，如表4-2所示。

表4-2 GIF图片素材网站

名称及网址	简 介
SOOGIF（https://www.soogif.com）	该网站是国内著名的GIF图片网站，其中的GIF图片种类十分齐全，不仅支持GIF图片的搜集，还支持GIF图片的压缩、编辑、合成、转换等功能
GIPHY（https://giphy.com）	该网站是国外知名的GIF图片网站，其内容的涵盖范围很广，如娱乐、影视、动物、漫画等。缺点是只支持英文搜索
动图宇宙（http://dongtu.com）	该网站提供优质的GIF图片，图片品类丰富，下载完全免费
斗图啦（https://www.doutula.com）	该网站提供的GIF图片以搞笑动图为主

高手点拨 | GAOSHOUDIANBO

前面提到的多数图片素材网站（如千图网、花瓣网等）也会提供一些GIF图片，用户只需输入相应关键字查找即可。

除图片素材网站外，新媒体编辑还可在百度等搜索引擎中，以“[关键词]+GIF”的形式搜索需要的GIF图片。

4.3.3 GIF图片编辑工具

若在互联网上无法找到符合需求的GIF图片，新媒体编辑也可尝试使用GIF图片编辑工具自行制作。下面介绍几款实用的GIF图片编辑工具。

1. SOOGIF

SOOGIF不仅是一个资源丰富的GIF图片素材网站，还是一个功能强大的GIF图片编辑网站。该网站提供在线录屏、多图合成GIF、视频转GIF、GIF拼图、GIF编辑、GIF缩放、GIF裁剪，GIF压缩等多种GIF图片编辑功能。其GIF编辑界面如图4-12所示。

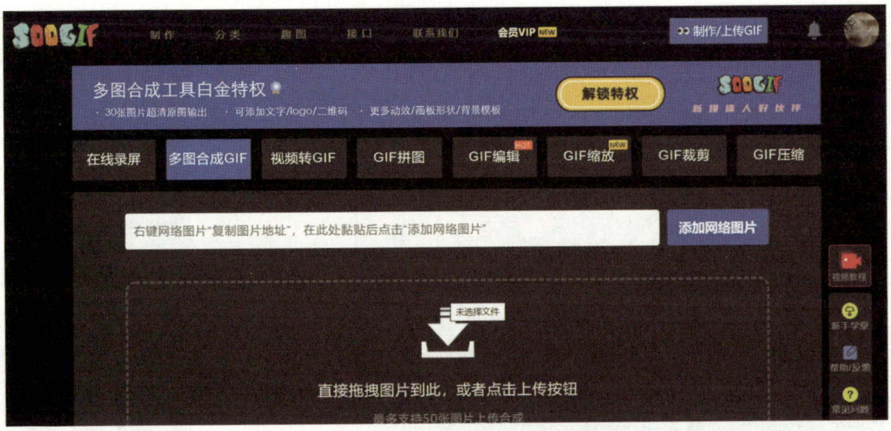

图4-12　SOOGIF的GIF编辑界面

2. GIF中文网

GIF中文网（https://www.gif.cn）是一个专业且优秀的在线GIF图片编辑网站，提供多张静态图片合成GIF图片、GIF图片裁剪、GIF图片压缩、GIF图片二维码制作、视频文件转GIF图片、flash文件转GIF图片等功能，十分方便快捷，其首页如图4-13所示。

图4-13　GIF中文网首页

3. GifCam

GifCam是一款免费、好用的GIF图片制作软件，可对电脑屏幕进行录制，并将录制的视频制作成GIF图片，如图4-14所示。GifCam的体积不到1 MB，非常小巧，其界面也十分简洁，且操作简便。

4. GIF图制作App

GIF图制作App是一款好用的GIF图片编辑工具，它支持的功能包括视频转GIF、图片转GIF、GIF美化、GIF拆分、GIF图片压缩、GIF圈（热门图片素材库）等。其界面如图4-15所示。

图4-14　使用GifCam录制GIF图片

图4-15　GIF图制作App界面

编辑实战 BIANJISHIZHAN

XINMEITI BIANJI

实战1　使用美图秀秀美化企业形象宣传文案配图

实战目标

扫一扫

制作文案配图

使用本章提到的图片编辑工具——美图秀秀，对金企鹅公司企业形象宣传文案的配图进行一键美化、裁剪、应用滤镜、添加文字和边框等美化操作，效果如图4-16所示。

图4-16　图片处理前后效果对比（以“2-编辑团队.jpg”图片为例）

实战步骤

步骤1　访问美图秀秀电脑版官网（https://pc.meitu.com），下载并安装美图秀秀电脑版。

步骤2　启动美图秀秀电脑版，单击工作界面上方的“打开”按钮，弹出“打开图片”对话框，选择本书配套素材“素材”/“第4章”/“实战1”文件夹中的“2-编辑团队.jpg”图像文件，然后单击“打开”按钮。

步骤3　打开图片后，在工作界面切换至“美化图片”选项卡，然后单击左上角的“一键美化”按钮，对图片进行美化，如图4-17所示。

图4-17　对图片进行一键美化

步骤4　单击工作界面左上方的“裁剪”图标，打开“裁剪”窗口，并自动出现裁剪控制框，拖动其四角的控制点或四周边框，将需要的内容保留在裁剪控制框中，然后单击“应用当前效果”按钮，将图片多余的部分裁掉，如图4-18所示。

图4-18　裁剪图片

步骤5　返回工作界面，在右侧的“特效滤镜”区中选择“基础”类别中的“自然”滤镜，为图片应用该特效滤镜，如图4-19所示。

图4-19　为图片应用“自然”特效滤镜

提　示 | TISHI

在“美化图片”选项卡左侧面板的“图片增强”组中单击各图标，在打开的界面中可调整图片的相关参数，如亮度、对比度、饱和度、补光、高光、色相、色温等；利用“各种画笔”组中的工具，可以实现为图片添加修饰、上色、打马赛克等功能。

步骤6　切换至“文字”选项卡，单击左侧工具栏中的“输入文字”图标，打开“文字编辑”面板，在编辑框中输入“编辑团队”，在“基础设置”组中设置字体大小为260，字体颜色为黑色，在“样式”组中选择加粗，在“排列”组中选择竖排，其他选项保持默认设置，然后单击“确定”按钮，如图4-20所示。

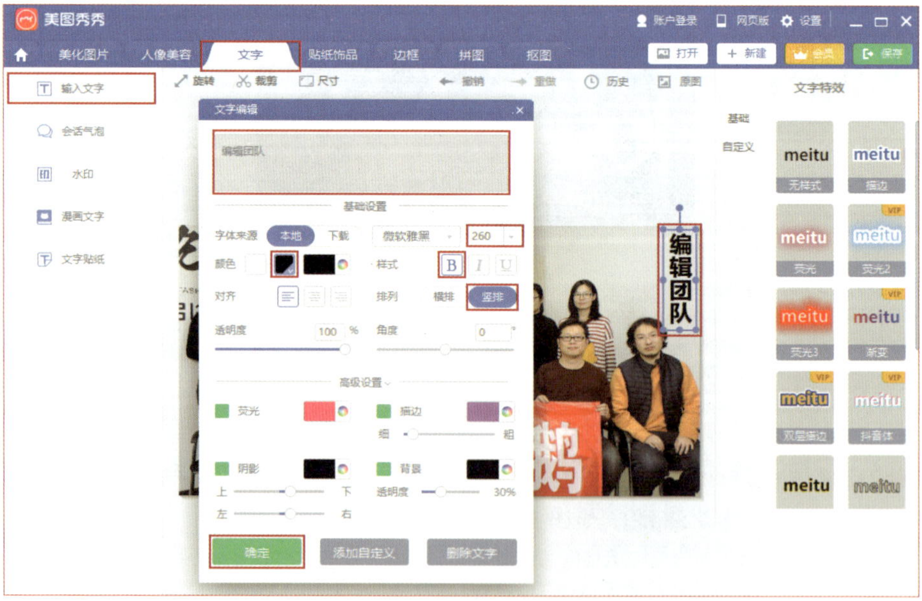

图4-20　为图片添加文字

步骤7　切换至“边框”选项卡，在左侧选择边框类型“简单边框”，打开“边框”窗口的“简单”选项卡，在其右侧“简单边框”列表中选择一种边框类型，然后单击“应用当前效果”按钮，如图4-21所示。

图4-21　为图片添加简单边框

步骤8　返回工作界面，单击右上角的“保存”按钮，弹出“保存”对话框，在其中设置图片的保存路径、文件名与格式、画质等内容，然后单击“保存”按钮，保存美化后的图片。

课堂互动 | KETANGHUDONG

用实战1中的图片美化方法，对本书配套素材“素材”/“第4章”/“实战1”文件夹中剩余的图片进行美化。

实战2　使用创客贴制作产品推广海报

实战目标

使用前面提到的图片编辑工具——创客贴，为金企鹅公司制作产品推广海报，其最终效果如图4-22所示。

图4-22　金企鹅公司产品推广海报

扫一扫
制作产品推广海报

实战步骤

步骤1　登录创客贴。打开浏览器并访问创客贴官网（https://www.chuangkit.com），单击右上角的“注册”按钮，注册创客贴账号并登录，然后单击“免费使用”按钮，如图4-23所示。

图4-23　单击“免费使用”按钮

步骤2　创建画布。在打开的主页界面中，单击左侧窗格中的“创建设计”按钮，然后在右侧窗格中的“已选场景”组中单击“自定义尺寸”，弹出“自定义尺寸”对话框，在下方的尺寸编辑框中依次填入“800”“2000”，并在右侧的“单位”下拉列表中选择“mm（毫米）”选项，然后单击“开启设计”按钮，如图4-24所示。

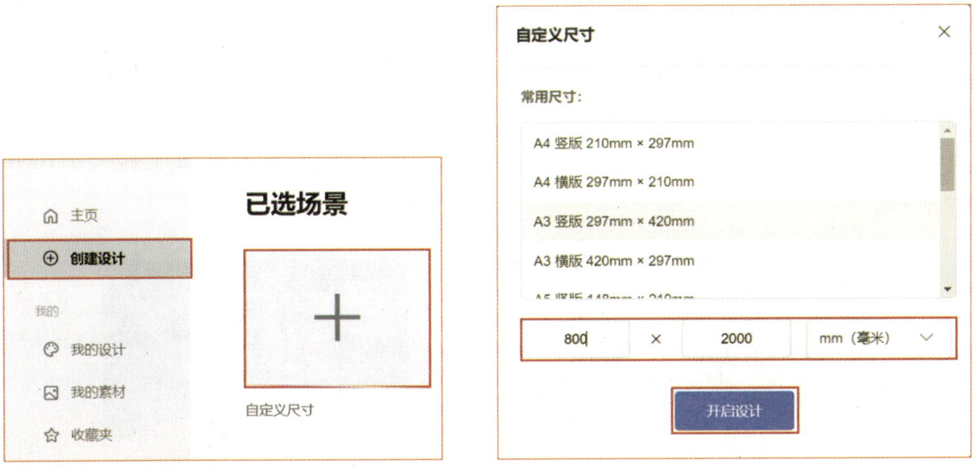

图4-24　创建画布

步骤3　设置背景。打开工作界面，单击左侧的“背景”图标，在展开的面板中为画布选择一种背景。本例将“商务科技”组中的一张素材设置为画布背景，如图4-25所示。

图4-25　为画布设置背景

步骤4　上传图片。单击工作界面左侧的“上传”图标，在展开的面板中单击“上传图片”按钮，弹出“打开”对话框，选择本书配套素材“素材”/“第4章”/“实战2”文件夹中的图片，然后单击“打开”按钮，将图片上传到“默认文件夹”中。

提　示 | TISHI

新媒体编辑也可直接将图片拖拽到“上传”面板中，图片会自动上传到“默认文件夹”中。上传图片后，还可单击图片列表上方的“上传图片管理”按钮 ⚙ 对图片进行管理。

步骤5　插入图片。单击“上传”面板中的“默认文件夹”图标，然后在展开的图片列表中选择“背板.png”图片，将其插入画布。拖动图片四周的尺寸控制点，使其与画布等宽，然后将图片拖动至与画布底部平齐，如图4-26所示。

步骤6　参考步骤5的操作，将其他图片素材插入画布并调整其位置和大小，效果如图4-27所示。

图4-26　插入“背板.png”图片

图4-27　插入所有图片素材

步骤7　添加文字。单击工作界面左侧的“文字”图标，在展开的面板中单击“点击添加副标题文字”链接文字，在画布上添加文本框。将文本框移动到白色区域内，双击文本框，输入内容“E时代英语系列”，然后在上方的文本工具栏中设置文本的颜色、字体、大小等参数，如图4-28所示。

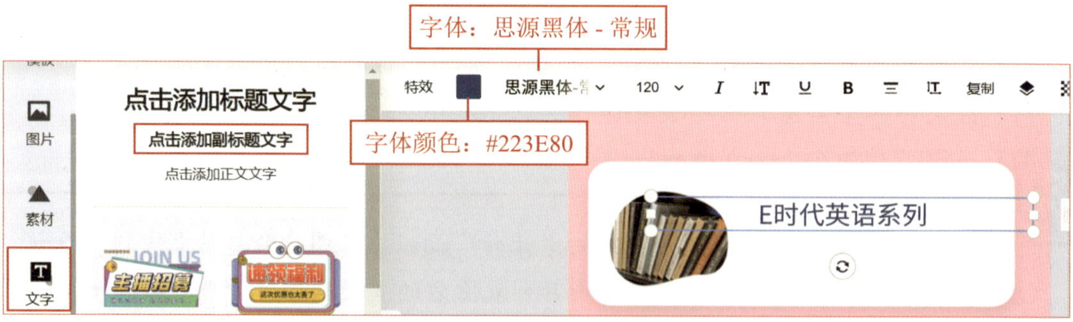

图4-28　添加文本并设置参数

步骤8 参考步骤7的操作，在副标题文字下方分别添加一个正文文本框和标题文本框，输入文本并设置文本参数，如图4-29所示。

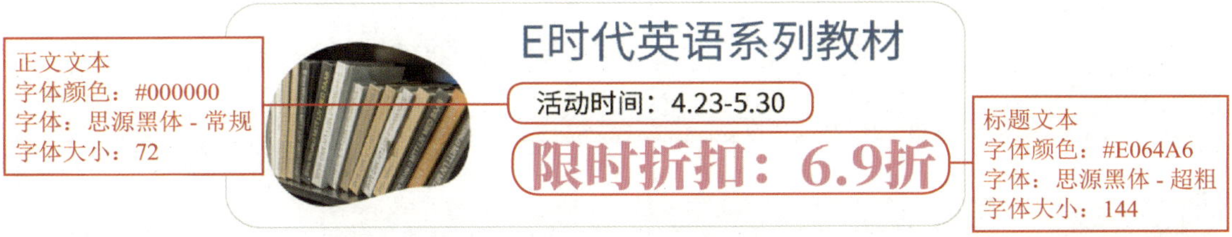

图4-29 文本效果及参数

步骤9 参考前面的方法，将海报中剩余的文字填充完整。至此，海报就制作完成了。

步骤10 单击工作界面右上角的“下载”按钮，弹出“下载作品”对话框，在“文件类型”下拉列表中选择“PNG”选项，然后单击“下载”按钮，即可将海报下载到本地，如图4-30所示。

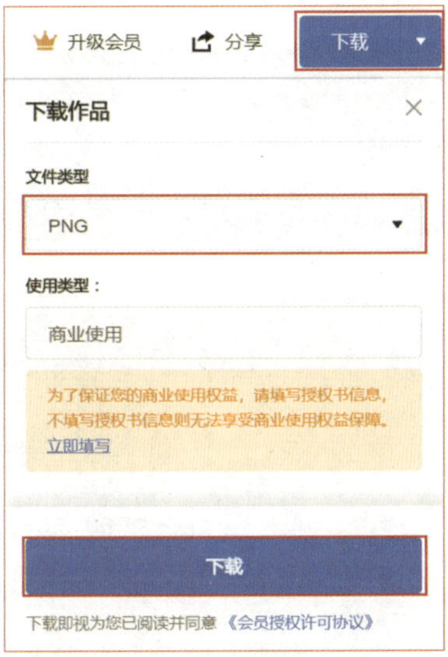

图4-30 下载海报

实战3 使用SOOGIF为企业形象宣传文案制作GIF闪图

实战目标

使用前面提到的GIF图片编辑工具SOOGIF，将实战1中美化完成的素材图片合成一张公司团队GIF闪图。

扫一扫

制作GIF闪图

实战步骤

步骤1 访问SOOGIF官方网站，单击右上角的“注册”按钮，注册SOOGIF账号并登录。然后单击右上角的“制作/上传GIF”按钮，在展开的下拉列表中选择“多图合成GIF”选项，如图4-31所示。

图4-31 选择“多图合成GIF”选项

步骤2 打开图片上传页面（见图4-32），单击图片上传按钮，弹出“打开”对话框，选择实战1美化完成的7张图片，然后单击“打开”按钮，将图片上传到SOOGIF网站上。

图4-32 图片上传页面

提 示 | TISHI

读者也可直接使用本书配套素材“素材”/“第4章”/“实战1”/“成品”文件夹中的图片。

步骤3 打开“多图合成GIF”页面，在右侧功能区切换至“图片效果”选项卡，在当前选项卡中对图片数量、图片顺序、GIF形状、GIF背景色、图片切换速度、GIF画质、GIF尺寸等参数进行设置，然后单击“生成GIF或短视频”按钮，如图4-33所示。

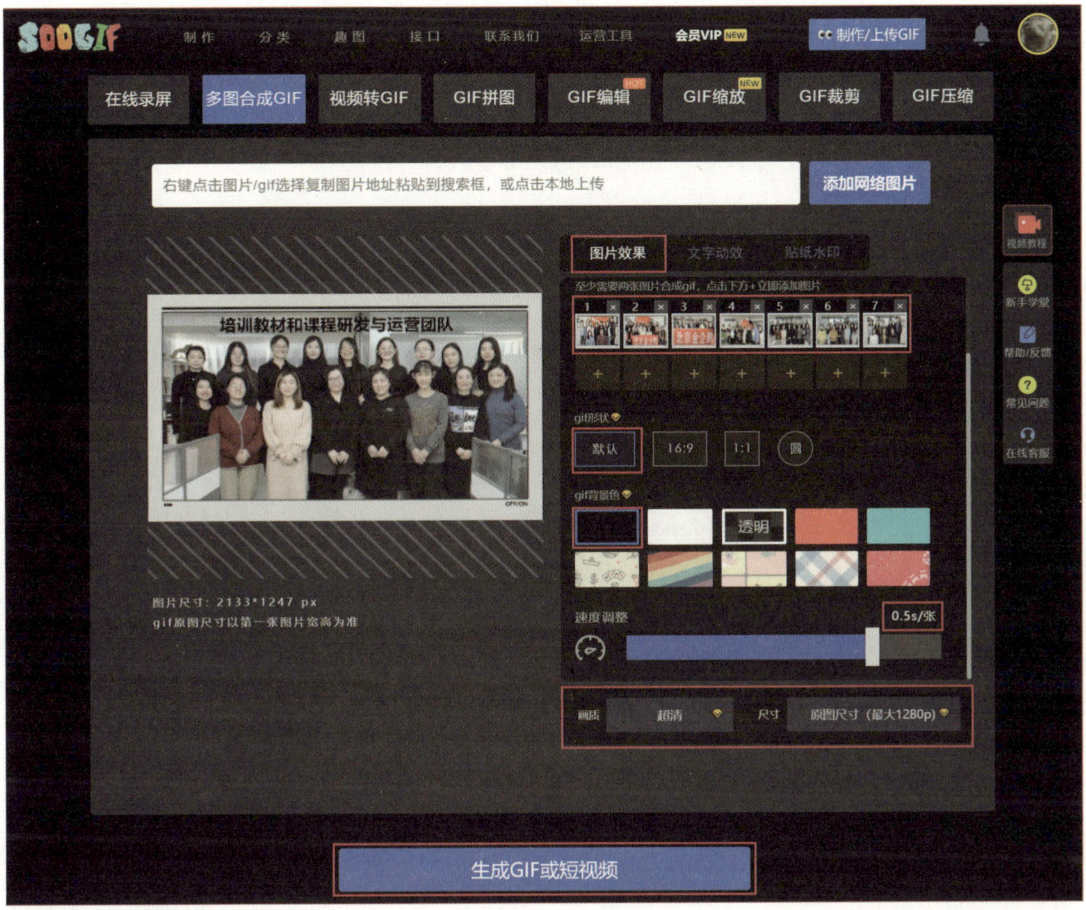

图4-33 “多图合成GIF”页面

提　示 | TISHI

在“图片效果”选项卡右侧的“文字特效”选项卡中，可为GIF图片添加文字并设置颜色和动效，如图4-34所示；在“贴纸水印”选项卡中，可选择是否为GIF图片添加官方水印，还可为GIF图片自定义贴纸，如图4-35所示。

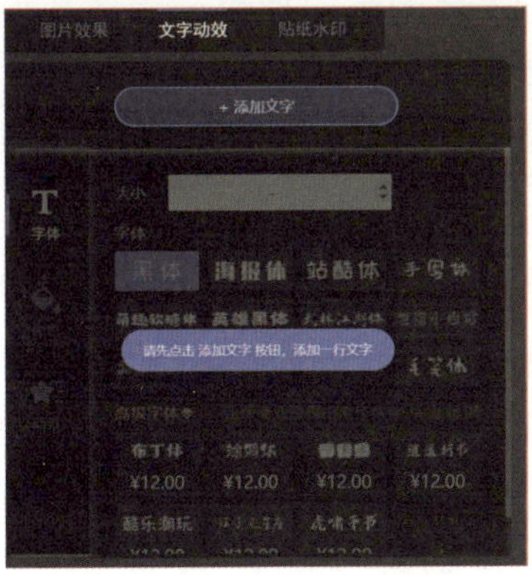

图4-34 “文字特效”选项卡

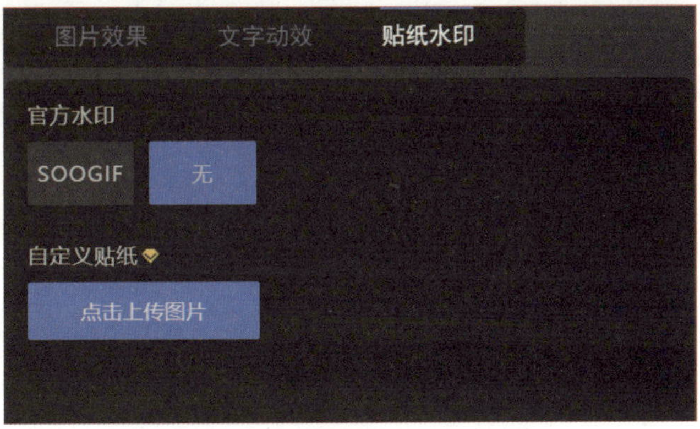

图4-35 “贴纸水印”选项卡

<u>步骤4</u>　弹出“确定生成GIF或视频”对话框，单击“确定生成”按钮。等待片刻后，GIF图片就制作完成了。自动打开“GIF制作成功”页面，在右侧功能区更改GIF图片名称为“团队闪图”（默认为第1张图片的名称），然后单击“立即下载”按钮，即可将制作好的GIF图片下载到本地，如图4-36所示。

图4-36　下载生成的GIF图片

佳作赏析 JIAZUOSHANGXI

XINMEITI BIANJI

赏析1　爆款新媒体图片大赏——“高考加油”主题海报

扫一扫

各品牌的“高考加油”主题海报

高考是指我国在每年6月7日—6月8日举行的普通高等学校招生全国统一考试，其参与人数之多、规模之大、关注度之高，举世罕见。国外媒体曾多次将高考评为“世界第一考”，每年高考临近时，其相关话题都会频频登上各大新媒体平台的热门榜单。因此，很多品牌会在高考前几周推出“高考加油”主题海报借势营销。这些海报往往会在表达对考生的鼓励与支持的同时，用构思巧妙的创意将自家产品特点或品牌理念融入其中，让人眼前一亮。

例如，如图4-37所示的图片是江小白发布的“高考加油”主题海报，该海报用黑板、书本、篮球等元素营造出课堂氛围和青春气息；用酒瓶作为教室的轮廓，体现了自身产品形象；吊扇与酒瓶瓶盖组成的状元帽的形状，表达了“金榜题名”的美好祝愿；“青春无悔，高考加油”既能够表达对考生的加油鼓励，又能体现其定位年轻群体的品牌理念。

又如，如图4-38所示的图片是某网约车平台发布的“高考加油”主题海报。该海报的主体是一张放着若干物品的课桌，提醒学生带齐考试必备物品；课桌上方的文案一语双关，不仅是在提醒学生以良好的心态应试，也将其品牌的出行特点体现了出来；文案上方的车灯将课桌点亮，既有祝愿考生前程一路光明的寓意，也将自身“网约车”的产品服务体现了出来。

图4-37 江小白“高考加油”主题海报

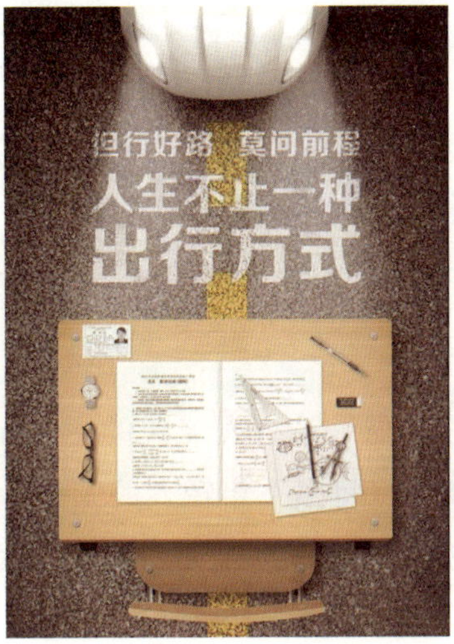

图4-38 “高考加油”主题海报

辉煌中国

中华人民共和国成立以来，特别是党的十八大以来，中国特色社会主义教育体系不断完善，我国教育事业取得了举世瞩目的成就。以历年的高考报名人数为例，2018年，全国高考报名人数为975万，2019年为1 031万，2020年为1 071万，2021年高达1 078万，创历史新高。不断提高的高考报名人数体现出我国不断提高的教育质量，我国努力建设的高质量教育体系为我国的社会主义建设提供了人才资源保障，在保持社会稳定、推动经济发展和促进社会繁荣等方面都发挥了积极作用。

赏析2 爆款GIF表情包大赏——“蜜桃猫”系列GIF表情包

“蜜桃猫”是微信上非常受欢迎的GIF表情包，如图4-39所示。截至2020年11月，微信表情商店已上架14个“蜜桃猫”系列表情包，累计赞赏数超21万，售卖表情包周边产品的淘宝店铺粉丝已近3万，可谓人气爆表。

扫一扫
“蜜桃猫”表情包

图4-39 “蜜桃猫”系列GIF表情包

“蜜桃猫”系列表情包的主角是“蜜桃猫”和“灰灰”两只动画猫咪形象，作者“不觉晓晓”将当下年轻人的工作、生活和情侣日常等情景作为创作灵感，让两只可爱的动漫猫咪来表现动作和情感，十分戳中受众的内心，可谓将网络中火爆的“萌宠文化”发挥到了极致。

思考与练习 SIKAOYULIANXI

1. 选择题

（1）下列说法中，无法佐证“一图胜千言”说法的是（　　）。

A. 图片色彩鲜艳、形象生动，所传达的信息更加直观

B. 图片所传达的信息更能够引起人们的共鸣

C. 图片所传达的信息更加具有感染力

D. 图片占用的存储空间远比文字要多

（2）下列有关位图的说法中，错误的是（　　）。

A. 位图图片大小和清晰度与分辨率无关

B. 位图一般经由数码相机、扫描仪，以及屏幕截取得到

C. 位图的表现力强、色彩细腻、层次多且细节丰富

D. 一般来说，分辨率越高的位图越清晰

（3）下列有关矢量图的说法中，错误的是（　　）。

A. 矢量图一般由矢量绘图软件绘制得到

B. 矢量图无论放大多少倍，都不会出现模糊

C. 矢量图占用的存储空间一定比位图小

D. 矢量图的缺点是色彩单调、细节不够丰富

（4）下列说法正确的是（　　）。

A．JPEG格式是Adobe Photoshop专用的图像文件格式

B．PNG格式可以在不失真的情况下压缩保存图像

C．PSD格式采用的是具有破坏性的压缩算法

D．TIFF格式是Windows操作系统中“画图”程序的标准文件格式

（5）“新媒体编辑在使用图片时，应尽量选择漂亮美观、令人赏心悦目的图片。”这句话是指新媒体编辑在使用新媒体图片时，需要（　　）。

A．保证图片的清晰度　　B．对图片进行适当美化

C．合理控制图片数量　　D．保持图片的协调性

（6）下列不属于常用图片编辑工具的是（　　）。

A．Adobe Photoshop　　B．Adobe Illustrator

C．美图秀秀　　D．微信

（7）新媒体编辑若要绘制矢量图，最适合的图片编辑工具是（　　）。

A．Adobe Photoshop　　B．Adobe Illustrator

C．美图秀秀　　D．GifCam

（8）下列图片编辑软件中，不需要用户掌握任何专业图像处理知识也能轻松上手的是（　　）。

A．Adobe Photoshop　　B．Adobe Illustrator

C．光影魔术手　　D．Adobe Lightroom

（9）网络上风靡一时的动态表情包属于（　　）。

A．GIF图片　　B．PNG图片

C．PSD图片　　D．JPEG图片

（10）下列关于GIF图片的说法中，错误的是（　　）。

A．GIF图片可以将多张图片以动画的形式展现出来

B．几乎所有浏览器都支持浏览GIF图片

C．GIF图片是一种压缩位图格式

D．GIF图片可完全取代视频

2．填空题

（1）生动直观、富有创意的图片与逻辑缜密、构思巧妙的文字相结合，可真正实现__________力量与__________力量的互补。

（2）放大后会变模糊的图片是__________，不会变模糊的图片是__________。

（3）______________是指位图在单位长度（通常为英寸）中包含的像素数量。

（4）__________具有占用存储空间小、始终清晰、色彩明艳等优点，特别适合用于设计标志、插画、卡通和产品效果图等。

（5）__________格式是Adobe Photoshop专用的图像文件格式，可保存图层、通道等信息。

（6）一般来说，新媒体图片的使用原则包括__________、__________、图片要符合文案主题、合理控制图片数量和__________等。

（7）使用新媒体图片涉及的法律法规主要包括__________和__________两方面。

（8）某新媒体编辑需要一款可在线进行新媒体海报编辑与制作、支持多平台同步的新媒体图片编辑工具，本章提到的图片编辑工具中，最适合他的是__________。

（9）__________由多幅图像压缩成一个图像获得，并以动画的形式循环展现。

（10）某新媒体编辑需要将电脑上的几步操作录制为GIF图片，本章提到的GIF图片编辑工具中，最适合他的是__________。

3. 简答题

（1）为什么说“一图胜千言”？

（2）简述位图与矢量图的概念和分辨方法。

（3）简述新媒体图片的使用原则。

（4）列举常用的图片编辑工具。

（5）简述GIF图片的优缺点。

4. 操作题

用实战3中的GIF图片制作方法，将本书配套素材“素材”/“第4章”/“操作题”文件夹中的13张图片合成1张GIF图片。

05 CHAPTER

学习目标

- 了解图文排版的必要性。
- 掌握图文排版的原则和实用技巧。
- 熟悉常用的新媒体图文排版工具。
- 掌握135编辑器的使用方法。

素质目标

- 领略中国古典哲学中的智慧，树立文化自信。
- 树立人民至上、服务社会的远大理想。

新媒体图文排版

本章导读

新媒体时代是一个“酒香也怕巷子深”的时代。这是因为，受众每天都要从海量信息中进行选择，很多优质的内容可能会因无人关注而沉没在信息的汪洋大海中。要使内容让更多受众看到，就必须让自身的内容能够在众多信息中脱颖而出，而图文排版就是实现这一目的的重要手段之一。

本章从图文排版的必要性入手，介绍图文排版的相关知识，包括图文排版的原则和实用技巧，常用的新媒体图文排版工具及其使用方法等内容。

5.1 新媒体图文排版概述

5.1.1 人靠衣裳马靠鞍，爆款文案靠排版

俗话说：“人靠衣裳马靠鞍。”在日常生活中，得体的衣着可以帮助人们树立良好的个人形象，给别人留下良好的第一印象。类似的，在新媒体领域，图文排版就如同文案的“衣裳”，好的排版不仅能快速吸引受众的眼球，还能提高其在受众心中的印象分，使得文案脱颖而出。

例如，如图5-1和图5-2所示是两篇内容完全一样的微信公众号文案。其中，图5-1中的文案未经任何排版处理，而图5-2中的文案不仅对内容逐句进行了分段，还将能引起受众兴趣的关键词进行了高亮处理；图片也穿插放置在文字中间，不仅使得整个文案版面美观，还能有效吸引受众注意力，减轻受众的阅读压力。乍一看，图5-1的文案在相同版面中的内容比图5-2更多，但很显然，受众会更愿意阅读图5-2中的文案。

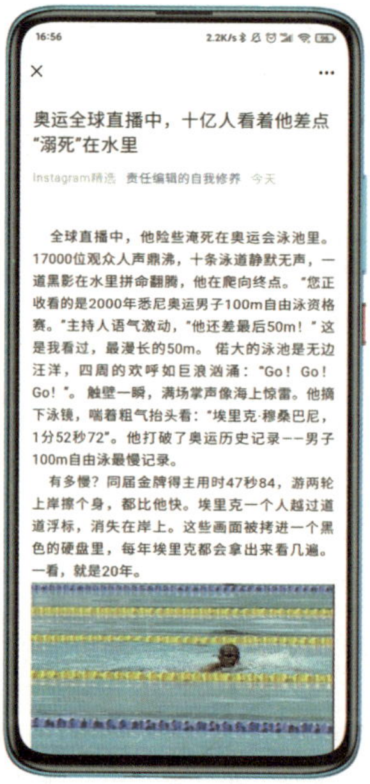

图5-1 未排版的文案

图5-2 经过排版的文案

受众在阅读文案时，密集的文字很容易让其产生视觉压力。尤其是现在的快节奏时代，大多数受众会习惯性地快速浏览全文，密集的文字需要受众不断停下来思考才能消化理解。这样不仅会消耗受众的耐心，且如果没能快速找到关注点，受众就会第一时间退出。而经过图文排版的文案不仅能减轻受众阅读文案产生的视觉压力，让受众快速发现重点和亮点，还能让文案内容结构清晰、错落有致，有利于受众理清逻辑思路，从而提升受众的阅读体验。

5.1.2　图文排版的原则和实用技巧

新媒体编辑在对文案进行图文排版时，应当尽量遵守易读性和美观性的原则。下面一一介绍，并介绍实现其原则的一些实用技巧。

1．易读性原则

图文排版最重要的目的之一就是减轻受众的阅读压力。因此，易读性原则是图文排版最重要的原则之一。新媒体编辑要使文案易于阅读，可从以下几个方面入手。

（1）整齐划一。相比杂乱无章的文案，整齐划一、结构清晰的文案更易于阅读。因此，新媒体编辑在进行图文排版时，应注意通过调整文案中不同元素的尺寸大小、对齐方式、间距、缩进、比例等参数，使文案层次分明、整齐划一，呈现出一种浑然一体的观感。

案例剖析 | ANLIPOUXI

“千篇一律”的“罗胖60秒”

来源：微信公众号“罗辑思维”。

内容：“罗辑思维”是微信公众平台的头部账号之一，以“罗胖60秒”栏目闻名。每天6点30分，该公众号会以60秒语音和文案的表现形式为受众推送一篇有价值、有洞察力的文章或书单，排版风格非常固定，可谓“千篇一律”。

扫一扫

（2）为文案制造“呼吸感”。文案内容通常是前后关联的，但如果前后关联过于紧密，会使文案的阅读节奏十分紧凑，增加受众的阅读压力，让受众感到应接不暇，“喘不上气来”。

因此，新媒体编辑在图文排版时，应当通过分段、留白、配图等技巧为文案制造“呼吸感”，使其节奏不紧不慢，如同呼吸一般。这样，受众才能从容不迫、循序渐进地阅读文案。

高手点拨 | GAOSHOUDIANBO

分段是增加文案“呼吸感”最简单有效的图文排版技巧。通常来说，受众阅读文案会以段落为单位，如果文案中的段落很长，受众阅读和理解起来会很吃力。而如果将一个长段落分为若干个短段落，甚至将一个句子作为一个段落（称为“独句段”），就会使得文案易于阅读。而独句段也是如今很多新媒体编辑常用的图文排版技巧，如图5-3所示。

需要注意的是，“分段”这一图文排版技巧并不总是适用的。例如，在一些对完整性要求较高的文案中，频繁分段容易破坏文案完整性，将其中心思想切割得支离破碎；一些较长的文案中如果分段过多，会让文案整体过长，影响受众的阅读完成率。因此，新媒体编辑决不能将这条技巧视为“万金油”，而应当具体问题具体分析。

图5-3 “独句段”的图文排版技巧

（3）突出重点。新媒体时代的“信息爆炸”使得受众的阅读呈现出碎片化、节奏快、层次浅等特点，“走马观花”式的快速浏览是当下受众阅读的常态。因此，新媒体编辑在进行图文排版时，可通过加粗、高亮、增加底纹和设置更大字体、字号等技巧，突出显示文案中的重点内容，以帮助受众快速找到。

（4）局部模块化。新媒体编辑在进行图文排版时，可通过在文案中使用小标题、分割线等形式，将一篇文案分割为若干个结构类似的模块。这样，受众通过一个模块就可以对整个文案的结构和内容有一个概括性的了解，文案整体上也更加结构清晰、易于阅读。

高手点拨 | GAOSHOUDIANBO

新媒体编辑也可在同一新媒体账号下定期推送内容有趣、主题类似、排版风格也相对固定的文案，将其作为特色栏目。这个特色栏目会充当本账号的“名片”，使得其在众多同类账号中具有独特的记忆点，更容易给受众留下深刻印象。

例如，微信公众号“冷笑话”就打造了一个特色栏目“聊天室”，如图5-4所示。该栏目每期会展示若干个网友围绕某个话题的幽默留言。“聊天室”的图文排版风格十分统一，网友的留言都进行了模块化处理，通常会以“分割线+网友昵称+留言+表情包”的形式展示，如图5-5所示。

“聊天室”的内容幽默、接地气，图文排版风格固定，容易让受众在潜移默化中留下对该栏目的印象。因此，“聊天室”逐渐成了“冷笑话”的招牌栏目，网友们都非常乐意阅读、参与和分享，该公众号也因此人气大涨。

图5-4　微信公众号“冷笑话”

图5-5　“聊天室”栏目

2. 美观性原则

图文排版的另一个重要目的是使文案美观、赏心悦目。因此，美观性原则是图文排版的重要原则之一。新媒体编辑要使图文更加美观，可从以下几个方面入手。

（1）不过度排版。有些新媒体编辑在进行图文排版时，没有把握好“适度”原则，盲目使用多种字体，添加各种装饰性元素，结果用力过猛，导致排版后的文案不仅不美观，反而显得杂乱，使受众失去视觉焦点。要知道，图文排版是文案的点缀和加分项，文案真正的核心始终是内容。因此，新媒体编辑在进行图文排版时，应尽量克制，不追求复杂，不过度排版，不要使装饰元素喧宾夺主，甚至造成阅读障碍，影响受众的阅读效率和心情。

源远流长

不过度排版的美观性原则体现了“大道至简”的中国古典哲学思想。“大道至简”出自我国古代著名思想家老子的《道德经》，全文是“万物之始，大道至简，衍化至繁”。意思是，再复杂的事情也是从最简单的事物演化过来的。因此，简单并不是敷衍了事，也不是单纯幼稚，而是一种化繁为简、返璞归真的智慧。

（2）色彩搭配协调。在图文排版时，对文案中各个元素的色彩进行合理、协调的搭配可让内容更加富有立体感、空间感，增强受众的视觉感知和文案的美观度。业界也总结了一些色彩搭配的宜与忌，新媒体编辑在图文排版时可参考借鉴。例如，一篇文案中文字的颜色最好不要超过3种；应尽量避免使用特别艳丽鲜明的颜色；红色通常不与绿色搭配；经常用到的搭配色包括青色与红色、黄色与蓝色、黑色与白色等冷暖色。

（3）避免细节粗糙。俗话说：“细节决定成败。”很多时候，文案图文排版水平的高低就体现在一些细节上，如文字与背景颜色的对比、图片上的水印等。如果能够避免细节上的粗糙，就可使新媒体文案的图文排版更上一层楼，为受众带来更好的阅读体验。

5.2 常用的新媒体图文排版工具

XINMEITI BIANJI

熟练掌握一些实用、便捷的图文排版工具，无疑会使新媒体编辑日常的图文排版工作更有效率。下面介绍几款常用的新媒体图文排版工具，使用它们进行图文排版能够帮助用户提升文案格调，增加文案吸引力。

5.2.1 135编辑器

135编辑器是一款功能强大的在线图文排版工具，提供了非常丰富的图文排版样式、模板和素材，并提供秒刷、一键排版、全文配色、云端草稿、企业定制等强大功能，其工作界面如图5-6所示。

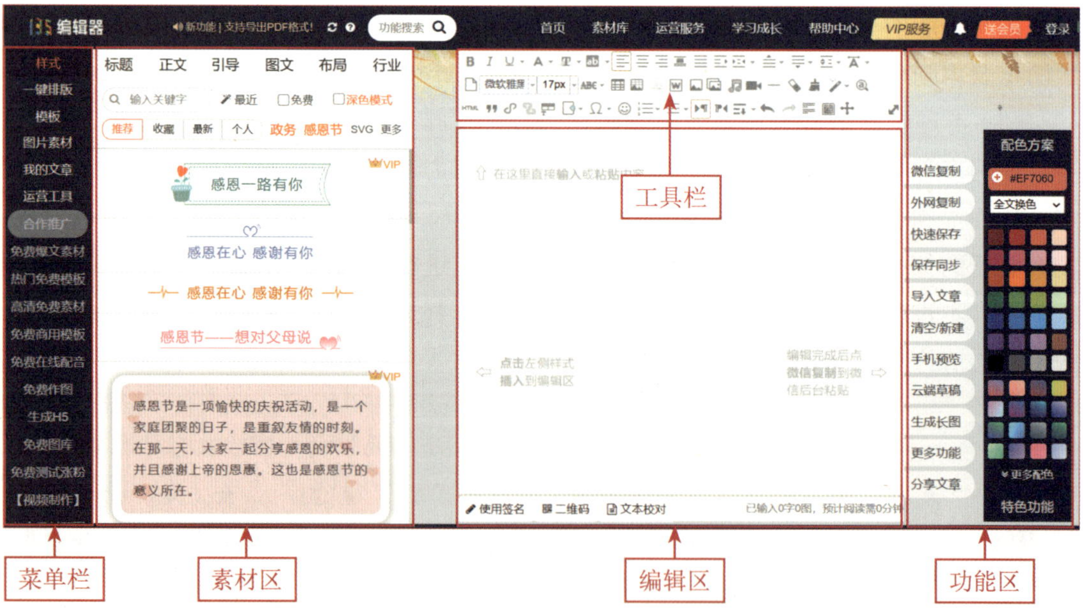

图5-6 135编辑器工作界面

5.2.2 秀米

秀米是一款专门为微信公众号文章提供文本内容美化的在线图文排版工具。它为用户提供了多种风格的排版模板，同时支持用户自行创建新的图文版式，其工作界面如图5-7所示。

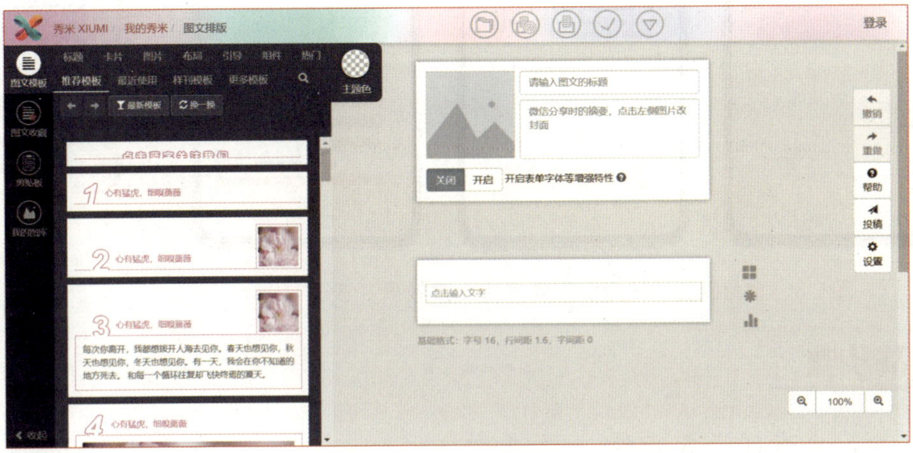

图5-7　秀米工作界面

5.2.3 i排版

i排版是一款主要针对微信文章排版的在线图文排版工具。i排版的功能丰富，支持一键调整字间距或行间距、一键缩进、一键添加签名、保存草稿等。同时带有短网址、超链接、弹幕样式、一键生成长微博功能，可帮助新媒体编辑简洁高效地完成微信公众号推送文章的图文排版。

提　示 | TISHI

除上述图文排版工具外，常用的图文排版工具还包括微小宝、96编辑器、点睛号编辑器等。

编辑实战——为企业形象宣传文案进行图文排版

XINMEITI BIANJI

实战目标

使用本章提到的新媒体图文排版工具135编辑器，为金企鹅公司的企业形象宣传文案进行图文排版，包括导入文案、设置背景、选择模板、设置样式、处理图片、修改主题色、设置文本格式等操作，效果如图5-8所示。

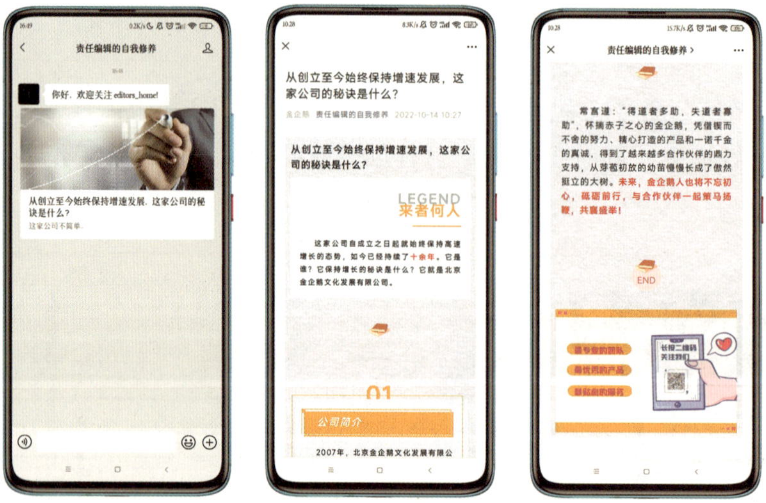

扫一扫

扫码查看完整排版效果

图5-8　金企鹅公司的企业形象宣传文案效果（部分）

实战步骤

1. 导入文案并设置背景

扫一扫

图文排版

<u>步骤1</u>　访问135编辑器（https://www.135editor.com），单击右上角的“注册”按钮，注册135编辑器账号并登录。

<u>步骤2</u>　在功能区中单击“导入文章”链接文字，在弹出的对话框中单击“导入文档”按钮，弹出“打开”对话框，选择本书配套素材“素材”/“第5章”/“实战”文件夹（以下简称“素材文件夹”）中的“金企鹅公司企业形象宣传文案.docx”文档文件，单击“打开”按钮，稍等片刻后，即可将文档中的内容导入编辑区，如图5-9所示。

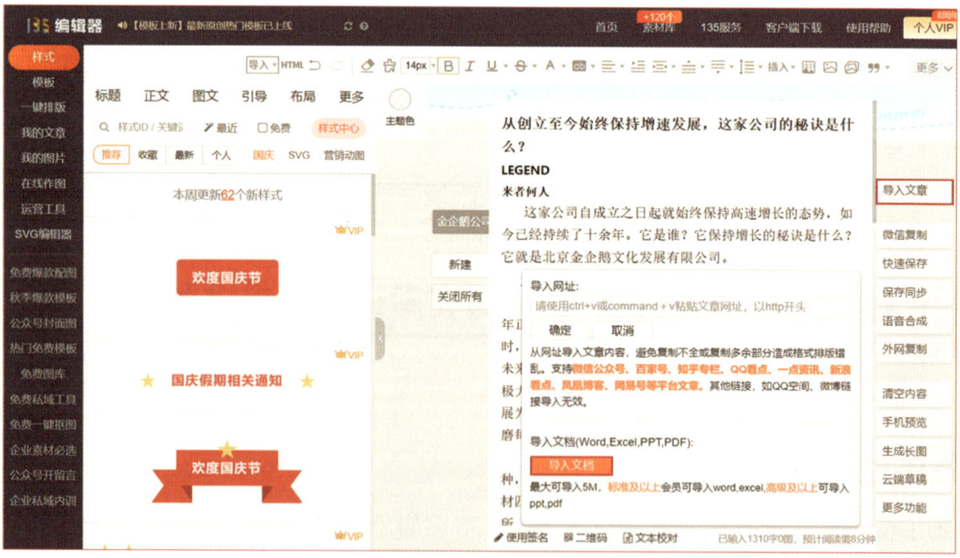

图5-9　导入文章

提　示 | TISHI

除“导入文章”链接文字外，功能区的各链接文字的功能如下。

（1）微信复制：将当前编辑区的所有内容（含格式）复制到系统剪贴板中，用户可将其粘贴至微信公众平台的图文编辑界面中。

（2）快速保存：将当前编辑区的所有内容快速保存到云端。文章的参数（如标题、摘要、是否覆盖原文章等）均采用系统默认设置，用户无须进行设置。

（3）保存同步：将当前编辑区的所有内容保存到云端，文章的保存参数需要用户进行自定义设置。

（4）语音合成：为当前编辑区的所有文字内容生成AI语音，用户可根据需要选择使用不同风格的男声或女声，如标准、温柔、播音、方言等。

（5）外网复制：将当前编辑区的所有内容无格式复制到系统剪贴板中，用户可将其粘贴至任意新媒体平台的图文编辑界面中。

（6）清空内容：清空当前编辑区中的所有内容并新建一个空白编辑区。

（7）手机预览：将当前编辑区中的所有内容以手机展示的形式进行预览，同时支持生成临时预览链接，时效为1小时。

（8）生成长图：将当前编辑区中的所有内容以长图或PDF的形式输出。

（9）云端草稿：每5分钟自动保存一次编辑区的草稿。

（10）更多功能：提供一些较实用的图文排版功能，如图片圆形、图片边框、开启图片自适应秒刷、去圆角、加圆角、去边框、去阴影、加阴影、随机换色、隐藏配色方案、换基础版、复制代码等。

步骤3　单击工具栏中的“背景”按钮，弹出“背景”对话框（见图5-10），切换至“在线背景图片”选项卡，在其中选择一种背景样式，然后单击“确定”按钮，为文章设置背景。

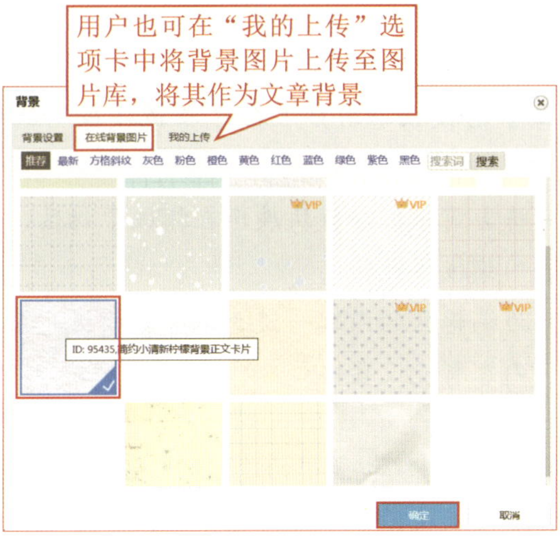

图5-10　“背景”对话框

2．基于模板为开头应用样式

步骤1　在菜单栏中单击“模板”链接文字，在打开的模板素材区切换至“模板中心”选项卡，在搜索框中输入“企业宣传”，然后按“Enter”键，在其下方自动出现搜索结果。将鼠标悬停在所需模板上，在出现的各按钮中单击“分开使用”按钮，如图5-11所示。

图5-11　搜索并应用模板

提　示 | TISHI

图5-11中各按钮的功能如下。

（1）预览：可预览模板的整体效果。

（2）收藏：可收藏当前模板。用户可在“收藏模板”选项卡中查看已收藏的模板。

（3）分开使用：可将当前模板分模块展示在模板素材区，用户可将其插入编辑区，也可选中内容后套用模板样式。

（4）整套使用：可为编辑区的内容一键套用整套模板。系统会自动对比模板与编辑区内容，为编辑区内容智能设置格式。

步骤2　应用模板样式。选中编辑区中的“LEGEND……有限公司。”内容，然后单击模板素材区中“BOWAY博威集团”字样的模板样式，为选中的内容快速应用所选样式（称为“秒刷”），如图5-12所示。

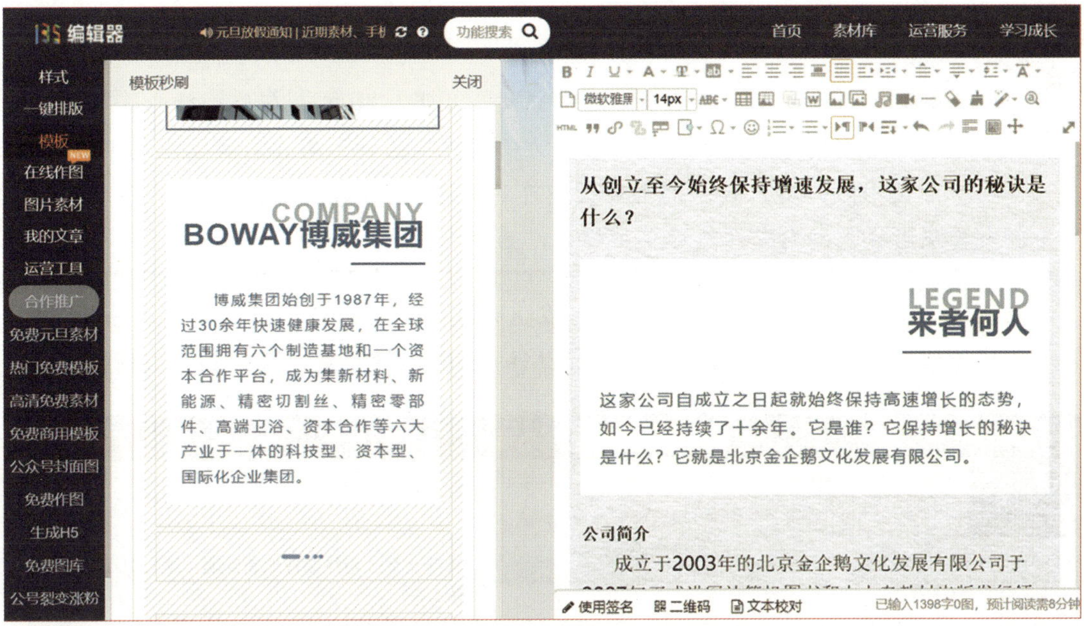

图5-12 为开头“秒刷”样式

提 示 | TISHI

在实际应用模板的过程中，由于要应用的模板不一定能与自身内容完全吻合，可能无法取得良好的效果。此时，用户可有意识地将自身内容与模板进行匹配，如添加适配内容、删减无用内容等。

例如，若为上述文案开头的“这家公司自……有限公司。”内容直接“秒刷”模板样式后，系统会将所有内容都识别为模板第1行的字母，并为其添加灰色样式，而模板的剩余内容也会添加到编辑区，如图5-13所示。这显然不是期望的效果。因此，用户可以根据开头内容及模板样式，为“COMPANY”匹配内容“LEGEND”，为“BOWAY博威集团”匹配内容“来者何人”，从而达到如图5-12所示的最佳效果。

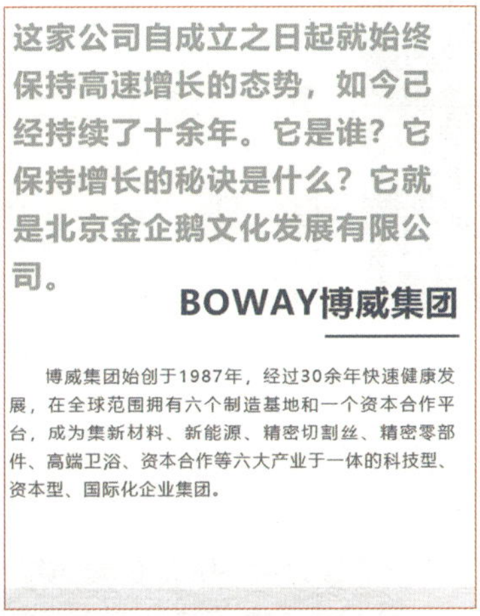

图5-13 为开头直接添加模板样式后的效果

步骤3 添加分割线样式。将插入点移动到开头下方的空白处，然后在菜单栏中单击“样式”链接文字，打开样式素材区，选择“正文”→“分割线”选项。

提 示 丨TISHI

135编辑器的样式素材区具有标题、正文、引导、图文、布局、行业等类别的样式，每个类别下又可进一步进行细分，方便用户快速找到符合自身需求的样式。

在实际使用时，用户只需单击样式即可将其添加至编辑区插入点所在位置，或先选中要应用样式的内容，然后单击样式，为所选内容“秒刷”样式。

步骤4 打开“分割线”样式素材区，在上方搜索框中输入“教育”，按“Enter”键，在下方搜索结果中单击所需分割线样式，将其添加到插入点所在位置，如图5-14所示。

图5-14 插入“分割线”样式

步骤5 单击刚刚添加的分割线样式，在其周围将自动展开快捷菜单。在快捷菜单的“区域样式”面板依次选择“前空行”和“后空行”选项，如图5-15所示。

图5-15 插入空行

提 示 丨TISHI

135编辑器的每一个样式都具有唯一的样式ID。例如，上述分割线样式的ID为“101625”。新媒体编辑除了可通过关键词搜索样式外，也可通过样式ID快速找到某样式。

3. 为“公司简介”部分进行图文排版

步骤1　使用前面“秒刷”样式的方法，为“公司简介”部分的内容（“公司简介……已超过千所。”）“秒刷”模板素材区中的“公司产业”模块样式，并在其后添加相同的分割线样式。

步骤2　将插入点移动到“公司简介”部分的第2段末尾，按“Enter”键添加空白行，然后单击工具栏中的“单图上传”按钮，弹出“打开”对话框，选择素材文件夹中的“1-1.jpg”图片，然后单击“打开”按钮，将图片添加到插入点所在位置，如图5-16所示。

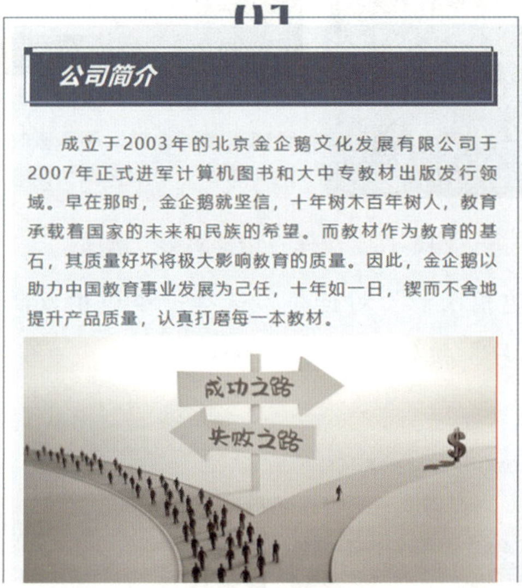

图5-16　添加图片

步骤3　选中刚刚添加的图片，在菜单栏中单击“样式”链接文字，选择“图文”/“单图”选项，然后单击图文素材区中的某个单图样式，为当前图片应用该样式，如图5-17所示。

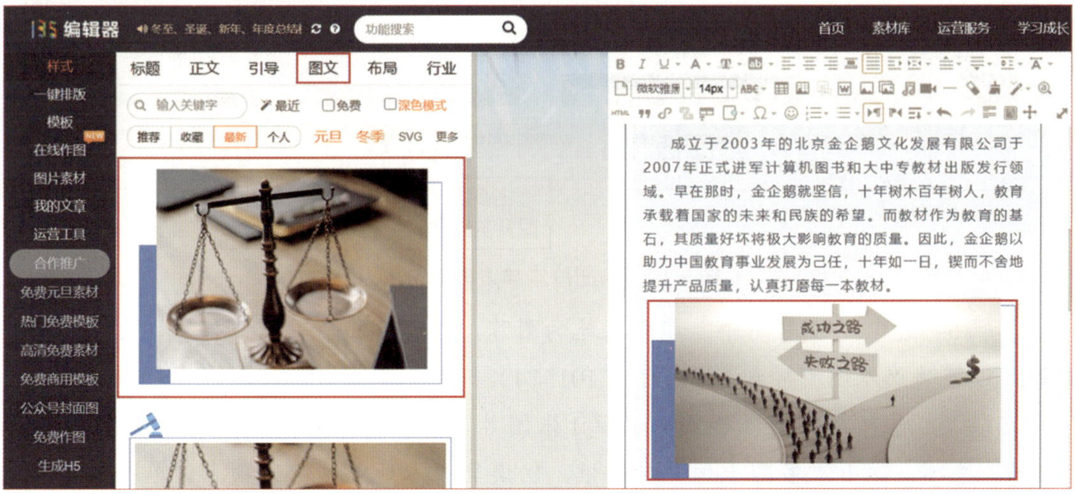

图5-17　为图片应用样式

步骤4 参考前面添加图片的方法，将素材文件夹中的“1-2.png”图片添加到第2段和第3段之间，然后选中刚刚添加的图片，在展开的快捷菜单的“图片”面板选择“边框阴影”选项，如图5-18所示。

图5-18 选择“边框阴影”选项

步骤5 弹出“图片边框阴影”对话框，选择一个边框或阴影效果（如“宽阴影”），然后单击“应用到当前图片”按钮，如图5-19所示。

图5-19 为图片添加边框阴影效果

步骤6 选中“公司简介”部分末尾的图片，参考前面应用图片样式的方法，将当前图片设置为“双图”样式（样式ID：101514）。

步骤7 选中“双图”样式中的第1张图片，在其快捷菜单的“图片”面板选择“换图”选项，弹出“多图上传”对话框，切换至“本地上传”选项卡，单击“普通图片上传”按钮，如图5-20所示。

图 5-20 “多图上传”对话框

步骤 8 弹出“打开”对话框，选择素材文件夹中除“1-1.jpg”“1-2.jpg”以外的所有图片，单击“打开”按钮，返回“多图上传”对话框。然后单击“开始上传”按钮，待图片上传完成后（见图 5-21），切换至“我的上传”选项卡，可看到所有上传的图片。选择“1-3.jpg”图片，然后单击“确定”按钮，样式中的图片就替换成了所选图片。

图 5-21 上传多张图片

步骤 9 使用相同的方法，将“双图”样式中的另外一张图替换为素材文件夹中的“1-4.jpg”图片。“双图”样式替换图片前后的对比效果如图 5-22 所示。

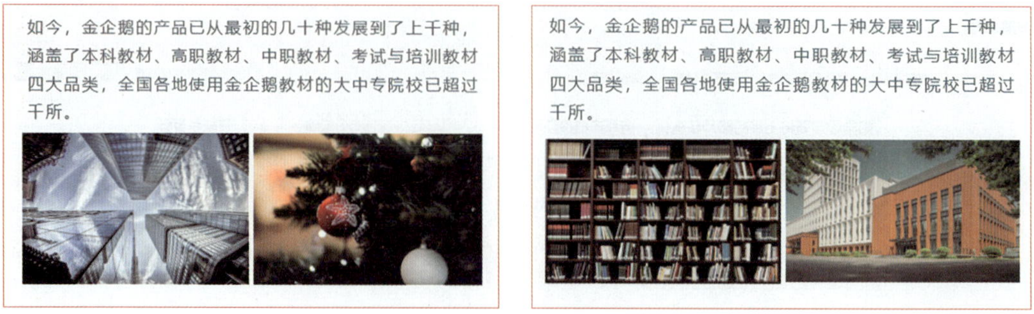

图5-22 “双图”样式替换图片前后的对比效果

4. 为其他部分进行图文排版

步骤1 使用前面“秒刷”样式的方法，为“发展历程”部分的内容（“发展历程……2013年的15倍。”）“秒刷”模板中“公司管理”模块的样式，并在其后添加相同的分割线样式，如图5-23所示。

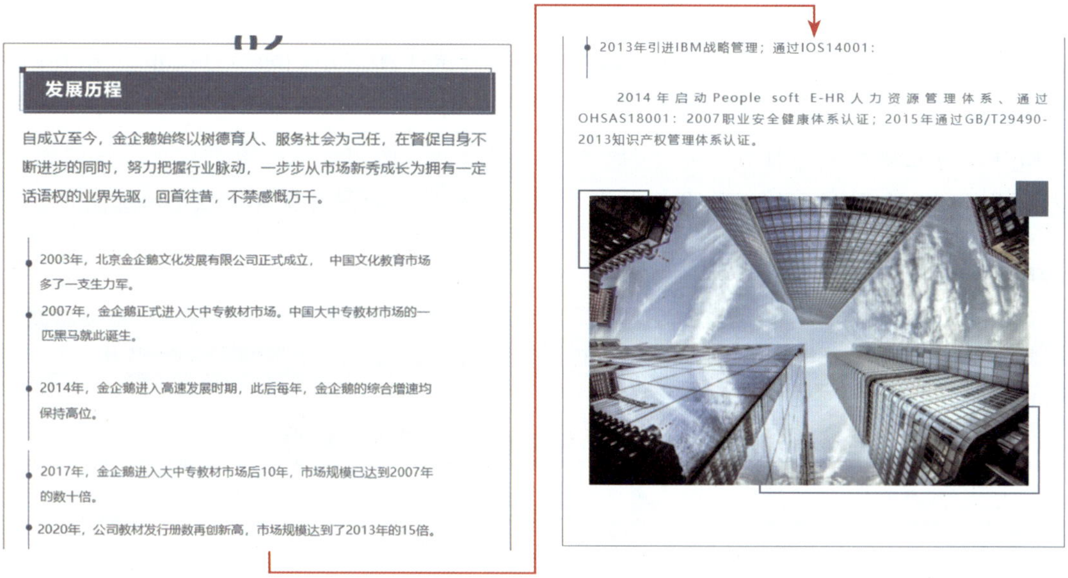

图5-23 “发展历程”部分样式

步骤2 选中“保持高位。”后的空白内容到“知识产权管理体系认证。”内容，单击工具栏中的“清除格式”按钮，然后删除与文案无关的内容（即“2013年……知识产权管理体系认证。”）。

步骤3 将插入点移动到“2014年”处，在快捷菜单的“全局样式”面板中选择“加一个”选项，在下方添加一个时间轴单位，用下方的“2017年……数十倍。”内容替换时间轴单位中的内容。

步骤4 参考前面的方法，再次添加一个时间轴单位，并用“2020年……15倍。”内容替换原内容，使时间轴的最终效果如图5-24所示。

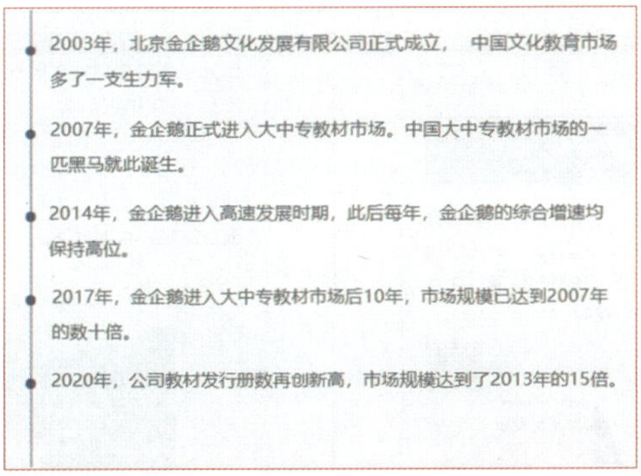

图5-24　时间轴的最终效果

步骤5　使用前面替换图片的方法，将“发展历程”部分的图片替换为素材文件夹中的“2-1.jpg”图片。

步骤6　使用前面“秒刷”样式的方法，为“卓越——一流的团队”部分的内容（“卓越……坚实基础”）应用模板中的“公司产业”模块样式并添加相同的分割线样式。然后将其末尾的图片替换为素材文件夹中的“3-1.gif”图片。最后将标题序号改为“03”，效果如图5-25所示。

图5-25　“卓越——一流的团队”部分最终效果

步骤7　使用前面“秒刷”样式的方法，为“创新——互联网+教育”部分的内容（“创新……全国计算机等级考试等。”）应用模板中“公司产业”模块的样式并添加相同的分割线样式。然后参考前面的方法，将素材文件夹中的“4-1.jpg”图片插入到第1段和第2段之间，并为其应用单图样式（样式ID：99511），并将此样式中的文字删除，然后用素材文件夹中的“4-2.jpg”图片替换末尾的原图片并为其应用相同的单图样式，最后将标题序号改为“04”，效果如图5-26所示。

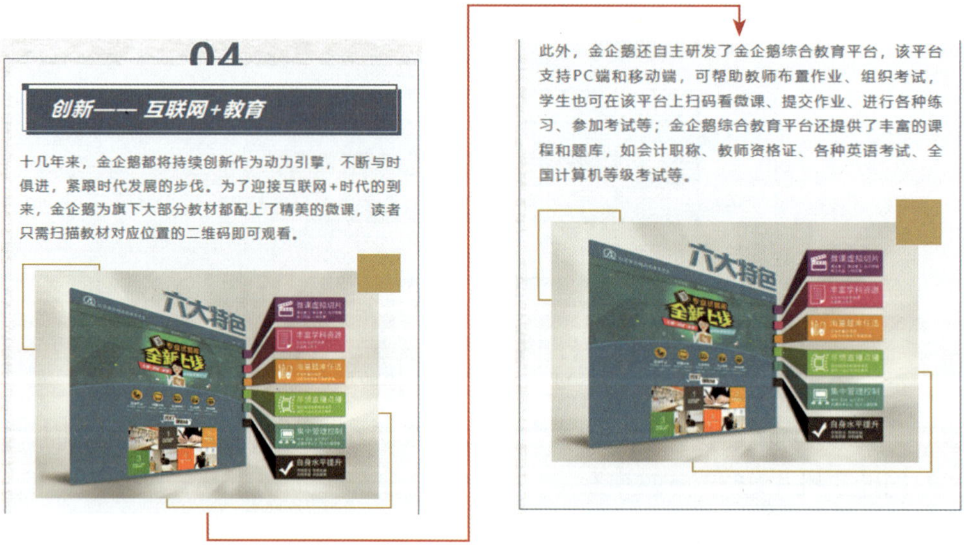

图5-26 “创新——互联网+教育”部分效果

步骤8 使用前面“秒刷”样式的方法，为“合作——携手共赢”部分内容（“合作……坚定盟友。”）应用模板中的“公司产业”模块样式并添加相同的分割线样式。然后将其末尾的图片替换为素材文件夹中的“5-1.jpg”图片并为其应用样式（样式ID：98477）。最后将标题序号改为“05”，效果如图5-27所示。

步骤9 选中“合作——携手共赢”部分的一段内容，单击工具栏中的“格式刷”按钮，进入“格式刷”模式，选中结尾段，为结尾段文字应用字体样式。然后再次单击“格式刷”按钮，退出“格式刷”模式。

步骤10 使用前面添加分割线样式的方法，为文案添加含“END”字样的分割线样式（样式ID：101624）。然后在分割线下方添加素材文件夹中的“二维码.gif”图片，使结尾的效果如图5-28所示。

图5-27 “合作——携手共赢”部分效果

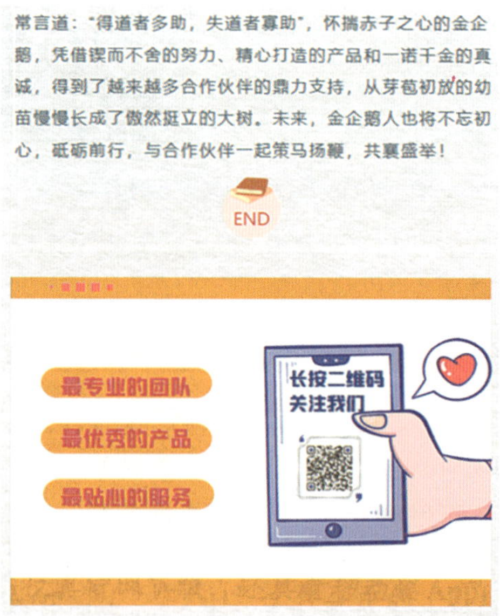

图5-28 结尾部分效果

5. 修改主题色

步骤1　将插入点移动至开头段样式中，展开快捷菜单，在“全局样式”面板中有若干个圆形色块（称为“配色工具”），将鼠标悬停至某色块上，鼠标会变为十字形状，样式中与此颜色匹配的部分会不停闪烁。单击标题颜色对应的色块（本案例为第3个色块），打开调色盘，将下方编辑框中的内容删除，并输入十六进制颜色码“#fcb42b”，然后单击“确定”按钮，将标题更改为此颜色，如图5-29所示。

扫一扫

图文排版

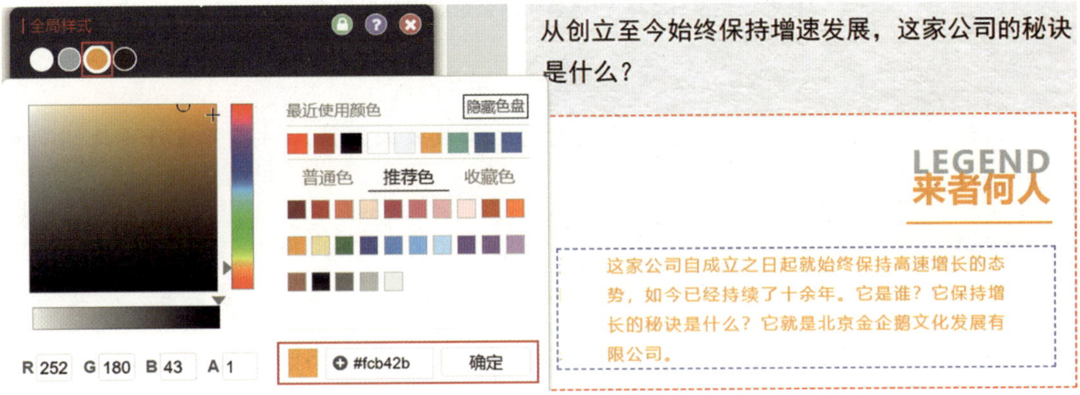

图5-29　修改主题色

步骤2　参考前面修改主题色的方法，修改文案中其他样式的主题色，是整个文案的主题色调一致。

6. 设置文本格式

步骤1　选中开头“这家公司自成立……有限公司。”内容，单击工具栏中的“字体颜色”下拉按钮，打开调色盘，将字体颜色设置为黑色，然后单击工具栏中的“首行缩进”按钮，设置段落格式为首行缩进。

步骤2　参考前面的方法，将文案中正文部分的字体颜色均设置为黑色，段落格式均设置为首行缩进。

步骤3　将插入点移动到“公司简介”文本的最前方，单击工具栏中的“居中对齐”按钮，设置标题的对齐格式为居中对齐。使用同样的方法，将文案中所有模块标题的对齐格式均设置为居中对齐。

步骤4　选中开头段落中的“十余年”，将其字体颜色设置为红色；在“字体”下拉列表中选择“黑体”选项，将其字体设置为黑体；在“字号”下拉列表中选择“16 px”选项，将其字号设置为16 px，然后单击工具栏中的“加粗”按钮 B，对其进行加粗，如图5-30所示。

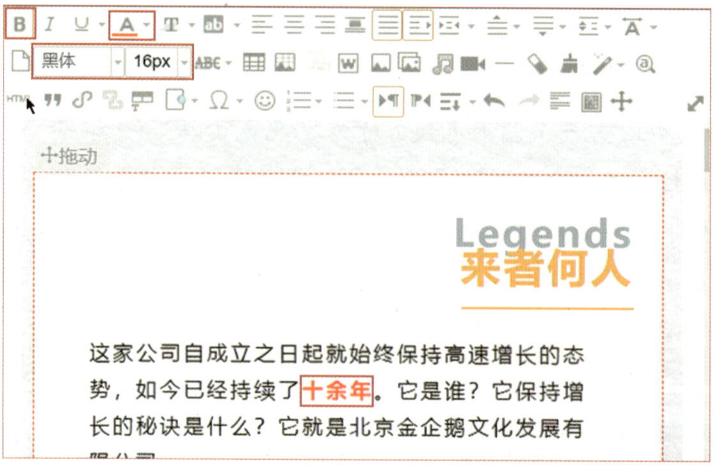

图5-30　突出显示重点内容

步骤5　根据金企鹅企业形象宣传文案图文排版效果文件，对其他重点内容进行相同的处理。

7. 添加超链接并保存图文

步骤1　选中“创新——互联网+教育”部分中的“金企鹅综合教育平台”，单击工具栏中的“编辑超链接”按钮，弹出“编辑超链接”对话框，切换至“超链接”选项卡，然后在“链接地址”编辑框中输入“https://www.wenjingjy.com”，并选中下方“是否在新窗口打开：”复选框，最后单击“确认”按钮，如图5-31所示。

图5-31　为文本添加超链接

步骤2　在功能区中单击“保存同步”按钮，弹出“保存图文”对话框，设置文章参数，如图文标题（默认为当前文档标题）、图文摘要、封面图片、存储选项等，然后单击“保存文章”按钮，将当前文章存储到云端，如图5-32所示。

步骤3　单击菜单栏中的“我的文章”链接文字，在文章素材区可查看已存储的文章，如图5-33所示。

图5-32 “保存图文”对话框

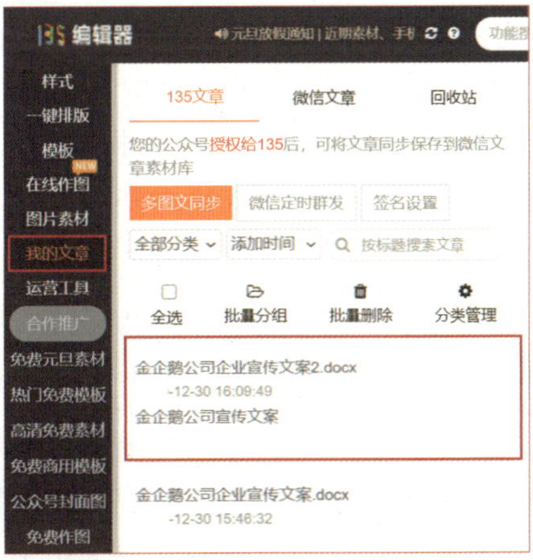

图5-33 查看“我的文章”

佳作赏析——“咬文嚼字”编辑部发布“2020十大流行语”

XINMEITI BIANJI

2020年12月4日，文艺月刊《咬文嚼字》的官方微信公众号“咬文嚼字”发布了题为《“咬文嚼字”编辑部发布“2020十大流行语”》的文案（见图5-34），在互联网上引起了网友们的广泛讨论和关注。该图文文案的图文排版非常具有特色，下面从图文排版的两大原则入手对此文案的图文排版进行赏析。

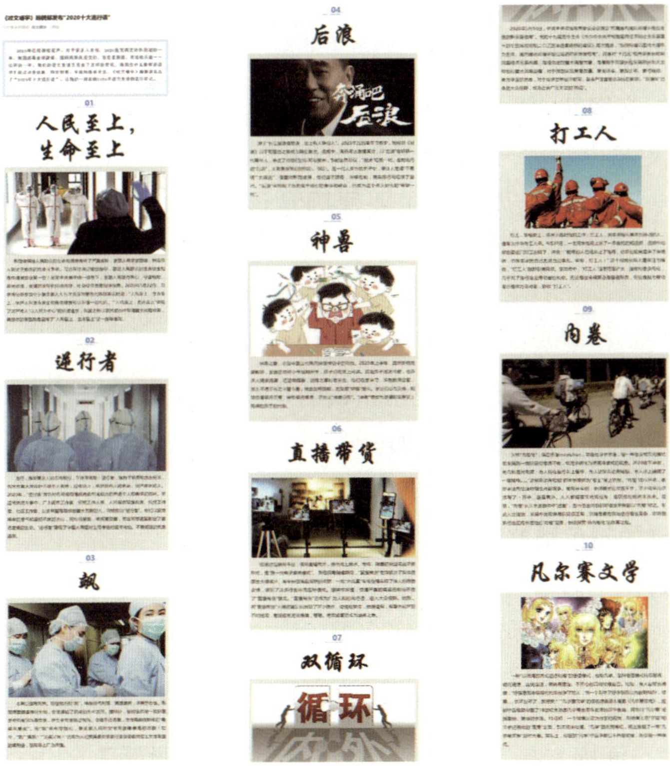

图5-34 《“咬文嚼字”编辑部发布“2020十大流行语”》文案内容

扫一扫

扫码查看原文

（1）易读性原则。从图5-34可以看出，该文案进行了模块化处理，每个模块都由“序号+流行语+图片+流行语介绍”组成，且“图片+流行语介绍”部分加上了灰色的底色，结构清晰，非常易于阅读；每个模块的序号样式，流行语的字体、大小、颜色，图片尺寸，以及流行语介绍内容的字体、字号、间距、缩进等参数都非常整齐划一。而且模块化的处理还使得各模块间有了留白，为文案制造了“呼吸感”。

此外，文案对“飒”“后浪”等流行语进行了加粗、改变字体和字号等高亮处理，使得其非常醒目，突出了文案的重点。

（2）美观性原则。从图5-34可以看出，该文案的排版十分简洁，没有过度排版；文案将黑白灰三色作为主色调，辅以图片的彩色和序号的淡蓝色，色彩搭配协调，使得文案赏心悦目；文案的细节处理也很到位，无论是文案顶部的背景介绍、各模块的排版布局，还是各流行语的图片，都十分精致，非常符合图文排版的美观性原则。

思考与练习 SIKAOYULIANXI

1. 选择题

（1）下面有关新媒体图文排版的说法中，错误的是（　　）。

A. 图文排版最重要的目的之一是减轻受众的阅读压力

B. 图文排版是新媒体文案的核心

C. 好的排版能够为优质内容锦上添花

D. 经过图文排版的文案能让受众快速发现重点

（2）某新媒体编辑的文案内容“干货满满”，但由于其文案中经常使用大段文字，导致阅读量一直不高。造成这一局面的主要原因是该新媒体编辑未遵守图文排版的（　　）。

A. 易读性原则　　　　B. 美观性原则

C. 统一性原则　　　　D. 整体性原则

（3）下列关于图文排版的美观性原则中，说法错误的是（　　）。

A. 美观性原则的主要作用是使文案更加美观

B. 美观性原则要求新媒体编辑不能过度排版

C. 一篇文案中文字的颜色最好不要超过3种

D. 美观性原则只适用于微信公众号的图文排版

2. 填空题

（1）__________是增加文案“呼吸感”最简单有效的图文排版技巧。

（2）要使图文易于阅读，可从__________、为文案制造“呼吸感”、__________、局部模块化等方面入手。

（3）图文排版最主要的作用是使文案更加美观，更加赏心悦目。因此，__________是图文排版的重要原则之一。

（4）新媒体编辑要使图文更加美观，可从____________、____________、避免细节粗糙等方面入手。

3. 简答题

（1）简述图文排版的意义。

（2）简述图文排版的原则。

（3）简述常用的新媒体图文排版工具。

4. 操作题

选择一篇你喜爱的文章，为其添加配图，并使用135编辑器为其进行图文排版，使其符合图文排版的易读性和美观性原则。

06 CHAPTER

学习目标

- 了解新媒体音频的优势。
- 了解常见的新媒体音频格式。
- 熟悉新媒体音频采集和处理的原则。
- 熟悉新媒体音频录制的基本方法。
- 了解常用的新媒体音频素材网站。
- 掌握常用音频编辑工具的基本用法。

素质目标

- 具备乐观积极、与人为善的人生态度。
- 涵养新时代奉献精神，增强爱国意识和家国情怀。

新媒体音频编辑

本章导读

人类能够听到的声音均可称作音频。与文字相比，音频富有感染力，更能营造气氛、传递情感，从而产生非常好的宣传效果。这些优势使得音频成为如今新媒体信息传播的重要媒介之一。

本章从新媒体音频的基本概念入手，介绍新媒体音频格式、新媒体音频采集和处理的原则、常用的音频录制方法、音频素材网站和音频编辑工具等内容。

6.1 新媒体音频概述

忙碌、快节奏、没时间是当下很多新媒体受众的生活常态。为迎合这一现状，新媒体内容就需要在不花费受众大量时间的情况下起到传播和营销作用。要达到这一目的，一种典型的方案就是将内容以伴随的方式呈现，从而避免让内容单独占用受众的时间。而新媒体音频无疑是这种内容呈现方式的最好媒介。那么，新媒体音频究竟有何优势呢？

6.1.1 此时有声胜无声

在移动互联网时代，新媒体信息的传播场景可大致分为三种：由电视剧、电影、综艺、游戏等填满的沉浸式场景，由短视频、快资讯等填充的碎片化场景和由在线音乐、电台、播客等打造的伴随式场景。其中，伴随式场景以音频作为信息的呈现形式和传播媒介。

音频可以与其他很多事情同时进行，因此可在不单独占用受众时间的前提下，向其传递信息，帮助受众“一心二用”。例如，人们可在运动、通勤、走路、等车、逛街、喝咖啡、打游戏、爬山、洗漱、做家务时，通过收听各种新媒体音频节目获取丰富的信息，如图6-1所示。

图6-1 伴随式场景

音频得天独厚的伴随性优势，使得新媒体音频市场呈现出非常广阔的前景。如今，几乎所有的新媒体平台都或多或少地包含音频形式的新媒体内容，甚至市面上还出现了很多专业的新媒体音频平台，如主打内容的喜马拉雅、荔枝、蜻蜓FM、懒人听书等平台和主打音乐的网易云音乐、QQ音乐、咪咕音乐、酷狗音乐等平台，如图6-2所示。

图6-2 新媒体音频平台

如火如荼的新媒体音频市场催生了一项专业从事新媒体音频编辑的工作岗位，即新媒体音频编辑。其基本工作是利用专业的音频设备或音频素材网站，进行音频的采集工作，并利用专业的音频编辑软件对采集到的音频进行后期处理，最后将其上传到新媒体音频平台上。此外，即使不是专业从事音频编辑的新媒体编辑，也非常有必要掌握一些常见的音频编辑工具的使用方法。

6.1.2 常见的新媒体音频格式

音频格式是指音频文件在计算机中的编码格式，可根据音频文件的后缀名加以区分。不同格式的音频文件，其音频质量（即音质）、文件大小、在各新媒体平台的适用程度等也不尽相同。下面介绍几种常见的新媒体音频格式。

1. WAV 格式

WAV格式是一种无损非压缩音频格式，由美国微软公司开发，Windows操作系统中的几乎所有音频软件都对该格式提供支持。WAV格式的音频文件是无损的，音质很高，是保存原始音频素材的首选格式。

WAV格式的缺点是占用的存储空间很大（1分钟的音频文件大约占用12 MB存储空间），不便于音频文件的保存和传播。因此，各新媒体平台并不多使用这种音频格式。

2. MP3 格式

MP3格式是一种有损压缩音频格式，因采用了MP3（全称是MPEG Audio Layer 3）编码技术而得名。

MP3格式的音频的音质虽然比不上WAV格式，但是其可在保持较高音质的同时，以12∶1的压缩比压缩音频文件。换句话说，相同长度的音频，使用MP3格式的文件大小只有使用WAV格式的十二分之一。

此外，MP3格式支持流技术，可以在线缓冲（即边下载边播放）音频文件，这无疑非常适合新媒体平台的在线播放功能。因此，MP3格式是当前最流行、最常见的新媒体音频格式。

3. WMA格式

WMA格式是一种有损压缩音频格式，其压缩比可达18∶1。它也是由微软公司开发的，Windows操作系统默认支持该格式，用户无须安装任何第三方解码器即可直接在Windows操作系统上播放该格式的音频文件。

WMA格式支持防复制功能，可以限制播放时间和播放次数等，从而有效防止盗版。此外，WMA格式也支持流技术。因此，WMA格式是一种非常适合用于在线播放的音频格式，很多网络音乐平台都在使用这种格式。

4. APE格式

APE格式是一种无损压缩音频格式，其压缩比很高，可达50%～70%。WAV格式的音频文件可通过专有软件压缩成APE格式，压缩后的APE格式音频文件要比WAV格式小很多，极大地方便了无损音质的音频文件在网络上的传播。

5. FLAC格式

FLAC格式是一种无损压缩音频格式，其压缩比略低于APE格式。FLAC格式是免费的，且支持大多数的操作系统，故各大网站都乐于采用这种格式来为用户提供无损音质的音乐下载。

6. OGG格式

OGG格式是一种有损压缩音频格式，其采用的编码技术是开源免费、没有专利限制的。在专利和著作权保护日益受到重视的今天，OGG格式成了新媒体音频制作者一个不错的选择。

7. AAC格式

AAC格式是一种有损压缩音频格式，其压缩比高达18∶1～20∶1。虽然是有损压缩，但由于采用了先进编码技术，AAC格式的音频文件的音质可接近无损。

8. RealAudio格式

RealAudio格式是一种有损压缩音频格式，它专门针对网络流媒体设计，压缩比较高，音频文件占用空间很小，可在非常低的带宽下流畅播放音频。因此，在低带宽时代，RealAudio格式广泛用于网络广播、网上教学、网上点播等。但RealAudio格式的音频文件的音质得不到保证，随着带宽的不断提升，RealAudio格式的采用率不断下降。

9. MIDI格式

MIDI格式是乐器和计算机之间交换音乐信息所使用的一种标准语言。MIDI格式的文件本身记录的并不是音频，而是一些描述乐曲演奏过程的指令，其特点是体积小（十多分钟的音乐只有十几KB），播放效果因软硬件而异。

10. AIFF 格式

AIFF格式是苹果公司开发的音频格式。AIFF格式虽然是一种很优秀的音频格式，但它主要是针对苹果电脑，并没有在其他PC平台上流行。

6.2 新媒体音频采集

XINMEITI BIANJI

新媒体音频的编辑工作通常需要经过音频采集和音频处理两个阶段。其中，音频采集即获取音频素材，这是新媒体音频编辑的首要工作。

音频采集的主要方式包括音频录制和音频下载两种，下面一一介绍。

6.2.1 音频录制

通过音频录制采集音频，可以采集任何用户所需的音频，如人物对话、诗歌朗诵、视频中的声音等。

1. 音频录制原则

新媒体编辑在进行音频录制时，应注意遵守以下两个原则。

（1）保证声音清晰。声音的清晰度可从音量和流畅性两方面衡量。音量是受众在聆听音频时最能直观感受到的，影响音量的因素有很多。例如，在录制音频的过程中，离话筒太近会导致音量过高，甚至造成喷麦；离话筒太远则会造成音量过低。又如，环境因素会导致话筒的收声效果不好。因此，新媒体编辑在录制音频时，应避免上述问题，并在正式录制前先进行试录，根据试录音频对录音设备和软件进行调试，确保录制的音频音量适宜后，再开始正式录制。

此外，流畅性也对声音的清晰度影响很大。不流畅的音频就好比印制粗糙的书籍，会十分影响受众的聆听体验和心情。故新媒体编辑在录制音频时，应尽量保证音频的流畅性。例如，在录制人声时，应尽量吐字清晰、语速适中、语句通顺，避免支支吾吾、口齿不清、期期艾艾。

提　示 | TISHI

新媒体编辑在录制多种声音时，应尽量将其分开录制，后期处理时再将其合成一条音轨，以确保音频音质。这是因为，虽然同时录制多种声音可降低音频录制的工作量，但不同声音之间的相互干扰很容易导致录制的效果不好。并且，录制后的各种声音都在同一条音轨上，不利于分别对其进行处理，增加了后期处理的难度。

（2）环境噪声尽可能小。音频中的电流声、隐隐约约的说话声、嘈杂的响声会十分影响受众的聆听体验。因此，新媒体编辑应在安静隔音、没有回声的环境中录制音频。如果有条件，应使用麦克风等专业录音设备或在专业的录音棚中进行录制。

案例剖析 | ANLIPOUXI

为你读诗，给灵魂片刻自由

来源： 微信公众号“为你读诗”。

内容： 每晚10点，该公众号都会准时推送一篇文章，在文章开头会有一段语音，内容通常是某知名人士的诗歌朗诵。语音的录制效果非常好，朗诵者的声音洪亮、语速适中、吐字清晰、感情充沛，且周围环境十分安静，没有任何噪声，能够带给受众非常好的聆听体验。

扫一扫

2. 常用的音频录制方法

（1）使用便携设备录制音频。这种音频录制方法的优点是录制门槛低，可灵活应对各种录音场景，通常只要一部手机或一支录音笔即可完成音频录制，无须其他设备。其缺点是所录制的音频质量一般。

（2）使用专业音频录制设备录制音频。这种音频录制方法通常会采用有线麦克风、独立声卡、专业录音软件等专业软硬件完成音频录制。其优点是录制的音频通常音质较好，适用场景相对灵活；缺点是对录音环境和设备有一定要求，录制成本较高。

（3）在专业的录音棚中录制音频。这种音频录制方法适用于对音质要求很高的专业场景，如歌曲、配音、节目录音等。其优点是录制的音频音质极高，便于后期处理；缺点是适用场景较为单一、录制成本高、场地限制大。

6.2.2 音频下载

互联网上一些专业的新媒体素材网站中往往汇集了大量专业、实用的音频素材，从这些网站上直接下载音频，可大大提高新媒体编辑音频采集的工作效率。

1. 音频下载原则

新媒体编辑在下载音频时，应注意遵守以下两个原则。

（1）注意音频的版权。与文章、图片一样，音频通常也是具有版权的。新媒体编辑无论从何种渠道下载音频素材，都应当注意音频的版权，以避免因侵权为自身带来不必要的麻烦。例如，2019年某新媒体账号在其发布的短视频中使用了未经授权的背景音乐（background music，BGM），版权方将其告上法庭，最终法院裁决其赔偿版权方7 000元。

（2）注意音频的“温度”。不同类型的音频会带给人不同的感受，就如同四季带给人不同温度的感觉。例如，快节奏的音频会使人兴奋，慢节奏的音频会使人沉静。新媒体编辑在下载音频素材时，应注意所获取音频的“温度”，对其进行归类和标签化处理，以确保在音频处理阶段能够快速准确地使用。

2. 常用的新媒体音频素材网站

下面介绍几个常用的新媒体音频素材网站。

（1）爱给网。爱给网（原音笑网）是国内知名的音频素材网站。该网站（见图6-3）提供近200万首音效、配乐，涵盖自然环境、生活日常、人声、动物声、影视配乐、游戏音效等多种场景。此外，爱给网还提供了大量音频编辑软件、插件和教程，方便用户学习和使用。

图6-3　爱给网

（2）淘声网。淘声网聚合了国内外数百万个声音素材，包括游戏音效、影视配乐、实地录音、音乐样本、节奏音源等，并通过互联网云技术打造出了最大最全的声音资源库。

淘声网独创了“吐司（toSound）”搜索引擎，拥有量身定制的声音搜索算法，可快速匹配目标音频。其首页和搜索结果界面的设计非常精美，搜索结果中的音频数据来自国内外众多知名声音平台，每条音频均可在线试听，且标明了格式、大小、码率、描述、标签等。例如，在淘声网中，关键词“舒缓”的搜索结果如图6-4所示。

提　示 | TISHI

淘声网在搜索结果上明确标注了音频作品的使用许可协议类型，可让创作者免受版权问题的困扰。

图6-4　淘声网搜索结果界面

淘声网还深度整合了“音频蛋（AudioDown）”在线下载系统，提供一键下载、智能提速、队列传输、资源打包、闪电取回等数据传输服务。

（3）耳聆网。耳聆网是一家国内专业的声音分享平台，提供永久性的音频免费上传和下载服务。该网站汇聚了音乐创作、影视后期、场景设计和游戏制作等领域的众多专业录音师和业余声音爱好者，这些用户自发上传和分享了海量高品质的音频素材供用户多次免费下载使用。

耳聆网拥有庞大的声音资源云库和完善的授权使用机制，采用CC0（完全共享）、CC-BY（保留署名）、和CC-BY-NC（非商业用途且保留署名）三种知识共享许可协议，用户可以根据需要合法地使用声音云库中的所有音频。

（4）声音网。声音网是国内一家成立时间较早、服务口碑较好、音频质量较高的音频素材网站，该网站提供的音频素材类型包括人声、动物声、主题配乐、乐器配乐等。

此外，声音网所属的声音网文化传播有限公司还运营着配乐网和音效网两大网站。这两大网站分别为用户提供了海量配乐素材和音效素材，且大多数素材都可以免费下载。

6.3　新媒体音频处理

在完成音频素材的采集后，还要对音频素材进行消除噪音、添加音效、多音轨混合等一系列的处理，使其达到满意效果后才能上传至新媒体音频平台。在对新媒体音频进行处理时，应当注意遵守相关原则，合理使用技巧，并借助专业实用的音频编辑工具，从而大幅度提高音频处理的工作效率，且使音频最终的呈现效果更佳，达到事半功倍的效果。

6.3.1 音频处理的原则

新媒体编辑在进行音频处理时，应注意遵守以下几个原则。

（1）契合内容主题。音频在传递情感、烘托氛围、推动情节发展等方面发挥着重要作用。因此，新媒体编辑在处理音频时，应注意音频与内容主题的契合度。例如，在促销广告中可使用能营造夸张和兴奋气氛的音频，增加感染力；在脱口秀等音频节目中可使用节奏欢快的BGM和罐头笑声等音频，营造轻松幽默的气氛。

同心抗疫

2020年初，一场突如其来的新型冠状病毒肺炎疫情席卷中国大江南北，牵动着亿万国人的心。为避免疫情进一步扩散，疫情较为严重的武汉随即进入封城状态。面对此次疫情，武汉音乐学院音乐治疗实验中心的老师和同学们积极参与到防疫行动中，各司其职。团队成员分为文字组、音乐组、录音组，经过两天昼夜不息的努力，迅速创立了“战胜疫情，与你相伴”的网易云电台。

在电台中，他们以自己所学，发挥音乐治疗这一集音乐、心理学、医学为一体的学科优势，在音乐治疗专业技术上，做出与对抗疫情相关的技术调整，为急需缓解焦虑、紧张、极端压力的普通民众及一线工作人员提供了自助性的音乐减压放松与音乐引导想象的疗愈内容。电台一经推出就取得了很好的效果，随后入驻了武汉的方舱医院和雷神山医院的网络宣传平台心理指导栏目，帮助了很多一线医护人员和患者调整情绪，改善睡眠，走出心理阴霾。

（2）音频效果悦耳。新媒体编辑在处理音频时，为了得到更好的效果，往往会为其添加音效、制作混声、添加BGM音轨等。但需要注意的是，音效、混声和音轨等并不是越多越好，而应当确保处理后的音频听起来是专业和悦耳的。如果盲目添加过多音效，反而会使音频显得不伦不类。

（3）起承转合自然。在进行音频编辑时，出于契合主题、音画同步等考虑，不可避免地要对音频进行分割、截取、删减等处理，这些处理有可能使得音频各段之间缺乏过渡和铺垫，起承转合十分突兀。因此，新媒体编辑在处理音频时，应注意对音频设置淡入淡出效果、调整语调语速、添加间隙留白等，使得音频的起承转合更加自然。

案例剖析 ANLIPOUXI

声情并茂中的“洞见”

来源：微信公众号“洞见”。

扫一扫

内容：每晚10点，该公众号会为受众推送若干篇有温度、有哲理的文章，其中的主打文章通常会以“语音+文案”的形式呈现。其中，语音是文案的朗读版，通常朗读者是“洞见”公众号的主播。主播的朗读往往声情并茂、娓娓道来，搭配与文案主题契合的背景音乐；语音中没有添加过多的音效，这使得语音听起来专业且悦耳；且无论主播的朗读还是背景音乐的起承转合都十分自然，给人一种浑然一体的感觉。

6.3.2 常用的音频编辑工具

市面上有很多音频编辑工具，利用它们可以对音频进行降噪、剪辑和添加音效等编辑操作。下面介绍3款常用的音频编辑工具，包括Adobe Audition、GoldWave和变声专家。

1. Adobe Audition

Adobe Audition是Adobe公司开发的一款专业的音频编辑工具，专为从事于音乐、广播、音效后期制作等领域的工作人员设计。Adobe Audition提供先进的音频录制、混合、编辑、控制和效果处理功能，最多可混合128个声道，使用45种以上的数字信号处理效果。以Adobe Audition 2020为例，其工作界面如图6-5所示。

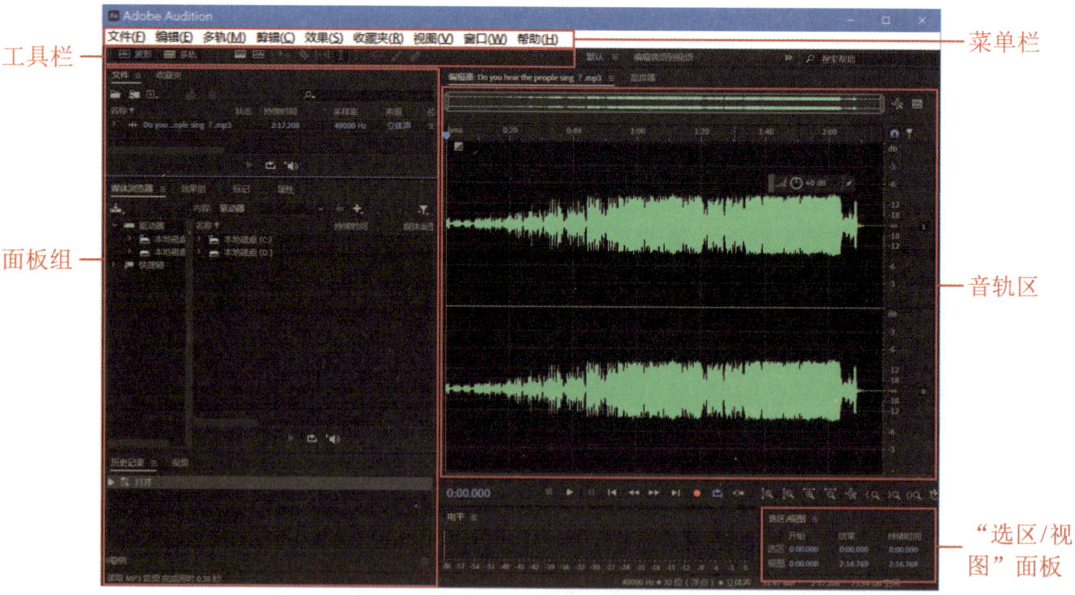

图6-5 Adobe Audition 2020的工作界面

- **菜单栏：** 是软件的核心功能区域，包括“编辑”“多轨”“剪辑”“效果”等菜单选项。
- **工具栏：** 包括程序模式切换按钮（波形编辑和多轨编辑）和基本工具按钮，如“移动工具”“切断所选剪辑工具”“滑动工具”等。
- **面板组：** 包括“文件”“媒体浏览器”“历史记录”等面板。其中，“文件”面板中列出了已打开或导入的音频文件；利用“媒体浏览器”面板可以打开保存在计算机中的音频文件；“历史记录”面板中列出了最近的操作步骤。
- **音轨区：** 是编辑音频的具体区域。用户可以选择任意音频片段并进行剪切、复制、删除或添加特效等操作。音轨区上有一个时间指示器，用来指示当前播放或编辑的音频时间点，可以任意拖动改变其位置。此外，单击音轨区下方的按钮，可以对当前音轨上的音频进行播放、停止、暂停、录制，以及调整显示比例等操作。
- **“选区/视图”面板：** 显示当前所选音频片段的开始时间、结束时间和持续时间；也可以直接在开始时间和结束时间编辑框中输入数值来选取音频片段。

2. GoldWave

GoldWave是一个操作简单、功能强大的音频处理工具，不仅可以打开多种格式的音频文件，还可从CD、VCD、DVD或其他视频文件中提取音频。GoldWave内含丰富的音频处理特效，从一般特效（如多普勒、回声、混响、降噪）到高级的公式计算（利用公式在理论上可以产生任何用户想要的声音），应有尽有，可对音频进行丰富的特效处理。用户可使用GoldWave满足不同用途的音频编辑需求，如提高音质效果、消除噪音等。

3. 变声专家

变声专家是一款专业的变声软件，主要功能包括实现声音变化，为视频剪辑、解说等制作变声配音，改变歌曲里的声音，模仿人声、动物声等。它的操作界面非常简单，包括在线变声器、配音编辑器、实用工具、录音机、文件变声器、假声等模块，大都支持文件的导入或导出。

编辑实战——为企业宣传短片制作音频

XINMEITI BIANJI

实战目标

扫一扫

制作宣传短片音频

使用本章提到的音频编辑工具Adobe Audition，为金企鹅公司的企业宣传短片制作配音，包括录制音频、为音频降噪、剪辑与混缩音频、为音频添加音效等操作。

实战步骤

1. 录制音频

首先在计算机上安装Adobe Audition 2020软件，并将麦克风插入计算机的音频输入接口，然后按以下操作步骤录制音频。

步骤1　启动Adobe Audition 2020，单击工具栏中的“波形”按钮 波形，在弹出的“新建音频文件”对话框中设置音频文件的名称、采样率、声道和位深度参数，然后单击“确定”按钮，如图6-6所示。

知识库 | ZHISHIKU

采样率、声道和位深度等是处理音频时经常遇到的概念。

（1）采样率是指将模拟音频信号转换成能在计算机中存储的数字音频信号时，每秒钟在计算机中采集声音样本的个数。例如，CD音频的采样频率为44.1 kHz，表示每秒钟采样44 100个数据。常用的采样率有8 kHz、11.025 kHz、22.05 kHz、15 kHz、44.1 kHz、48 kHz等。

很显然，采样率越高（即采样的间隔时间越短），在单位时间内得到的声音样本数据就越多，对声音波形的表示也越精确，音质就越有保证。

（2）声道是指在录制或播放声音时，在不同空间位置采集或回放的相互独立的音频信号。换句话说，声道数就是录制声音时的音源数量或回放时相应的扬声器数量。

（3）位深度也叫采样位深，它代表了录制音频的精细程度，单位是比特（bit）。例如，16 bit位深度可记录约96分贝的动态范围；32 bit位深度可以记录约192分贝的动态范围。可以看出，位深度越大，可录制的音频动态范围越大，所记录的音频越精细。

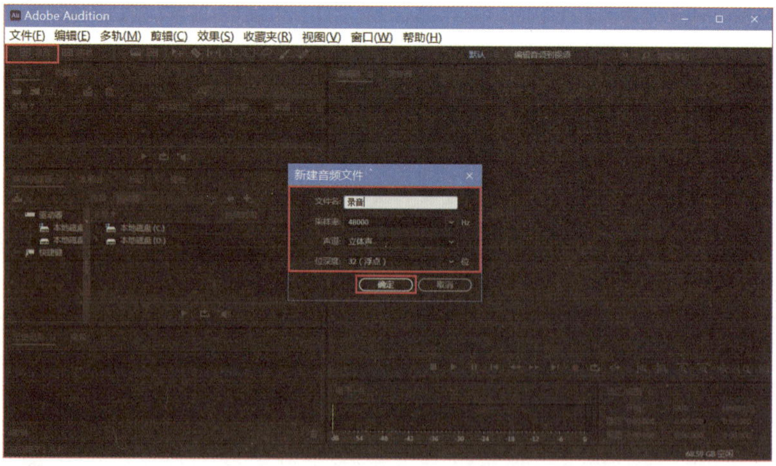

图6-6　新建“录音”音频文件

步骤2　打开本书配套素材“素材”/“第6章”/“实战”文件夹（以下简称“素材文件夹”）中的“讲解文字.txt”文本文件。

步骤3　单击音轨区下方的“录制”按钮，对着麦克风朗读“讲解文字.txt”文件中的文字进行录制。录音过程中Adobe Audition音轨区的状态如图6-7所示。录音结束后，再次单击“录制”按钮停止录制，此时单击“播放”按钮可预览录制的声音。

步骤4　按“Ctrl+S”组合键，弹出“另存为”对话框。在“文件名”编辑框中输入文件名，单击“位置”编辑框右侧的“浏览”按钮，从弹出的对话框中选择文件的保存位置，然后在“格式”下拉列表中选择音频格式，如“Wave PCM（*.wav, *.bwf, *.rf64, *.amb）”，最后单击“确定”按钮保存文件，如图6-8所示。

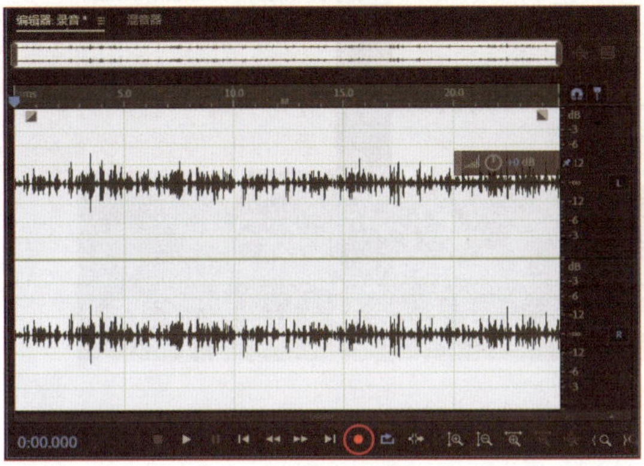

图6-7　录制音频

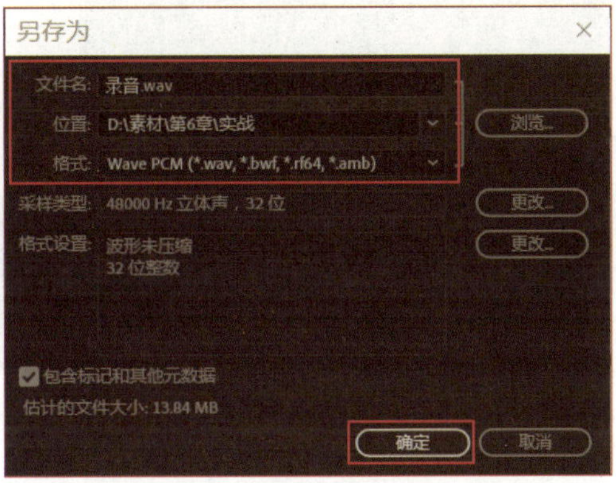

图6-8　保存音频文件

2. 为音频降噪

录制音频后，由于环境或设备原因，音频中可能会有一些杂音，如计算机的电流声。新媒体编辑应对音频进行降噪处理，使其播放效果更佳。对音频降噪的方法有很多，下面利用“采样降噪法”，对录制的音频进行降噪。

知识库 | ZHISHIKU

“采样降噪法”是指先捕捉一段较纯粹的噪声样本，然后以此样本为依据，消除音乐中的噪音。“采样降噪法”可较干净地清除音乐中的噪音，降噪效果较好。

步骤1　启动Adobe Audition 2020，在菜单栏选择“文件”/“打开”选项（或按“Ctrl+O”组合键），在弹出的“打开文件”对话框中选择素材文件夹中的“录音.wav”文件，单击“打开”按钮将其打开。

提　示 | TISHI

为确保后续处理过程一致，接下来的实战步骤都以处理素材文件夹中的“录音.wav”音频文件为例进行介绍。

步骤2　选择噪声波形。向上滚动鼠标滚轮，将音频时间显示比例放大，然后将鼠标悬停在第0秒左右的音轨区上，鼠标指针将自动切换为时间选择工具，按住鼠标左键向右拖动，至1.5秒左右释放鼠标左键，选取0～1.5秒的音频片段，如图6-9所示。

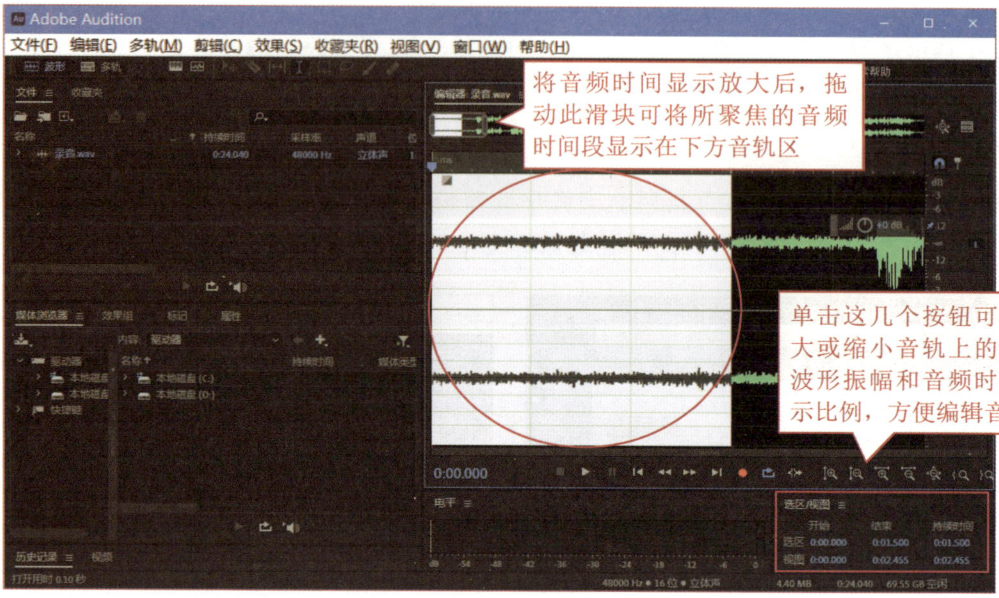

图6-9　选取0～1.5秒的音频片段

步骤3　在菜单栏选择“效果”/“降噪/恢复”/“捕捉噪声样本”选项（或按“Shift+P”组合键），将所选音频片段设置为样本，如图6-10所示。若弹出提示框，单击“确定”按钮即可。

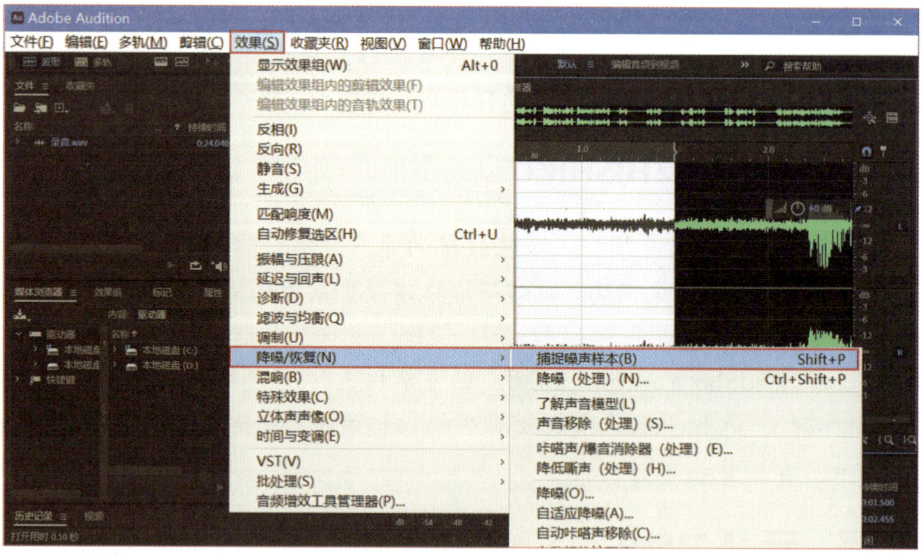

图6-10　捕捉噪声样本

步骤4　在菜单栏选择“效果”/“降噪/恢复”/“降噪（处理）”选项（或按“Ctrl+Shift+P”组合键），弹出“效果-降噪”对话框，单击“捕捉噪声样本”按钮，再单击“选择完整文件”按钮（表示对整个音频进行降噪），然后拖动“降噪”标尺值至“90%”，拖动“降噪幅度”标尺值至“10 dB”，其他选项保持默认设置。单击“预览播放/停止”按钮▶试听效果，对试听效果满意后，单击“应用”按钮完成降噪（见图6-11），降噪效果如图6-12所示。

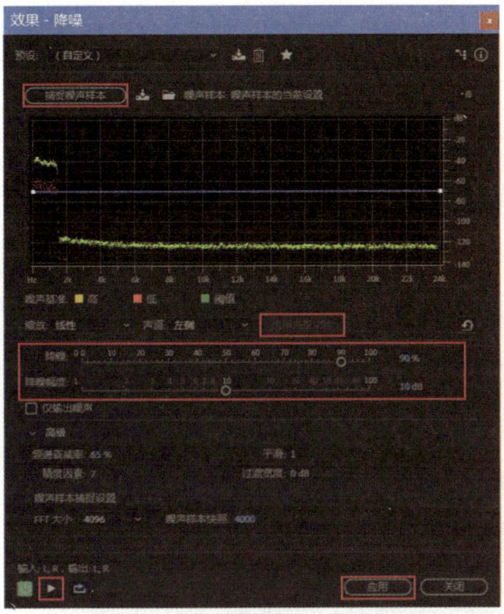

图6-11 “效果-降噪”对话框

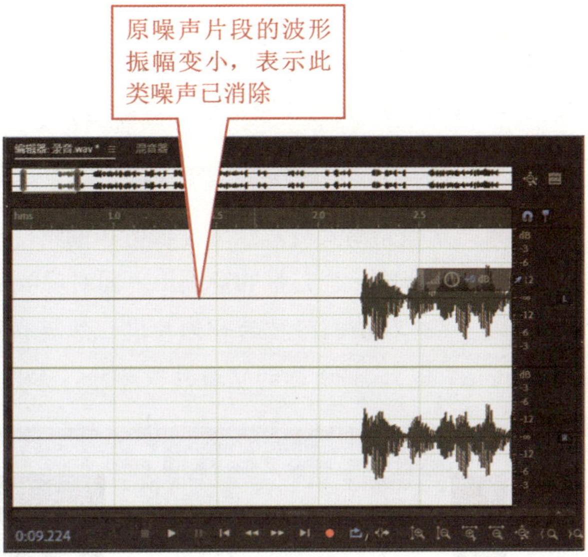

图6-12 降噪效

知识库 | ZHISHIKU

“效果-降噪”对话框中常用设置项的作用如下。

（1）捕捉噪声样本：从选定的噪声样本中提取背景噪声，从而更精确地降噪。如果选定的噪声样本过短，则将禁用该选项。

（2）图形：沿X轴描述所选音频频率，沿Y轴描述降噪量。可通过编辑蓝色曲线设置所选音频在不同频率范围内的降噪量。

（3）声道：设置在图形中显示左声道还是右声道。

（4）降噪：用于控制输出信号中的降噪百分比。可边预览音频边微调此项，从而确保在声音最小失真的情况下获得最大降噪。

（5）降噪幅度：设置噪声的降低幅度，一般设置为6～30 dB。如果要减少因降噪而产生的声音失真，可将该值设置得小一些。

（6）频谱衰减率：设置当所选音频低于噪声样本时的频率衰减程度，一般设置为40%～75%。低于40%时，会导致声音失真；高于75%时，会有残留噪声。

（7）平滑：提高平滑量（最高为2）可减少声音失真，但会增加整体背景的宽频噪声。一般用默认值1的效果较好。

（8）精度因素：设置降噪精度，设置为5～10效果较好。值等于或小于3时，可能会出现音量下降；值超过10时，不会明显提高声音品质，但会增加处理时间。

（9）噪声样本快照：决定降噪时所使用的样本数量，值越大去除的噪声越多，但对音频文件本身也会产生更大的影响。通常用默认值4000即可。

步骤5　在菜单栏选择“文件”/“另存为”选项（或按“Ctrl+Shift+S”组合键），将其另存为MP3格式的音频文件，并命名为“录音-降噪.mp3”。

3. 剪辑与混缩音频

剪辑是指根据需要对音频进行裁剪和编辑；混缩即混音，指将背景音乐和人声混合到一起，使两者合成一个完整的音频。下面对降噪后的音频进行剪辑并为其添加背景音乐。

步骤1　选取0～1.5秒的音频片段，然后在菜单栏中选择“编辑”/“删除”选项（或按“Delete”键），将所选的空白片段删除，如图6-13所示。

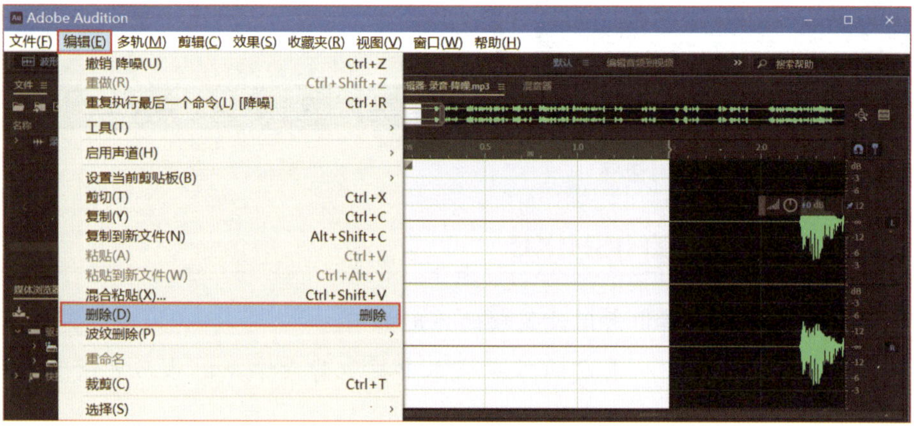

图6-13　删除音频的多余部分

步骤2　参考步骤1的操作，将音频文件10～11秒的口误片段删除。

知识库 | ZHISHIKU

如果要复制音频片段，可以选中音频片段后按“Ctrl+C”组合键，然后将时间指示器拖到要复制到的目标位置，按“Ctrl+V”组合键粘贴即可。如果要移动音频片段，可以选中音频片段后按“Ctrl+X”组合键，然后确定目标位置并按“Ctrl+V”组合键。

步骤3　单击工具栏中的“多轨”按钮 多轨，在弹出的“新建多轨会话”对话框中设置多轨会话名称（如“混音”）、文件夹位置和采样率，然后单击“确定”按钮，如图6-14所示。

知识库 | ZHISHIKU

Adobe Audition的多轨道模式下，音轨区可包含多个音频轨道，用户可将不同的音频文件放入不同的音轨中进行编辑，然后混缩输出为一个音频文件。

步骤4　在菜单栏选择“文件”/“导入”/“文件”选项（或按“Ctrl+I”组合键），然后在弹出的“导入文件”对话框中选择素材文件夹中的“背景音乐.mp3”文件，再单击“打开”按钮，此时导入的音频文件将显示在“文件”面板中，如图6-15所示。

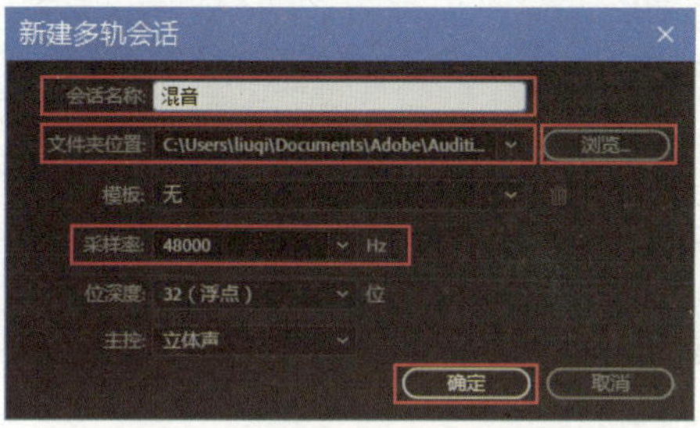

图6-14　新建多轨会话文件

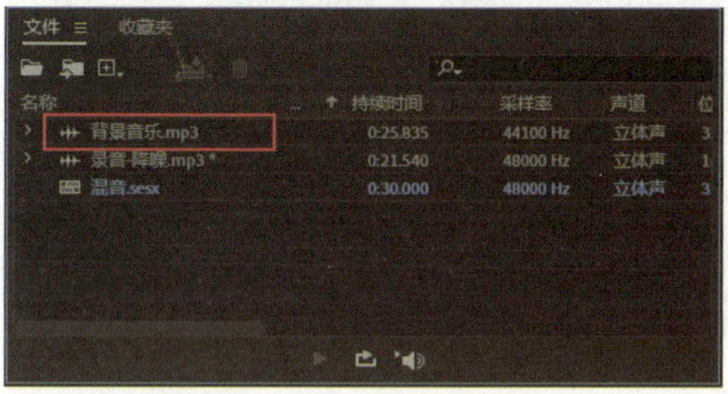

图6-15　导入背景音乐

步骤5　将“文件”面板中的“录音-降噪.mp3”文件拖到轨道1中，将“背景音乐.mp3”文件拖到轨道2中，若执行该命令后弹出提示框，单击“确定”按钮即可。然后在轨道2面板“音量”图标右侧的编辑框中输入“−10”，将轨道2的音量减小至−10 dB，如图6-16所示。

提　示 | TISHI

将音频拖入多轨会话后，可任意拖动音频以将其放置在需要的位置。本实战中将“录音-降噪.mp3”和“背景音乐.mp3”音频文件都拖放到了0秒处。

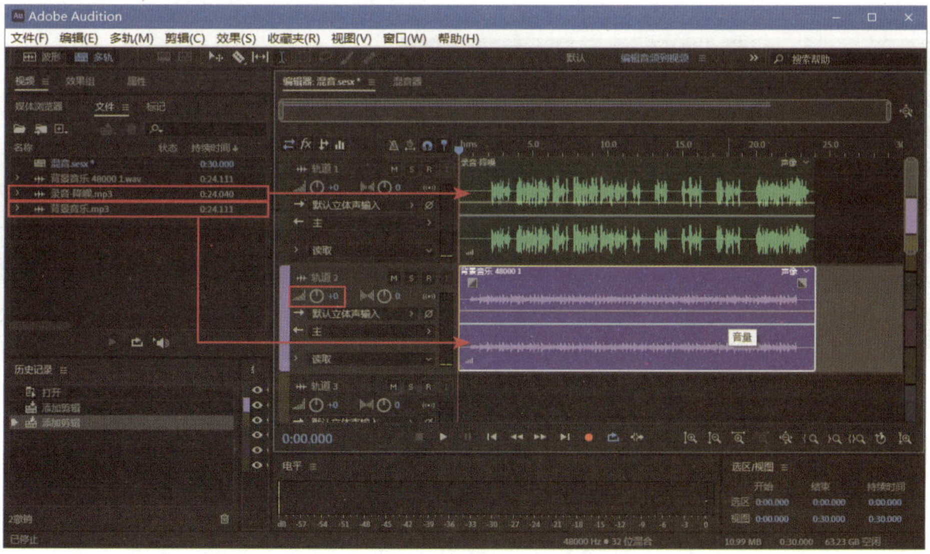

图6-16　将音频添加到轨道并调整轨道音量

步骤6 将时间指示器移动到轨道1中音频波形结尾稍后位置，然后选择工具栏中的“切断所选剪辑工具”，单击轨道2中时间指示器所在的位置，从该处将音频波形剪为两段，再使用“移动工具”选中第二段音频片段，按“Delete”键将其删除，如图6-17所示。

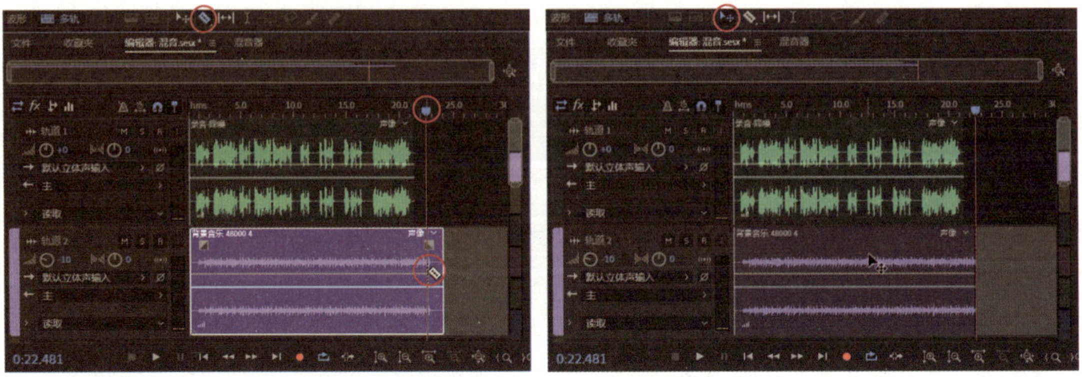

图6-17 删除多余的音频

步骤7 按“Ctrl+S”组合键，保存多轨会话文件。若弹出提示框，可单击“是”按钮。

4. 为音频添加音效

在为音频添加背景音乐后，还可以为背景音乐添加淡入淡出的音效，使得音频的起承转合更加自然。

步骤1 在多轨会话中双击轨道2的音频波形，使用“时间选择工具”选择背景音乐0～2秒的音频波形，然后在菜单栏选择“效果”/“振幅与压限”/“淡化包络（处理）”选项，在弹出的“效果-淡化包络”对话框中的“预设”下拉列表中选择“平滑淡入”选项，并单击“应用”按钮，如图6-18所示。

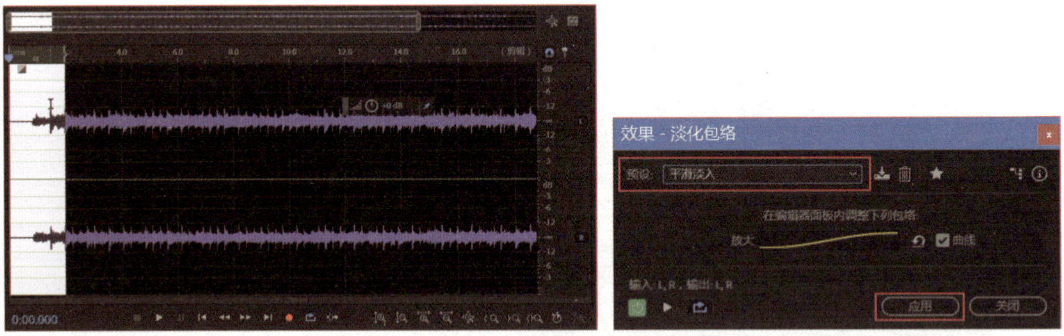

图6-18 在音频开始处添加淡入效果

步骤2 参考步骤1的操作，使用“时间选择工具”选择背景音乐20～23秒左右的音频波形，并为其添加“平滑淡出”的音效。

步骤3 保存工程文件。在“文件”面板双击“混音.sesx”选项，在菜单栏选择

“文件”/“另存为”选项（或按“Ctrl+Shift+S”组合键），在弹出的“另存为”对话框中设置文件的名称和保存位置，然后单击“确定”按钮，如图6-19所示。若弹出提示框，单击“是”按钮即可。

提　示 | TISHI

新媒体编辑在完成音频编辑后，切记务必将工程文件妥善保管，以备不时之需。

步骤4　导出制作好的音频。在“文件”面板双击“混音.sesx”选项，在菜单栏选择“文件”/“导出”/“多轨混音”/“整个会话”命令，在弹出的“导出多轨混音”对话框中设置文件的保存位置和名称，并将保存格式设为“MP3音频（*.mp3）”，再单击“确定”按钮，将制作好的音频导出为MP3文件，如图6-20所示。

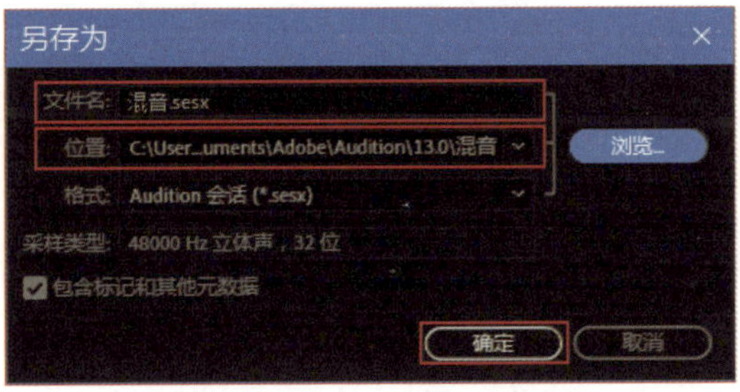

图6-19　保存工程文件

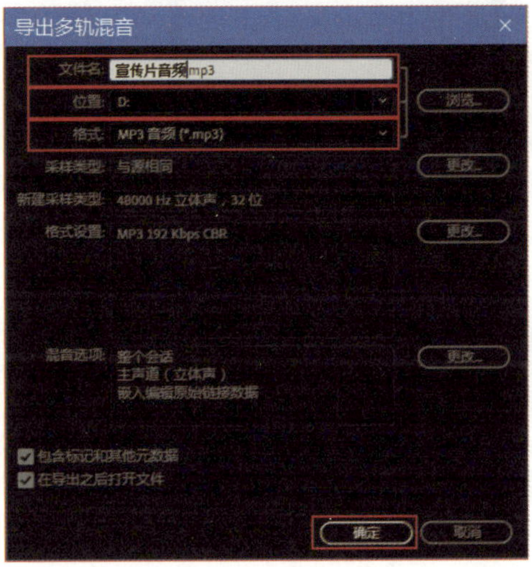

图6-20　导出音频文件

佳作赏析——段子来了

XINMEITI BIANJI

《段子来了》是新媒体音频平台喜马拉雅的招牌节目，也是目前新媒体行业最火的音频节目之一。自2013年8月上线至今，仅在喜马拉雅平台上，《段子来了》频道及其主播“采采”就收获了超600万的粉丝，如图6-21所示。该节目常年霸占喜马拉雅口碑榜榜首，总收听量已超过了80亿，单集播放量也常常在1 000万以上，网友们更是将节目的主播“采采”誉为“网络上最受欢迎的声音”。

扫一扫

扫码收听《段子来了》

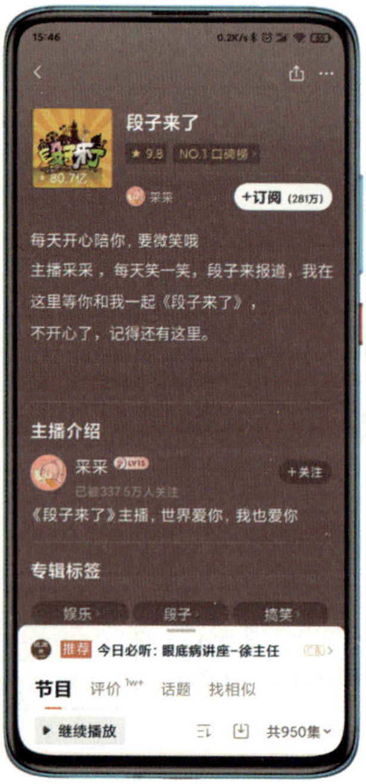

图6-21 《段子来了》节目界面

《段子来了》的节目定位是段子类娱乐脱口秀，其主播“采采”总能把近期发生的新闻或热点，用诙谐、生动、贴近生活的语气叙述为轻松幽默的段子脱口秀，在抒发自身见解的同时，也可博听众一笑。很多听众会选择在忙碌的学习和工作之余，在通勤、运动或睡前等伴随式场景中聆听节目。

《段子来了》节目的音频主要是主播“采采”的段子录音，其音量适宜，中间没有杂音，主播的普通话较为标准，口齿清晰，语速适中，且音色软萌治愈，可以给听众带去非常好的聆听体验。此外，节目在后期处理音频时，并没有为人声添加过多特效，但加入了节奏欢快的BGM和罐头笑声音效，衬托轻松幽默的气氛。这些背景声完全为主播的声音服务，在主播说话时，音量会变小，在主播不说话时，音量则会变大，起承转合非常出色。

思考与练习 SIKAOYULIANXI

XINMEITI BIANJI

1. 选择题

（1）下列不属于新媒体信息传播场景的是（　　）。

A. 自动化场景　　B. 沉浸式场景

C. 碎片化场景　　D. 伴随式场景

（2）下列不属于常见的音频格式的是（　　）。

A. OGG格式　　B. MP3格式

C. TXT格式　　D. WAV格式

（3）下列不属于有损压缩音频格式的是（　　）。

A. MP3格式　　B. OGG格式

C. WMA格式　　D. APE格式

（4）下列不属于新媒体音频处理原则的是（　　）。

A. 契合内容主题　　B. 多为音频添加效果

C. 音频效果悦耳　　D. 起承转合自然

（5）常用的新媒体音频素材网站不包括（　　）。

A. 爱给网　　B. 声音网

C. 耳聆网　　D. 摄图网

（6）下列软件中，不属于常用的音频编辑工具的是（　　）。

A. Adobe Illustrator　　B. GoldWave

C. Adobe Audition　　D. 变声专家

2. 填空题

（1）音频具有得天独厚的__________优势。

（2）通常，音频文件的__________表示了其使用的编码技术，可用于辨别不同格式的音频文件。

（3）一般来说，新媒体音频编辑工作需要经过_________和_________两个阶段。

（4）新媒体编辑采集音频的主要方式通常包括__________和__________两种。

（5）新媒体编辑无论从何种渠道下载音频素材，都应当注意音频的__________。

（6）WAV格式的缺点是___________________，不便于保存和传播。

（7）______格式是当前最流行、最常见的新媒体音频格式。

（8）______格式是一种无损压缩音频格式。其压缩比很高，可达50%～70%。

（9）______格式的文件本身记录的并不是音频，而是一些描述乐曲演奏过程的指令。

3. 简答题

（1）简述新媒体信息的三大传播场景及其代表产物。

（2）列举常见的新媒体音频平台。

（3）列举常见的新媒体音频格式。

（4）简述新媒体音频采集和处理的原则。

（5）列举常用的音频编辑工具。

4. 操作题

（1）选取一首喜欢的诗歌进行朗诵，将其录制下来，并使用Adobe Audition对其进行处理，如降噪、剪辑、添加背景音乐等。

（2）录制一个笑话，并使用变声专家对其进行搞笑的变声处理。

07
CHAPTER

学习目标

- 了解新媒体视频的特点和应用。
- 了解常见的新媒体视频格式。
- 熟悉新媒体视频采集与处理的原则和实用技巧。
- 熟悉常用的新媒体视频素材下载网站。
- 掌握常用视频编辑工具的基本用法。

素质目标

- 培养百折不挠、持之以恒的钻研精神。
- 形成学思结合、知行统一的学习态度。
- 具备精益求精的工匠精神。

新媒体视频编辑

本章导读

图片胜于文字，而视频更胜于图片。相比文字和图片，视频这种多媒体形式更能够有效吸引受众眼球，增强受众的信息理解能力。如今的新媒体已从读图时代过渡到了视频时代，在我们日常的工作、生活和学习中，各种长视频、短视频和网络直播等如影随形、无处不在。视频编辑俨然已成为新媒体编辑的基本技能之一。

本章将从视频社会化这一概念入手，介绍新媒体视频的基本知识，包括常见的新媒体视频格式、新媒体视频采集和处理的原则与实用技巧、常用的新媒体视频素材网站和常用的视频编辑工具等。

7.1 新媒体视频概述

视频是图像和声音的组合，它既能将自然界中千姿百态的事物展现为逼真还原的视觉场景，也能将人们脑海中天马行空的想象展现为奇异瑰丽的视觉奇观，能够极大地满足人们自我表达的需要。

与文字和图片相比，视频具有音画并茂、生动直观、感染力强、趣味性和互动性强等优势，可为受众提供丰富的视听盛宴。

7.1.1 视频社会化时代

2020年11月25日，人民日报中国品牌发展研究院发布了《中国视频社会化趋势报告（2020）》，将2020年定义为中国视频社会化元年。这意味着，自2020年起，我国正式进入了视频社会化时代。

所谓“视频社会化”，是指通过视频推动万物互融，“万物皆可拍”“万物皆可播”，而视频也不再只作为传播信息的媒介，更作为一种全新的生活方式和社会要素，全面参与到社会各行各业发展中，成为数字经济时代全球产业聚变的关键性动能。

如今发展迅猛、火爆异常的短视频，就是视频成为全新生活方式的最好例证。中国网络视听节目服务协会发布的《2020年中国网络视听发展研究报告》显示，2019年，我国网络视听产业市场规模为4 541.3亿元，其中短视频市场规模占29%，超越了综合视频的22%，同比增长178.8%，成为引领视频行业发展的支柱力量。2020年，我国短视频用户规模达8.18亿，近九成网民接触过短视频。这些数据无不表明，以短视频为代表的视频产业已全面融入社会生活中，成为大众普遍认可的生活方式。

而在2020年“新冠”疫情防控期间，社会各行业形成的“视频+”模式，如“视频+教育”“视频+医疗”“视频+电商”“视频+办公”等，则是视频成为社会要素的有力证明，如图7-1所示。

视频 + 教育

视频 + 医疗

视频+电商

视频+办公

图7-1 “视频+”模式

在不远的将来，5G、人工智能（AI）、虚拟现实（VR）、增强现实（AR）等技术将彻底打破视频生产与传播的成本和技术门槛，使视频进一步坐稳主力传播媒介的宝座。因此，新媒体编辑要做到与时俱进，就必须掌握视频编辑这一基本技能。

7.1.2 常见的新媒体视频格式

在新媒体平台中，新媒体视频格式有很多种，如MP4格式、WMV格式、AVI格式、MKV格式、MOV格式、RMVB格式、FLV格式等。下面介绍几种常见的视频格式。

提 示 | TISHI

数字化后未经压缩的视频文件占用的存储空间是非常惊人的。例如，一个未进行压缩的60帧1 080 P超清视频，其1秒画面就要占用超过300 MB的存储空间，这无疑会严重影响视频的存储和传播。因此，人们会使用各种视频编码技术（如MPEG-4编码、H.264编码、VP9编码等）对视频进行压缩，在尽可能保证视频清晰的前提下，减小视频文件占用的存储空间。

但视频格式与视频编码是不同的概念。视频格式指的是对编码后的视频流进行封装的方式。采用相同编码的视频流可以使用不同的格式进行封装。

1. MP4格式

MP4格式又称MPEG-4格式，因采用MPEG-4编码而得名。MP4格式是最常见的视频格式，几乎所有的视频解码器都兼容这种格式。无论是在线播放还是本地播放，MP4格式都能够完美胜任，因此其应用场景非常广泛，如摄影录像、视频电话、网络流媒体等。

提 示 | TISHI

编码器（coder）是指实现视频编码功能的软件，与之对应的是解码器（decoder），即实现视频解码功能的软件。两者合称为编解码器（codec）。

2. AVI格式

AVI格式是微软公司开发的视频格式，其英文全称是audio video interleaved，译作音频视频交错格式，即能够将视频和音频交织在一起进行同步播放的封装格式。

AVI格式的优点是视频文件的图像质量好，可跨平台播放。其缺点是体积过于庞大。此外，AVI格式经历了数次迭代，但各版本的封装标准不统一，在播放一些AVI格式视频时，可能会出现视频不能播放或播放时无法调节进度、只有声音没有图像等问题。

3. MKV格式

MKV格式是一种开源的视频封装格式，可把多种不同编码的视频及16条或以上不同格式的音频和字幕封装到一个视频文件内，这意味着用户在使用解码器播放该格式的视频时，可切换不同音轨、字幕和视频清晰度。例如，某MKV格式的电影视频文件就内置了国语、粤语、英语三种配音音轨，用户可根据喜好自行切换，如图7-2所示。

MKV格式的兼容性较好，且支持流媒体技术，较适合线上视频播放。但其视频文件较大，不利于视频传播和存储。

图7-2 MKV格式视频文件内置多音轨

4. MOV格式

MOV格式又称QuickTime影片格式，是一种由苹果公司开发的专用视频文件格式，具有兼容性好、视频清晰度高、视频文件可跨平台播放等优点。但该格式不支持流技术，因此各网站目前并没有将其作为主流在线视频格式。

5. WMV格式

WMV格式是微软公司推出的一种视频格式，其优点是适合在网上实时播放，且支持部分下载；其缺点是画面质量与文件大小成正比，质量越高，文件所占空间越大。

6. RMVB格式

RMVB格式是Real Networks公司推出的视频格式，适合网络传输和网络实时播放，且视频的质量较高，空间占用率较小，是目前网络中常见的视频格式。其缺点是需要安装专门的解码器或转码后才能播放。

7. FLV 格式

FLV格式是Adobe公司推出的视频格式，使用该格式的视频具有文件体积小，适合在网络上播放等优点。目前许多在线视频网站均使用这种视频格式。

7.2 新媒体视频采集

常言道："巧妇难为无米之炊"。对于新媒体编辑而言，视频素材就是其新媒体视频编辑的"米"。因此，采集视频素材是新媒体视频编辑的首要工作。一般来说，新媒体视频采集主要包括视频拍摄和视频下载两种途径，下面一一介绍。

7.2.1 视频拍摄

视频拍摄并不是一蹴而就的。要想使拍摄的视频内容言之有物、效果令人满意，就需要对拍摄工作进行统筹规划。一般来说，视频拍摄主要包括前期准备和后期拍摄两个阶段，下面一一介绍。

1. 前期准备的原则

前期准备阶段的主要工作包括搭建拍摄环境和创作脚本两部分。在搭建拍摄环境时，应遵循以下几个原则。

（1）拍摄设备的性能够用即可。"工欲善其事，必先利其器"。拍摄设备（如智能手机、单反相机、数码摄像机）对于视频拍摄效果起着至关重要的作用。但是，新媒体编辑在选择拍摄设备时，并非越专业、越贵越好，而应遵循"够用"原则，选择能满足拍摄需要的设备即可。例如，对于大多数用户而言，智能手机就可以满足其日常拍摄需求，无须专门购置数码摄像机，以避免性能过剩或预算过高。

（2）辅助设备应"对症下药"。三脚架、麦克风、摄影灯等辅助设备能起到稳定画面、改善视频音质和画质的作用，对视频拍摄同样十分重要。但是，新媒体编辑在选择辅助设备时，并非越齐全越好。这是因为，辅助设备只有在特定的场合、针对特定的拍摄设备和视频类型才能发挥作用，不具备普适性。同时，这些辅助设备往往种类繁多，价位也高低不等。

因此，新媒体编辑在选择辅助设备时，应注意"对症下药"，根据所创作视频的风格、主题和拍摄设备选择适用、适量的辅助设备。

（3）制作团队应有明确分工。要高效地制作优质视频，组建一个拍摄团队是非常有必要的。一般来说，一个拍摄团队中的成员包括导演、摄像师、剪辑师、运营人员和演员等。即使团队仅有两三名成员，各成员身兼数职，也应尽量明确视频制作的分工。这样，有利于使视频从拍摄到后期处理都有明确的责任人，大家各司其职，才能更高效地制作视频。

脚本是视频的大纲和根本指导性文件，为整个视频内容及观点奠定了基础，是视频的灵魂。一个优秀的脚本可以使视频具有丰富的内涵和创意，增加其成为爆款的可能性。新媒体编辑在进行脚本创作时，应遵循以下原则。

（1）策划脚本时，应先确定脚本类型。通常，视频脚本有拍摄提纲、文学脚本和分镜头脚本3种类型。

- **拍摄提纲**是视频的基本框架，罗列了要拍摄的内容，适用于一些主题鲜明、情节简单的视频，如vlog、开箱、评测等。
- **文学脚本**在拍摄提纲的基础上增添了一些细节内容，罗列了拍摄中的可控因素，而不可控因素则在现场拍摄时随机应变，适用于一些不存在剧情、直接展现画面的视频，如舞蹈视频、乐器教学视频等。
- **分镜头脚本**会将导演对镜头的要求逐一写出来，包括画面、对话和音效等。一些重点画面还会以绘画的形式展现，堪称视频拍摄的“说明书”。适用于一些对画面和镜头语言要求较高的视频，如情景剧、微电影、特效视频等。

案例剖析 | ANLIPOUXI

短视频《四季狮子头——不食江团，不知鱼味》的分镜头脚本

来源：短视频内容平台“二更”。

扫一扫

内容：“二更”上诞生过很多风格各异但都十分优秀的视频作品。以短视频《四季狮子头——不食江团，不知鱼味》为例，其分镜头脚本（节选）如表7-1所示。从该分镜头脚本可以看出，这个美食短视频运用了大量不同的镜头，且每一个镜头的运镜、时长、画面内容、对话、音效等都有详细描述，堪称视频拍摄的“说明书”。

表 7-1　《四季狮子头——不食江团，不知鱼味》分镜头脚本（节选）

镜　号	景　别	镜头运动	时　长	画面内容	对　话	音　效
11	全景	俯拍，移镜头	2 s	酒店旁的水池	常州人将传统的狮子头	背景音乐
12	中景	平拍，从右至左移镜头	2 s	厨师处理食材	搭配四季不同特色的食材	背景音乐
13	近景	平拍，从右至左移镜头	2 s	文蛤特写	春有文蛤	背景音乐
14	特写	平拍，从右至左移镜头	2 s	鲥鱼特写	夏有鲥鱼	背景音乐

（2）撰写脚本时，应尽量包含8个要素。这8个要素包括框架搭建、主题定位、人物设置、场景设置、故事线索、影调运用、音乐运用和镜头运用。

- **框架搭建**是指搭建视频的总体构思，包括主题、人物、场景、线索等因素的大致细节。
- **主题定位**是指视频想要表达的中心思想和主题。
- **人物设置**是指视频所需要的人物数量、角色等。
- **场景设置**是指视频的拍摄场景，如室内实景、室内绿幕、室外实景等。
- **故事线索**是指用来串联故事情节、突出主旨、传达核心思想的象征物，通常包括明线和暗线两种。
- **影调运用**是指视频主题所营造的情绪，如悲伤、怀念、幽默等。
- **音乐运用**是指渲染视频情绪的音乐。
- **镜头运用**是指视频拍摄所采用的各种镜头，如全景镜头、特写镜头、长镜头等。

2. 后期拍摄的原则

虽然在之后还会对拍摄的视频进行进一步的处理和美化，但如果没有拍摄出高质量的视频，那无论后期如何处理，也很难化腐朽为神奇。新媒体编辑要拍摄出精美、高质量的视频，应遵循以下两大原则。

（1）构图美观。构图是指通过合理摆放镜头中的主体，使画面看上去更有美感和视觉冲击力。好的构图不仅能使拍摄出的视频具有较高审美价值，还能够丰富视频的内涵，使其具有较高的艺术价值，如图7-3所示。

三角形

S线

对称

螺旋

图7-3 常见的构图手法

（2）运镜合理。新媒体编辑在进行视频拍摄时，应注意合理运镜，以出色的镜头语言表达要拍摄的主题。镜头语言通常包括景别、运动和画面处理3个要素。

- 景别是指被摄对象在画面中的远近、大小、位置等，如远景、全景、中景、近景、特写等。同一被摄对象的不同景别会产生不同的效果，并带给受众不同的感受。例如，在拍摄人物时，特写镜头适合表现其细微的心理活动，远景镜头适合表现其与环境的关系，如图7-4所示。

特写　　远景

图7-4　同一人物的不同景别

- 运动包括被摄主体运动、摄影机运动和两者的综合运动。通过运动可变换景别和构图，从而营造不同的镜头语言。例如，保持被摄主体不动，摄影机镜头由短到长变换焦距（称为“推”），可突出被摄主体的情感和细节，营造出一种深入探索的镜头语言。
- 画面处理是指对多个景别进行切换和拼接（也称蒙太奇手法），从而营造不同的镜头语言。

提　示 | TISHI

蒙太奇（montage）是指影视作品创作过程中镜头之间的连接方法和组合关系，有狭义和广义之分。狭义的“蒙太奇”又称“剪辑”，是影视作品的一道制作工序，指将拍摄好的视频根据剧本和导演的构思，经过选择、裁剪、整理，编排成结构完整的影视作品。广义的“蒙太奇”则不仅指对镜头和画面的处理，还指整个影视作品的创作过程中，导演独特的艺术思维方式。

案例剖析 | ANLIPOUXI

骑马踏青，取花为食，才不辜负春日好时节——上巳节

来源：美食博主“李子柒”。

内容：本短视频描述了少女和奶奶在春暖花开的时节，以花为原料制作春日美食的生活日常，其构图美观，多次使用几何构图手法，营造出极具美感的画面。例如，在展示食物“酒酿山药桃花丸”时，采用了三角形的几何构图，这样既可以突出视觉焦点，也极大地刺激了受众的食欲，如图7-5所示。

扫一扫

图7-5　三角形的几何构图法

7.2.2　视频下载

互联网上一些专业的新媒体素材网站中往往汇集了大量专业、实用的视频素材，利用这些网站，可大大提高新媒体编辑视频采集的工作效率。下面介绍几个常用的新媒体视频素材网站。

1．Videezy

Videezy是一个摄影师视频素材分享社区，该网站中的素材大多由专业的摄影师拍摄和分享，因此其中大多视频的显示分辨率都为1 080 P乃至4K，品质很高。且很多视频素材都可供用户免费下载甚至商用。

知识库 | ZHISHIKU

显示分辨率（display resolution）是指显示器显示图像的精细程度，是衡量显示器性能的重要参数。与图像分辨率一样，显示分辨率也是用像素来衡量的，其数值是整个显示器上水平像素和垂直像素的乘积。例如，1 920×1 080的显示分辨率就是指显示器屏幕水平显示1 920个像素，垂直显示1 080个像素，通常该显示分辨率也可简称为1 080 P。而一个1 080 P的视频是指在不缩放的情况下，该视频能够填满显示分辨率为1 920×1 080的显示器。

一般来说，显示器的显示分辨率越高，显示效果越好；视频的显示分辨率越高，视频越清晰。

Videezy设置了站内搜索引擎，用户可输入关键字进行搜索，其缺点是目前只支持英文关键词搜索。在搜索结果页，Videezy还提供了筛选功能，用户可通过设置排列方式、视频类型、收费类型、显示分辨率、视频格式等筛选条件快速查找到符合自身需求的视频素材。

2. Videvo

Videvo是业界知名的视频素材网站，该网站提供数十万高清视频素材，包括生活画面、自然风景片段、音乐声效、动效图形等。这些视频素材的质量普遍很高，且其中的大量素材是免费且可商用的。Videvo庞大的免费素材库能够帮助剪辑视频的团队或从事视频媒体的用户有效提升工作效率。

3. VJ师

VJ师是一个专业的视频素材供应平台和视频定制服务平台，是目前国内较专业、素材更新频率较高的素材交流平台。该网站提供视频素材、影视模板、实拍视频、LED动态背景、动态视觉效果等多种视频素材内容供用户下载，还支持设计师上传自己的原创作品进行出售，为视频素材使用者和设计师之间架起了一座桥梁。

高手点拨 | GAOSHOUDIANBO

多媒体素材的收集贵在一个“活”字，新媒体编辑应善于灵活利用各种资源网站，从而快速、准确地找到所需的高质量素材。例如，除上述视频素材网站外，在第4章提到的Pixels、包图网、摄图网、千图网，以及第6章提到的爱给网等网站，也提供了丰富的视频素材，新媒体编辑也可在这些网站中搜集所需的视频素材。

值得一提的是，新媒体编辑在下载和使用视频素材时，一定要注意视频的版权，避免出现侵权现象。

7.3 新媒体视频处理

XINMEITI BIANJI

视频采集完成后，还需要对视频素材进行裁剪、校色、配音、添加效果和制作字幕等剪辑处理，以使视频呈现出最佳效果。

7.3.1 视频处理的原则

在进行视频处理工作时，应遵循以下几个原则。

（1）剪辑视频时应充分沟通。在视频剪辑过程中，剪辑师会将自身对视频内容的理解投入其中。相同的视频原片，经由不同风格的剪辑师之手可能会呈现出完全不同的效果。因此，业界也将视频剪辑称作“赋予视频第二次生命”。为了确保最终的成片能围绕核心、突出重点，在进行剪辑之前，导演应与剪辑师进行充分沟通，使其理解视频要呈现的效果。

（2）选择功能适合的剪辑软件。新媒体编辑在处理视频时，应根据实际情况选择功能适合的剪辑软件。例如，某团队主要编辑制作计算机小技巧类的短视频，则一些附带简单剪辑功能的屏幕录制软件即可满足其日常要求，无须使用可制作电影级别特效的专业视频编辑软件。

(3) 合理使用剪辑素材。在处理视频时，不可避免地要使用一些剪辑素材，如背景音乐素材、模板素材等。新媒体编辑在使用这些素材时，应注意分清主次，不能为了营造视觉奇观而肆意堆砌，否则很容易喧宾夺主，将真正的内容主体埋没。

(4) 利用背景音乐烘托气氛。背景音乐能够充分调动受众情绪，是视频不可或缺的元素之一。在选择背景音乐时，应注意音乐的旋律、节奏、歌词、类型等能否与视频画面相呼应。例如，轻松幽默的视频较适合使用节奏明快、旋律重复的背景音乐。

(5) 合理添加特效。新媒体编辑在进行视频处理时，常常需要为视频添加滤镜、转场、运动等特效，以使整个视频的起承转合浑然一体，或者弥补视频本身的缺陷。例如，某个视频中的两个镜头间发生了情节的重大转变，可使用转场特效进行承接；针对视频中模糊或色彩失真的画面，可为其添加一些可遮盖瑕疵的滤镜。

需要注意的是，新媒体编辑在为视频添加特效时，也要避免滥用或错用，否则很容易打断受众的视觉思维，扰乱视频节奏。

7.3.2 常用的视频编辑工具

市面上有很多视频编辑工具，它们的功能和侧重点不尽相同。合理选用这些视频编辑工具，可大大提高新媒体编辑处理视频的工作效率。下面介绍几款常用的视频编辑工具。

1. 爱剪辑

爱剪辑是一款知名度较高、简单易用、功能强大的PC端视频编辑软件。该软件完全根据国内用户的使用习惯、功能需求与审美特点进行设计，且许多功能都颇具创造性，因此非常受欢迎，其下载量、使用量和好评率均位列同类第一。爱剪辑具有如下特点。

(1) 简单易用，使用门槛低。爱剪辑采用了十分简单的操作逻辑，用户无须理解视频剪辑的专业名词，甚至无须任何视频剪辑基础即可快速上手。爱剪辑的工作界面（见图7-6）没有任何复杂的交互，一目了然，非常人性化。

(2) 功能强大，高效低耗。爱剪辑具有非常强大的功能，如可为视频添加各种风格的特效字幕、滤镜效果、转场特效、背景音乐等，更支持一键调色、加相框、加贴图，以及去水印等。其软件优化也非常出色，并不会占用计算机大量资源，软件运行十分稳定，可帮助用户高效率地剪辑视频。

(3) 特效丰富，操作方便。爱剪辑预设了大量视频特效，可满足大多数用户的视频美化需求，且大多数特效可一键应用，操作非常方便。例如，用户可一键为视频字幕做出风沙、火焰、水墨等影院级的文字特效。

(4)对音视频格式的广泛支持。爱剪辑对音视频格式具有高兼容性，几乎所有音视频格式都可以随意导入并自由剪辑。

图7-6 爱剪辑的工作界面

2. 会声会影

会声会影是一款功能强大的PC端视频剪辑和制作软件，具有视频提取、视频剪辑、添加字幕、添加特效等功能，还提供了许多专业的模板、实时特效、字幕和转场效果，支持将剪辑好的视频以多种常见的视频格式导出。随着其版本的不断升级与功能的不断改进，该软件又新增了分屏、轨道透明度和镜头平移等功能，让用户剪辑视频的过程更为流畅，以便快速制作出满意的视频作品。

3. Adobe Premiere

Adobe Premiere是Adobe公司开发的一款专门用于视频剪辑和后期处理的PC端非线性视频编辑软件，也是目前最流行的影视后期处理软件之一。该软件的功能异常丰富和强大，集视频采集、剪辑、转场、特效、字幕制作、音频编辑和影片合成等功能于一体，广泛应用于电视节目和广告制作、电影剪辑等领域。

Adobe Premiere操作灵活、简单易学，用户可利用Adobe Premiere将拍摄或收集的视频素材与图形、图像、声音、动画及字幕等元素组合，并进行剪辑与合成，最终制作出视频作品，从而充分发挥自身的创造能力和创作自由度。

4. Final Cut Pro

Final Cut Pro是苹果公司为自家的macOS操作系统开发的一款专业的视频非线性编辑软件。最新版本的Final Cut Pro X已包含视频后期制作所需的几乎所有功能，诸如导入并组织媒体文件、编辑音视频、添加效果、改善音效、颜色分级、交付视频等操作都可以在该软件中完成。

Final Cut Pro具有交互人性化、操作简单、软件性能好等优点，但也具有无法跨平台使用的缺点。

5. 剪映

剪映是抖音官方推出的全平台视频编辑工具。归功于抖音广泛的知名度与影响力，剪映App成了各大移动端应用市场中下载量最高、最受欢迎的视频编辑工具之一。剪映主打短视频剪辑，具有海量曲库、特效、专业风格滤镜和专属美颜功能，是一款非常适用于视频创作新手的剪辑“神器”。

剪映的功能包括视频录制、切割、变速、倒放，特效转场，趣味贴纸，特效文本，美颜滤镜，自动踩点等，非常贴合抖音短视频的风格。且其上手十分简单，用户即使没有专业的拍摄设备和剪辑团队，以及任何剪辑基础，也可以仅靠一台智能手机完成视频拍摄、剪辑、分享、管理等一系列工作，从而轻松制作出效果炫酷的短视频。

6. 小影

小影是一款经典的移动端视频编辑工具，其全球用户总量高达8.5亿。小影的口号是“你会拍视频，就能用小影剪出好视频”，意在强调即使没有任何剪辑经验，用户也可根据小影提供的新手教程逐步掌握其操作方法。小影主打电子相册和vlog制作，用户只需要将拍摄好的视频或图片导入小影，然后从小影提供的模板中选择一种主题模板并一键应用，即可快速制作出令人满意的视频，如生日派对视频、旅游视频、幼儿成长视频等。

编辑实战——制作企业宣传短片

XINMEITI BIANJI

实战目标

使用本章提到的视频编辑工具爱剪辑，为金企鹅公司制作企业宣传短片，包括导入并剪辑视频，为视频添加特效、转场、音频、字幕和水印等操作，使其最终效果与本书配套素材“素材”/“第7章”/“实战”文件夹中的“企业宣传短片.mp4”视频文件一致。

实战步骤

扫一扫

制作企业宣传短片

1. 导入并剪辑视频

步骤1　启动爱剪辑，在弹出的“新建”对话框中设置视频大小和临时目录，取消选中“为视频自动加入随机转场特效”复选框，然后单击“确定”按钮，如图7-7所示。

提　示 | TISHI

初次启动爱剪辑时，需要进行登录。用户可免费注册爱剪辑账户，登录后即可正常使用该软件。

步骤2　单击“视频”面板下方的“添加视频”按钮［添加视频］，在弹出的“请选择视频”对话框中选择本书配套素材“素材”/“第7章”/“实战”文件夹中的“1.团队.mp4”和“2.片尾.mp4”视频文件，并单击“打开”按钮，将其导入爱剪辑，并显示在“视频”面板和“已添加片段”列表中。

步骤3　右击“已添加片段”列表中的“1.团队.mp4”视频文件，在弹出的快捷菜单中选择“消除原片声音”选项，删除视频中的声音，如图7-8所示。

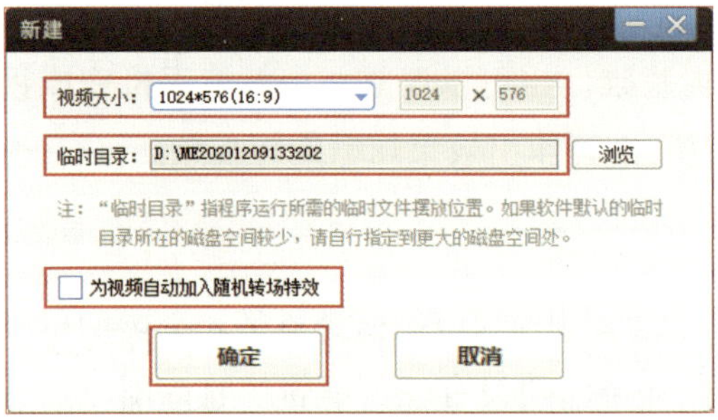

图7-7　设置“新建”对话框

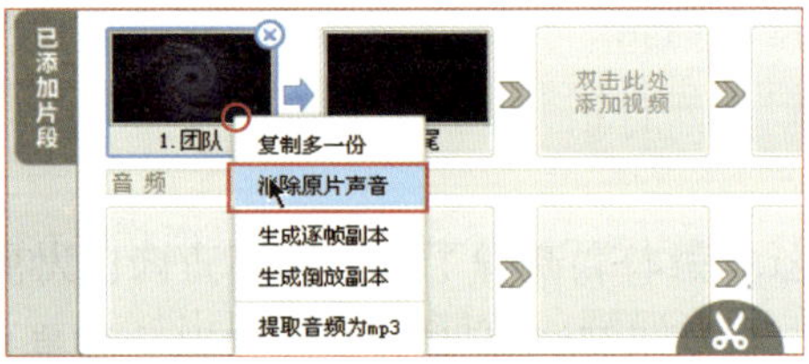

图7-8　删除视频中的声音

步骤4　参考步骤3的操作，删除“2.片尾.mp4”视频文件中的声音。

步骤5　在“已添加片段”列表中选中“1.团队”片段，在预览窗口中拖动播放头至第18秒附近，然后通过“上一帧”按钮◁和“下一帧”按钮▷将播放头精准定位于第18秒处，并单击“已添加片段”列表下方的“超级剪刀手”按钮✂，将“1.团队”视频片段切割成两段，如图7-9所示。

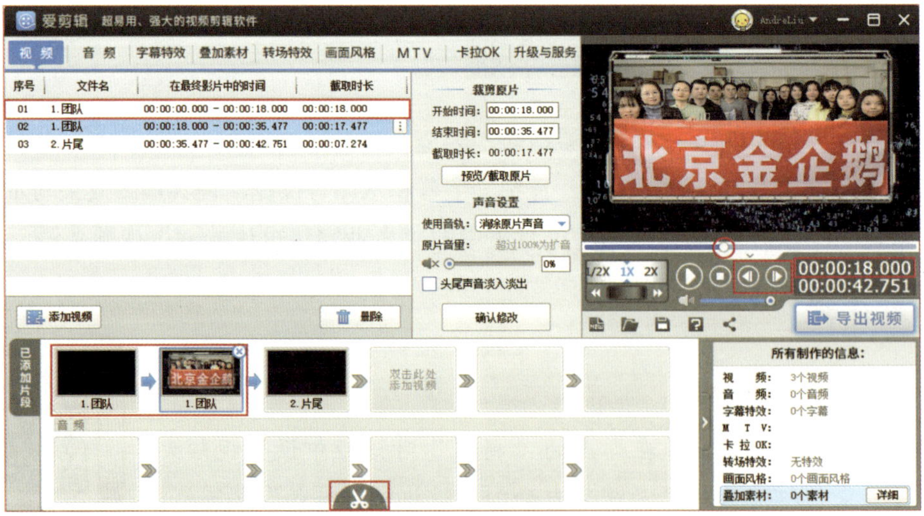

图7-9　切割视频片段

步骤6　选中“已添加片段”列表中的第2个视频片段，单击“删除”按钮，删除该视频片段。

步骤7　在“视频”面板中选中第1个视频片段，然后单击预览窗口中的“播放”按钮，可在预览窗口中预览剪辑视频后的播放效果。

2. 为视频添加特效

步骤1　在“已添加片段”列表中选中“1.团队”视频片段，然后单击“画面风格”图标，切换至“画面风格”面板，单击左侧的“美化”标签，在特效列表中选择“画面色调”组中的“一键电影专业调色”特效，再单击“添加风格效果”按钮，在展开的列表中选择“为当前片段添加风格”选项，如图7-10所示。

步骤2　在功能选项组中将“程度”设为50，如图7-11所示。单击“确认修改”按钮，在预览窗口中预览添加特效后的效果。

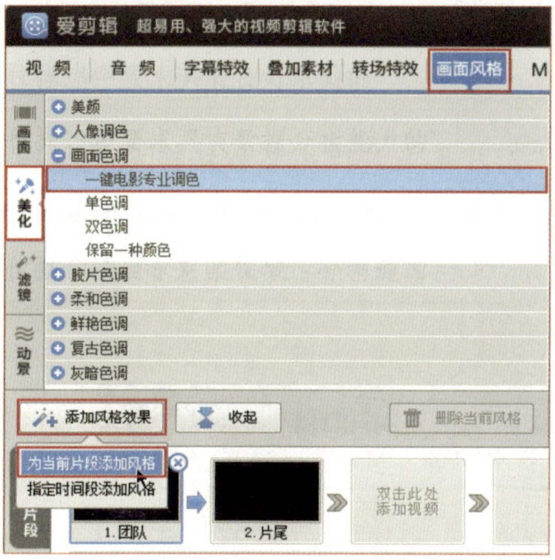

图7-10　为视频片段添加美化特效

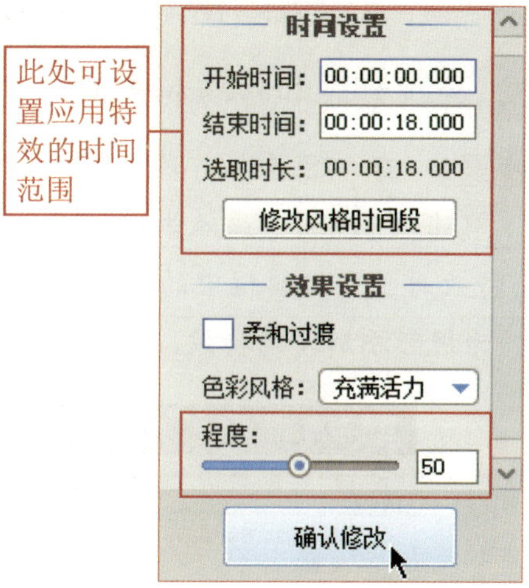

图7-11　调整美化特效参数

步骤3　参考前面的方法，为“2.片尾”片段添加“一键电影专业调色”特效，并调整其“程度”参数为50。

步骤4　保持选中“2.片尾”片段，单击“画面风格”面板左侧的“动景”标签，然后选择“特色动景特效”组中的“烟花灿烂”特效，再单击“添加风格效果”按钮，在展开的列表中选择“指定时间段添加风格”选项，如图7-12所示。

步骤5　在弹出的“选取风格时间段”对话框中将播放头拖动至要添加动景特效的位置，本案例为第20秒。然后单击“开始时间”选项右侧的按钮，设置动景特效的开始时间，如图7-13所示。

步骤6　单击“确定”按钮，再单击功能选项组中的“确认修改”按钮，在预览窗口中预览为视频添加动景特效后的播放效果。

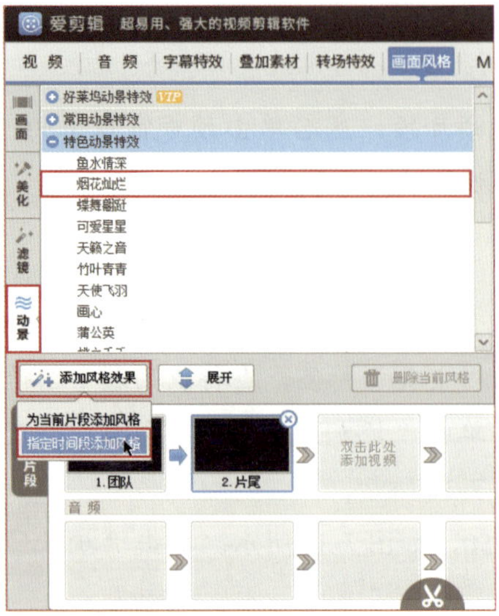

图7-12 为视频片段添加动景特效

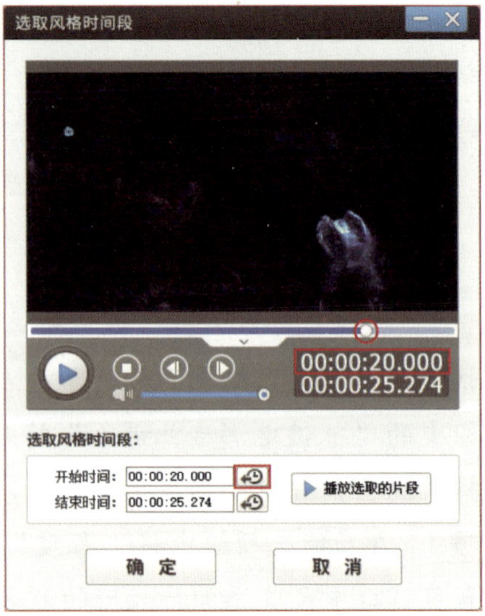

图7-13 设置添加动景特效的时间段

3. 为视频添加转场和音频

步骤1 在“已添加片段”列表中选中“2.片尾”片段，然后切换至“转场特效”面板，双击“3D或专业效果类”分组中的“紫荆花”特效，将右侧功能选项组中的“转场特效时长”编辑框中的内容修改为“1”，然后单击功能选项组中的“应用/修改”按钮，为视频添加转场特效，如图7-14所示。

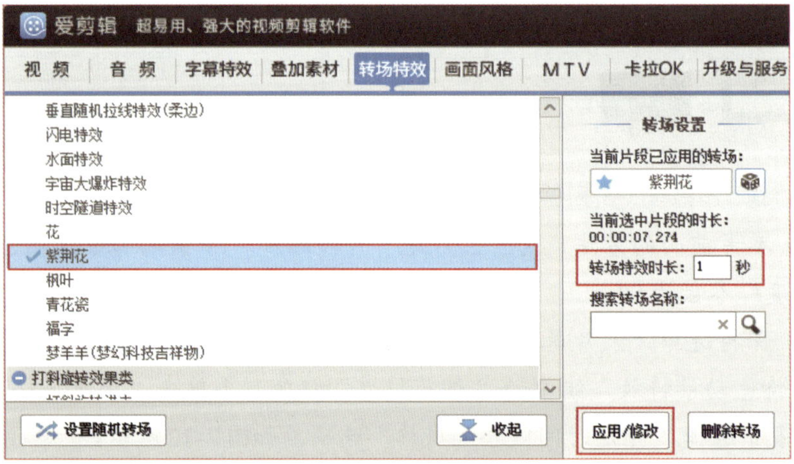

图7-14 为视频添加转场特效

步骤2 切换至“音频”面板，单击下方的“添加音频”按钮，在展开的下拉列表中选择“添加背景音乐”选项，如图7-15所示。

步骤3 弹出“请选择一个背景音乐”对话框，选择本书配套素材“素材”/“第7章”/“实战”文件夹中的“宣传片音频.mp3”音频文件，弹出“预览/截取”对话框，保持默认设置并单击“确定”按钮，如图7-16所示。

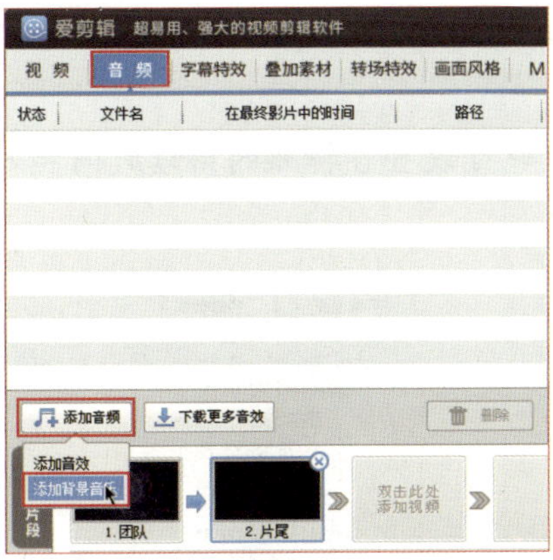

图7-15　为视频添加音频

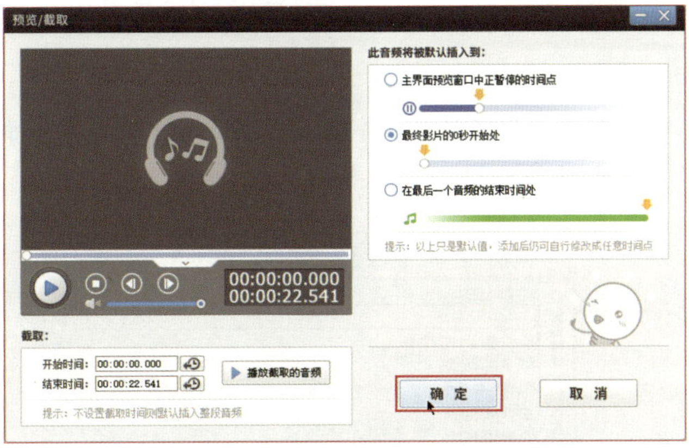

图7-16　“预览/截取”对话框

步骤4　单击功能选项组中的“确认修改”按钮，在预览窗口预览播放效果。

4. 为视频添加字幕和水印

步骤1　将预览窗口中的播放头拖动至要添加字幕的位置，本例使其保持在默认的0秒处。

步骤2　切换至“字幕特效”面板，关闭预览窗口中的提示框，然后在预览窗口中双击，在弹出的“输入文字”对话框中输入字幕文字，并单击“确定”按钮，如图7-17所示。

步骤3　在“字体设置”面板中设置字幕的字体、大小、对齐、颜色、阴影、描边等参数，并在“快速定位摆放的位置”区单击下方中间的小方块，将字幕定位到画面下方的中心位置（也可在预览窗口中拖动字幕，以调整其位置），如图7-18所示。

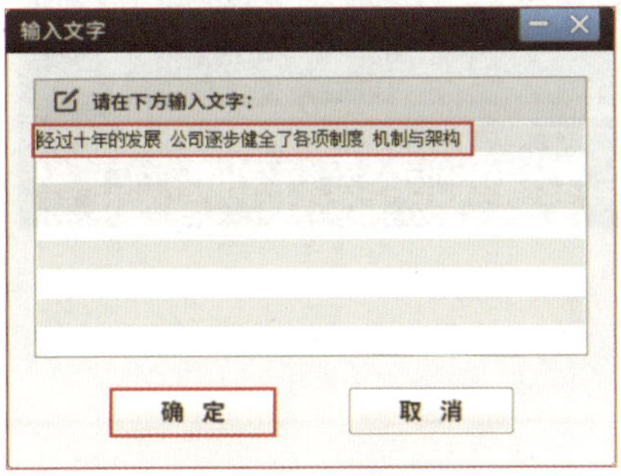

图7-17　输入字幕

图7-18　设置字幕的格式

步骤4　单击左侧功能面板中的“出现特效”标签，在出现特效列表中选择“默认特效”组中的“淡入效果”特效，如图7-19所示。

步骤5　单击“停留特效”标签，在停留特效列表中选择“默认特效”组中的“静态展示”特效。

步骤6　单击“消失特效”标签，在消失特效列表中选择“默认特效”组下的“淡出效果”特效。

步骤7　为字幕添加特效后，在“特效参数”面板中可设置各特效的持续时间和效果，本例保持默认设置，如图7-20所示。

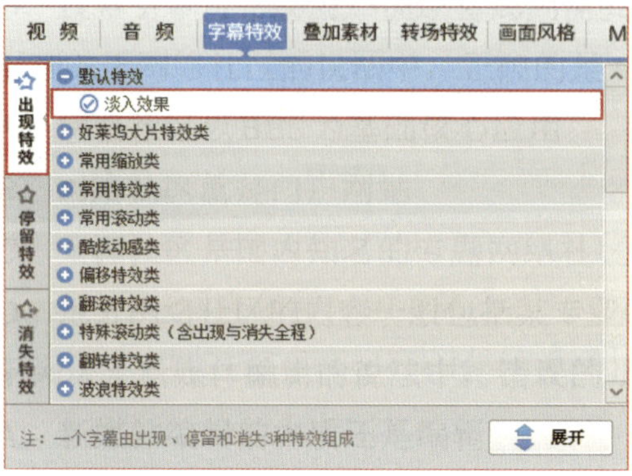

图7-19　为视频添加出现特效

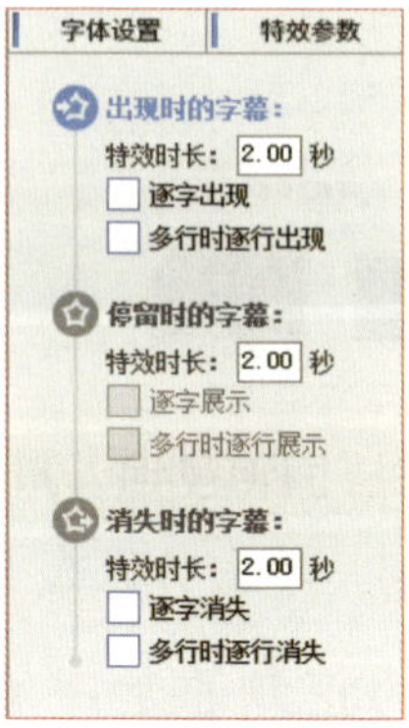

图7-20　设置字幕特效参数

步骤8　单击功能选项组下方的“播放试试”按钮，可在预览窗口中预览添加的字幕特效。

步骤9　参考前面的方法，为视频添加其他字幕及字幕特效。例如，在视频的第6～10秒之间，添加“打造了一支水平高超 爱岗敬业的发行团队”字幕，如图7-21所示。

图7-21　添加字幕

提　示 | TISHI

本案例视频字幕的时间段及内容分别为：

（1）第10～12秒，编辑团队；

（2）第12～15秒，技术开发团队；

（3）第15～17秒，排版与印制团队；

（4）第17～21秒，从而奠定了金企鹅永续发展的坚实基础。

步骤10　将播放头拖动至0秒处，然后切换至“叠加素材”面板，关闭预览窗口中的提示框，然后在预览窗口中双击，在弹出的“选择贴图”对话框中单击“添加贴图至列表”按钮，接着在弹出的“请选择贴图图片”对话框中选择本书配套素材“素材”/“第7章”/“实战”文件夹中的“水印.png”图像文件，并单击“打开”按钮，将水印图像添加至爱剪辑的贴图列表中，如图7-22所示。单击“确定”按钮，返回“叠加素材”面板。

步骤11　在功能选项组中设置贴图的持续时长为21秒，并在“快速定位摆放的位置”区单击右上方的小方块，将贴图定位到画面右上角的位置，其他选项保持默认设置，如图7-23所示。

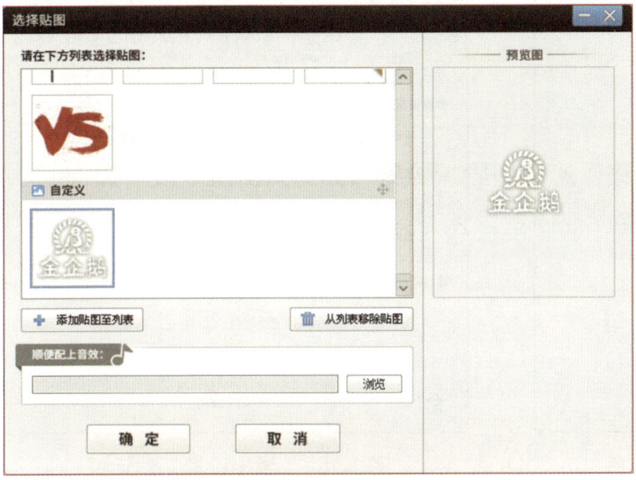

图7-22　将图像添加到贴图列表

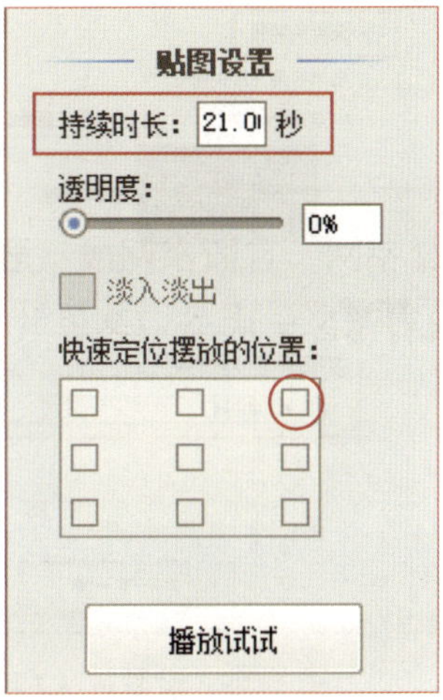

图7-23　设置贴图的参数

5. 保存工程文件并导出视频

步骤1　按“Ctrl+S”组合键，在弹出的“请选择爱剪辑工程文件的保存路径”对话框中设置工程文件的保存名称和保存位置，并单击“保存”按钮，如图7-24所示。

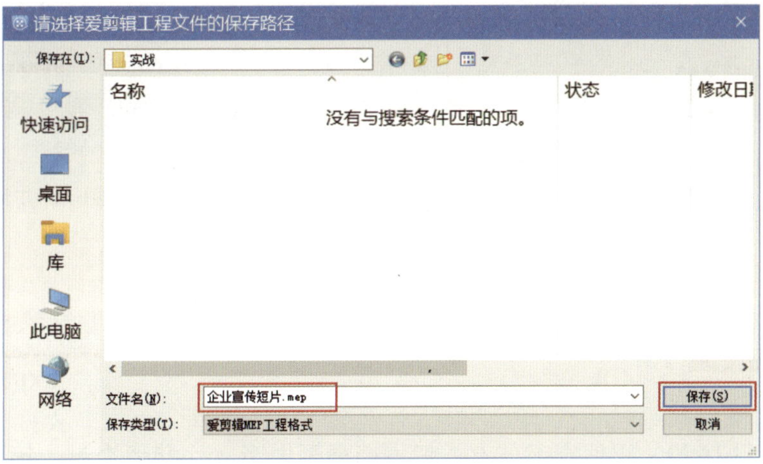

图7-24　保存爱剪辑工程文件

步骤2　单击预览窗口下方的“导出视频”按钮，弹出“导出设置”对话框，在“好莱坞片头”界面中的“片头设置”组中选中“无片头特效”单选钮；在“创作信息”组的“我的片名”编辑框中输入“企业宣传短片”，在“制作者”编辑框中输入“金企鹅”，然后单击“下一步”按钮，如图7-25所示。

步骤3　打开“版权信息”界面，保持默认设置，单击“下一步”按钮；然后打开“画质设置”界面，设置视频的导出格式、尺寸和路径，以及音视频参数，然后单击“导出视频”按钮，如图7-26所示。

图7-25　设置片头和创作信息

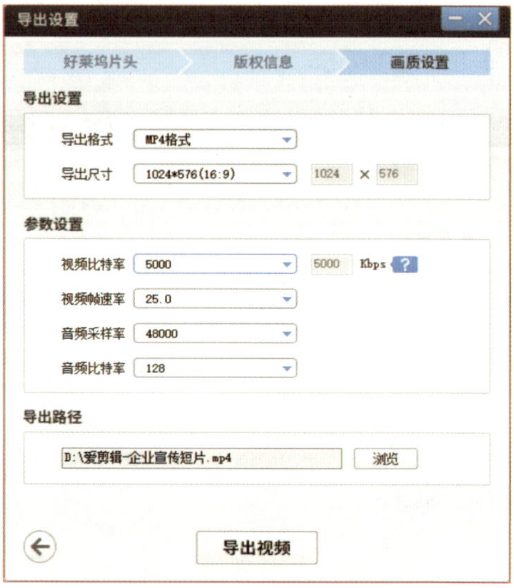

图7-26　“导出设置”对话框

步骤4　弹出“进度”对话框（见图7-27），显示视频的导出进度，等待一段时间，弹出“视频导出成功”提示框，表示视频已成功导出，如图7-28所示。

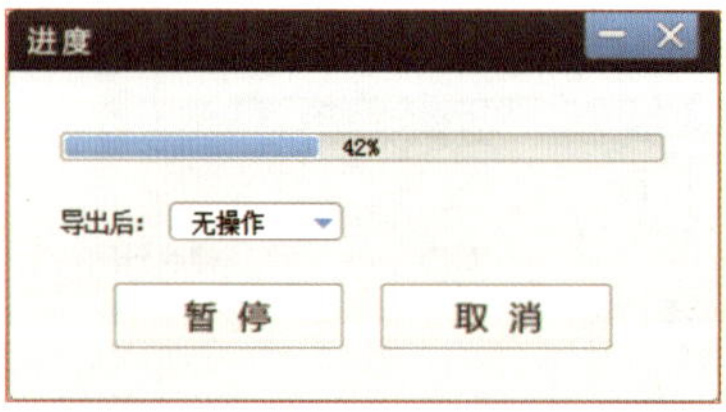

图7-27　“进度”对话框

图7-28　“视频导出成功”提示框

佳作赏析——啥是佩奇

XINMEITI BIANJI

2019年1月16日，正值春节前夕，贺岁档动画电影《小猪佩奇过大年》的官方微博发布了先导广告短片《啥是佩奇》。这部短片主要讲述了一位住在农村的爷爷想给孙子准备新年礼物，但他不知道孙子想要的“佩奇”是什么，于是走家串户寻找答案的故事。最终，在历经曲折之后，一家团聚，爷爷也取出了给孙子准备已久的礼物——纯手工制作的粉红色鼓风机版的“硬核”佩奇，如图7-29所示。

扫一扫

扫码观看

图7-29　短视频《啥是佩奇》截图

一夜之间，《啥是佩奇》短片就火爆全网，不仅刷爆了微信朋友圈，还登上了各大新媒体平台的热搜榜单，相关微博话题阅读量更是高达16.7亿，其传播之广、话题度之热、影响之深，堪称现象级。那么，这部短片何以引发如此广泛的“病毒式”传播呢？

从主题策划上看，《啥是佩奇》表现主题的手法非常高明，不仅突出了“呼唤亲情”“阖家团圆”“关爱空巢老人”等公益主题，还将自身的广告巧妙地融入其中，没有任何违和感。此外，《啥是佩奇》通过诙谐幽默、亦庄亦谐的表现形式，将“感情牌”打得不着痕迹，不仅没有使自身落入过度煽情、令人尴尬的俗套之中，还奠定了自身“荒诞喜剧”的主题基调。

从镜头语言上看，短片共使用了93个镜头，大量的蒙太奇不仅使得戏剧冲突（笑点）与悬念的铺设十分缜密，也使得人物形象的塑造更为丰满立体，情绪更加合理。例如，在爷爷拿出鼓风机版“佩奇”之前，摄影师用滑轨推近的摄影机运动来拍摄儿子、儿媳和孙子“惊呆了”的表情，让受众的视角从客观事物向主观的想象过渡，从潜意识中体会到人物的情绪变化；然后使用特写镜头拍摄了鼓风机版“佩奇”，通过空间透视变化使其显得十分高大，表达出这个礼物所承载的亲情之重。

从后期处理上看，剪辑师将视频整体的色调设置得较为冷峻，既有利于表现爷爷所处地区由于交通不便和基础设施建设不完善而形成的“信息荒岛”，又能够烘托爷爷在春节前夕，亲人不在身边的孤独落寞。此外，剪辑师在剪辑前与导演进行了充分沟通，对导演想要表达的内容和主题做到了心中有数，因此自身的剪辑非常得心应手。

此外，视频使用的音效也十分巧妙。例如，密集的鼓点和三两声的犬吠将爷爷走家串户寻找答案的急切心情表现得淋漓尽致；唢呐声吹出的《小猪佩奇》主题曲成了一条暗线贯穿整个视频；听到儿子不回家过年后，低沉悲伤的背景音乐也衬托出了爷爷低落失望的心情。视频的转场也十分耐人寻味。例如，爷爷举着红油漆要将小猪刷红，一个转场过后，特写镜头就展示了老人嘴唇边的红油漆，再加上台词，受众很容易就明白转场前后发生的故事。这种转场不仅大大缩短了故事时长，还不会让受众看不懂，非常具有参考价值。

思考与练习 SIKAOYULIANXI

1. 选择题

（1）视频的优势不包括（　　）。

A．感染力强　　B．占用空间较大

C．形象直观　　D．趣味性和互动性强

（2）视频社会化元年是（　　）。

A．2019年　　B．2020年

C．2021年　　D．2022年

（3）下列有关视频格式的说法，不正确的是（　　）。

A．MOV格式无法跨平台使用

B．所有的视频文件都需要进行压缩编码

C．MP4格式是最常见的视频格式

D．MKV格式可把多种不同语言的音频文件封装到一个视频文件中

（4）下列不属于视频格式的是（　　）。

A．AVI格式　　B．MP4格式

C．FLV格式　　D．WMA格式

（5）下列工作中，不属于新媒体视频采集前期准备阶段的是（　　）。

A．选择拍摄设备　　B．组建拍摄团队

C．策划并撰写脚本　　D．添加背景音乐

（6）下列有关视频处理原则的说法中，错误的是（　　）。

A．在使用素材时，要格外注意其版权问题

B．无论将视频如何进行剪辑，其要表达的内容都不会变

C．背景音乐能够很好地调动受众情绪，是视频不可或缺的元素之一

D．特效的使用非常考验剪辑师随机应变的能力

（7）下列不属于新媒体视频编辑工具的是（　　）。

A．Adobe Premiere　　B．爱剪辑

C．Photoshop　　D．剪映

（8）在爱剪辑软件中，无法对视频进行的操作是（　　）。

A．拍摄视频　　B．分割视频

C．为视频添加转场　　D．添加背景音乐

2. 填空题

（1）视频是____________和____________的组合。

（2）视频格式通常是指视频文件的__________格式。

（3）小明希望制作的视频能够切换多个语种播放，那么最适合他的视频格式是____________。

（4）一般来说，新媒体视频采集的途径包括____________和____________。

（5）新媒体编辑在选择拍摄设备时，应遵循____________原则；在选择辅助设备时，应注意____________。

（6）____________是视频的大纲和根本指导性文件，是视频的灵魂。

（7）镜头语言通常包括___________、___________和____________3个要素。

（8）____________是抖音官方推出的视频编辑工具，也是当下最受欢迎的视频编辑工具之一。

3. 简答题

（1）列举视频社会化中的“视频+”模式。

（2）简述常见的新媒体视频格式及其特点。

（3）简述新媒体视频处理的原则。

（4）列举常用的视频素材网站。

（5）列举常用的视频编辑工具。

4. 操作题

请使用小影App，将本书配套素材“素材”/“第7章”/“操作题”文件夹中的图片制作成vlog。

08 CHAPTER

学习目标

- 了解H5页面的概念和特点。
- 熟悉H5页面的类型。
- 掌握H5页面的设计原则、方法与技巧。
- 掌握常用H5页面编辑工具的简单用法。

素质目标

- 感受我国民生改善和经济建设的伟大成就，增强民族自豪感。
- 了解我国悠久灿烂的中华文化，将爱国主义精神深植于心。
- 培养朴素认真、爱岗敬业的职业精神。

新媒体H5页面编辑

本章导读

近年来，H5页面越来越多地出现在新媒体营销场景中，成了各行各业必不可少的新媒体营销工具。

本章从H5页面的概念入手，介绍新媒体H5页面编辑的相关知识，包括H5页面的特点、类型、设计原则、设计方法，以及常见的H5页面编辑工具等内容。

8.1 新媒体H5页面概述

近年来，在各大新媒体平台上经常能看到各种类型的H5页面，如电子宣传册、邀请函、各大App的年终报告等，如图8-1所示。这些H5页面往往具有酷炫夺目的视听效果，在为受众带来极致体验的同时，也能为企业或产品带来可观的营销和宣传效果。那么，H5页面是什么？它又有哪些特点和优势呢？

图8-1 H5页面

8.1.1 什么是H5页面

H5是指第5代超文本标记语言（hyper text markup language 5，HTML5），它既是当代万维网（world wide web，WWW）的核心语言，也可以指代与之相关的技术、协议和标准规范。在新媒体领域，H5页面专指基于H5标准规范、利用H5技术制作的新媒体媒介产品，其表现形式多种多样，如翻页、长页、一镜到底、横屏等，且大都针对移动互联网和便携设备设计。

H5页面具有表现形式丰富、跨平台性、互动性强、成本低、易传播、易维护等特点。

（1）表现形式丰富。H5页面几乎支持所有的媒体形式，如文字、图片、图表、音频、视频、动画等。因此，H5页面可将信息以非常生动的形式展现出来，给受众带来出色的视听体验，使受众对H5页面所表现的信息留下深刻的印象。

（2）跨平台性。跨平台性是H5页面最显著的特点之一。H5页面无须安装，也不需要第三方插件支持，使用浏览器即可打开，因此它可以轻易地移植到不同的操作系统（如Windows、Linux、macOS、iOS、Android等操作系统）与开放应用平台上。换句话说，一个H5页面即可做到全平台通用。

（3）交互性强。H5页面几乎支持所有的交互方式，如触屏、陀螺仪、定位、拍照、录音、相册、VR、AR等。丰富的交互方式能够充分调动受众参与其中的积极性，同时也能使H5页面开发者更好地了解受众需求，便于对H5页面内容做出调整。

（4）成本低。一方面，H5页面具有跨平台性，无须开发不同版本，大大降低了开发成本。另一方面，H5页面体量轻、加载快，受众只需花费较少的流量、时间和学习成本，即可获得良好的视听体验，从而降低了其浏览成本。

（5）易传播。H5页面凭借有趣的故事、酷炫的视觉画面、深度的交互方式等，很容易引导受众主动点击"分享"按钮将其发送给朋友或分享到社交圈中，从而促使H5页面更快、更广地传播。

（6）易维护。H5页面无须安装，对其中元素的添加、删除、修改等操作都可以实时进行，维护非常方便。

上述这些特点使得H5页面成了新媒体媒介优势的集大成者，因此，H5页面已经成为如今新媒体营销的首要选择之一。

8.1.2　H5页面的常见类型

根据设计目的的不同，H5页面可大致分为品牌宣传型、产品介绍型、活动推广型、职位招聘型、总结报告型和知识分享型6种类型，下面一一介绍。

1. 品牌宣传型

品牌宣传型H5页面的作用与宣传文案类似，即塑造品牌形象，向受众传达品牌理念。如今的很多品牌宣传型H5页面会通过讲故事、谈情怀的形式展现品牌形象。例如，2020年春节前夕，著名的图书阅读器品牌Kindle联合微信公众号"新世相"，推出了一个主题为"微光图书馆"的H5页面，如图8-2所示。在此H5页面中，Kindle通过"阅读就像一束微光，可以照亮人生"等文案传达了阅读有益人生的理念，同时也达到了很好的品牌宣传效果。

图8-2　品牌宣传型H5页面

2. 产品介绍型

产品介绍型H5页面与产品文案类似，主要用于介绍和推销产品，激发受众的购买兴趣。与文案相比，H5页面的表现形式更加丰富，故可将产品的功能特性非常形象地展示出来。例如，某奶茶店推出新品奶茶后，其产品介绍型H5页面如图8-3所示。

图8-3　产品介绍型H5页面

3. 活动推广型

活动推广型H5页面是一种专为推广活动而设计的H5页面类型。与品牌宣传型H5页面不同的是，活动推广型H5页面的营销主体是具有时效性的活动，如双十一、限时特惠、周年庆等。活动推广型H5页面通常具有很强的互动性、话题性和吸引力，有利于引导受众主动分享和传播。例如，某商家3周年庆期间推出的活动推广型H5页面如图8-4所示。

图8-4　活动推广型H5页面

4．职位招聘型

如今，很多企业会将职位招聘广告制作成H5页面，以更好地展示公司形象和企业文化，并使招聘信息能得到更大范围的传播与推广。通过职位招聘型H5页面，求职者可更直观地了解企业环境、面貌、文化、待遇等信息，并利用H5页面的交互性，将自身基本信息和个人简历上传给招聘人员，使得整个招聘过程变得高效便捷。例如，某公司的职位招聘型H5页面如图8-5所示。

图8-5　职位招聘型H5页面

5．总结报告型

总结报告型H5页面利用H5优秀的动画和图文展示效果，将原本枯燥的总结报告变得生动有趣。总结报告型H5页面近年来非常流行，常用于各大新媒体平台的年终盘点。例如，支付宝App每年年末都会将注册用户过去一年使用App的交易记录整理为一份“年度账单”（见图8-6），发布后常常登上各大新媒体平台的热搜榜单。

图8-6　总结报告型H5页面

6. 知识分享型

H5页面的强交互性使其很适合展现一些知识性内容，因此，知识分享型H5页面十分常见。通常，知识分享型H5页面一页展示一个步骤，受众可根据页面上的提示，通过各种交互形式（如重力感应、测试题、DIY、全景VR等）学习知识，在充分调动自身积极性的同时，也加深了对知识的理解，达到良好的学习效果。例如，2020年5月28日，第十三届全国人民代表大会第三次会议通过了《中华人民共和国民法典》，“民法典”一时成为网络上的热议话题。在此之前，人民日报就以《百科全书》为题发布了知识分享型H5页面，向大众科普了《中华人民共和国民法典（草案）》的各项内容。该H5页面利用了手机的重力感应功能，还加入了测试题，受众可旋转手机查看内容，也可进行测试，轻松了解与民法典相关的各种知识，如图8-7所示。

图8-7　知识分享型H5页面

8.1.3 H5页面的展现形式

H5页面几乎支持所有的媒体形式，这给予了H5页面创作者很多的“玩法”，相同内容可通过不同的形式展现出来，达到不同的效果。一般来说，H5页面最常见的展现形式包括基础图文式，贺卡、邀请函式，问卷测试式和趣味游戏式4种类型，下面一一介绍。

1. 基础图文式

基础图文式H5页面制作较简单，且得益于H5页面表现形式丰富的特点，可在页面中添加各种动画和音效，这使其相比纯粹的图文文案更胜一筹。因此，基础图文式的H5页面深受欢迎。

基础图文式H5页面的使用场景非常广泛，无论是出于公益还是商业目的，无论是哪个行业，都可以轻松制作出各种创意和趣味性十足的基础图文式H5页面，这使得基础图文式H5页面成了最常见的H5页面展现形式之一。

2. 贺卡、邀请函式

每个人都希望获得真挚的祝福，也乐于接受他人馈赠的礼物。贺卡、邀请函式H5页面就抓住了人们的这一心理，通过给受众馈赠祝福，制造好感，受众自然就会愿意查看H5页面中的内容，也乐意将其分享到朋友圈中。贺卡、邀请函式H5页面既可以运用在个人社交场合，如婚礼邀请、生日/节日祝福、旅行电子相册等，也可用于商业场合，如企业会议邀请、产品推广、品牌宣传等。

3. 问卷测试式

人们天生就具有强烈的好奇心和求知欲，问卷测试式H5页面就是利用人们的好奇心和求知欲，通过问卷调查或测试问题，吸引受众不断探索、寻找最终答案。实际应用中，一些企业常使用问卷测试式H5页面，将原本枯燥乏味的品牌满意度调查、市场调研等广告设计得趣味十足，使受众沉浸于探究的乐趣中，不知不觉就配合商家达到了营销目的。

4. 趣味游戏式

趣味游戏式H5页面通过简单易懂的规则、炫目或幽默的效果，以及社交圈排行榜等富有挑战性的竞赛形式，迅速激发受众的兴趣，并在体验过程中激起受众的求胜心，让受众积极参与到游戏中，从而潜移默化地实现品牌宣传或产品推广等目的。

8.2 新媒体H5页面设计

设计精美、别出心裁的H5页面比千篇一律、毫无新意的H5页面更容易引起受众的注意。因此，在编辑和制作H5页面之前，首先对其进行设计是一项十分重要，也非常有必要的工作。那么，H5页面设计应当遵守哪些原则呢？设计H5页面有哪些方法和技巧呢？

8.2.1 H5页面设计原则

H5页面几乎支持所有的媒体形式和交互方式，因此H5页面的表现形式非常多样，其设计思路也非常之多。但万变不离其宗，无论H5页面是繁是简，都应当遵循以下几条设计原则，以提供给受众良好的浏览体验。

1. 页面内容有条理性

H5页面通常不止包含一个页面。但无论页面是长是短，包含的元素是多是少，都要按照一定顺序进行内容展示。否则，如果某H5页面中包含的信息量太大，或页面之间的关联太过复杂、元素过于交错，会增加受众的阅读和理解压力。因此，在设计H5页面时，要先对内容做一个整体的规划，分清内容的主次、并列关系，将内容有条理地展示在H5页面中。

2. 页面内容简洁

新媒体受众的耐心通常十分有限，如果H5页面的前面部分没有足够吸引受众的内容，那么受众就很有可能关闭H5页面。因此，新媒体编辑在设计H5页面时，应尽量保证内容的简洁性，最好一个页面只讲一件事，且只展示最精准、最核心的内容，避免给受众带来拖沓、麻烦的观赏感受，防止用户流失。

此外，新媒体编辑可通过设置一些小标题来提升页面内容的简洁性，以帮助受众更好地理解H5页面要表达的内容。

3. 页面加载流畅

与App相比，H5页面占用的资源较少，因此加载速度较快，但这也使得受众对其流畅性有了更高的期望。有研究指出，受众给一个H5页面的加载时间通常不超过5秒。如果一个H5页面在5秒后还没有加载出来，或者加载出来的H5页面无法流畅浏览和操作，那么受众会毫不犹豫地关闭此页面。因此，在设计H5页面时，可以通过减少页面数量、合理添加图片、设置“跳过”按钮，以及精简过渡动画等方法来提高H5页面的加载速度，使其加载流畅。

8.2.2 H5页面设计方法与技巧

如今的互联网充斥着海量碎片化、同质化的内容，只有富有创意的新媒体作品才能脱颖而出，引发病毒式传播。因此，新媒体编辑在进行H5页面设计时，可以运用以下几种方法与技巧创作出与众不同的H5页面，从而提升H5页面的吸引力，获得更多流量。

1. 增强交互性

与传统广告及其他新媒体媒介相比，H5页面最大的优势就是其强大的交互性。因此，新媒体编辑在设计H5页面时，应设计一些交互元素（如多分支选择、绘图、摇一摇、重力感应、3D视图等），让受众参与其中，并在极具趣味性的交互中深入感知和体验H5页面所宣传的品牌或产品。

案例剖析 | ANLIPOUXI

敦煌国粹守护者

来源： 良品铺子&敦煌博物馆

内容： 本H5页面先是用名为“中秋之旅”的动画短片向受众展示了敦煌的文化风貌，在动画短片中，石头和宫殿牌匾上均镌刻着“良品铺子”字样。短片过后，又呈现给受众一个有趣的DIY交互小游戏，受众可选择要上色的壁画（如“九色鹿”），随后根据自己的喜好为壁画涂上颜色。

扫一扫

匠心筑梦

甘肃敦煌，位于丝绸之路要道，自汉代以来，在东西方文明的交流和融合中，发展出了自身独特的文化艺术。敦煌石窟群的建造过程，从四世纪绵延至十四世纪，遗存下来735个洞窟、4.5万平方米壁画、2 000多身彩塑及藏经洞卷帙浩繁的大量文献，镌刻着我国古代千年间的艺术发展史。不止于东方文艺学，它们也是足以影响世界文化史多个研究领域的珍宝。

在敦煌石窟逐步为世人所认识的同时，一批批仁人志士奔赴敦煌，为保护和研究这一人类文化瑰宝贡献了毕生的精力，樊锦诗便是其中的优秀代表。

毕业于北大历史系考古专业的樊锦诗是敦煌研究院的第三任院长，她用毕生精力对敦煌石窟进行周密调查，将窟中壁画进行多维考释、分类分析、分期排年。结合文字、测绘图和照片，科学系统地记录石窟遗迹，以严谨的学风和高度的责任心开创了一条文化遗产保护之路——“数字敦煌”。

樊锦诗院长“择一事终一生”的感人事迹令万千网友动容，大家亲切地称她为“敦煌的女儿”。鉴于樊锦诗为我国文物保护工作做出的多项杰出贡献，2002年，樊锦诗被授予“全国杰出专业技术人才”光荣称号。2019年9月，樊锦诗被授予“文物保护杰出贡献者”国家荣誉称号。

新媒体编辑在设计H5页面的交互时，务必要保证交互简单易操作，使受众能够快速上手。同时，也要保证交互的流畅性。否则，太过复杂和卡顿的交互可能会让受众失去耐心和继续参与的兴趣。

案例剖析 | ANLIPOUXI

我在家复工/开课的姿势

来源：新华社客户端&腾讯

内容：“我在家复工/开课的姿势”H5页面是一个DIY小游戏，受众在H5页面中选择性别、工位场景、人物姿势、工服、造型、必备工具、心里话、伴工物后，即可生成一张“我在家复工/开课的姿势”场景海报，交互十分简单流畅。

扫一扫

2. 内容故事化

新媒体编辑在设计H5页面时，可将H5页面的内容以故事的形式展现，最好将故事设置为大多数受众都亲身经历过的场景，如校园、职场、家庭经历等。这样，会让受众在其中找到熟悉感，进而引发内心共鸣，让其更乐意接受和转发H5页面的内容，从而让H5页面以更快的速度传播。

案例剖析 | ANLIPOUXI

如果2020可以重来

来源：腾讯新闻&毛豆工作室

内容：该H5页面以故事化的场景，用长幅漫画的形式，大胆假设了一个理想中的2020年，在这一年，新冠疫情没有爆发，人们春节都开心地回家过年，聚餐游玩；校园如期开学，毕业生们度过了温馨感人的毕业季；东京奥运会如期举行，中国代表队屡屡夺冠……通过这些契合普通民众愿景、引发受众共鸣的假设，该H5页面不仅带领受众重温了2020年发生的重大新闻事件，还向受众传达了“忘记背后，努力面前”的积极人生观和生活态度。

扫一扫

3. 借势营销

要使H5页面获得广泛传播，就需要增强其话题性。而借势营销，就是提高H5页面话题性最好的方法之一。因此，新媒体编辑在设计H5页面时，应当尽量将其与时下话题度较高的热点事件、节日、知名机构等相结合，借助它们的热度，使H5页面在短时间内获得大量浏览和转发，以达到更好的宣传效果。

案例剖析 | ANLIPOUXI

后浪自查手册

来源： 网易文创哒哒&广汽丰田

内容："后浪自查手册"H5页面以测试题的形式展现，每个界面一题，如"如果穿越回毕业前夕你会做什么""最讨厌的朋友圈类型""最喜欢的潮品"等。完成测试后，用户输入昵称即可生成受众专属的"后浪"海报。

扫一扫

4. 融入社交元素

新媒体时代，受众是信息传播的主力军。新媒体编辑可利用这一特点，在H5页面中融入社交元素，使得H5页面得到裂变式传播。例如，在H5页面中加入好友排行榜、PK挑战、分享按钮或二维码等元素，激起受众的求胜欲和分享欲，使其在浏览完H5页面后，能够主动将H5页面转发分享给他人。

案例剖析 | ANLIPOUXI

这100件事，你完成了多少

来源： 网易新闻&网易文创哒哒

内容： 该H5页面包含了网易新闻基于网络数据收集整理的人生必做的100件最有意义的事，如"有一道拿手好菜""一个人去旅行"等。受众可在H5页面中选出自己目前已经完成的事情，选择完毕后，即可自动生成受众专属的长海报。该H5页面巧妙融入了社交元素，受众生成专属长海报后，会分享给好友或发布到朋友圈中。其他受众扫描长海报二维码后，即可跳转到该H5页面。这样，就吸引了更多受众的加入，引发了裂变式传播。

扫一扫

8.3 常用的H5页面编辑工具

由于酷炫的视听体验和出色的营销效果，H5页面受到了越来越多用户的欢迎，俨然已经成为新媒体营销的首要选择。如今，互联网中存在不少H5页面编辑工具，这些工具大都功能齐全、简单易用，即使用户没有任何H5编程基础，也可轻松上手。

目前较常用的H5页面编辑工具包括易企秀、人人秀、MAKA、凡科互动等，下面一一介绍。

8.3.1 易企秀

易企秀是一款针对移动互联网营销的在线编辑工具，内置H5页面、海报、长页、表单、互动、视频六大品类的编辑器和数十款实用小工具。它的工作界面（网页版界面见图8-8）简洁明了，用户无须掌握复杂的编程技术，即可轻松制作出H5页面、海报图片、营销长页、问卷表单、互动抽奖小游戏和特效视频等。此外，易企秀还提供了大量精美的模板，包含企业宣传、活动邀约、品牌推广、引流吸粉、数据收集、电商促销、人才招聘等多种场景，可为用户设计和制作H5页面提供参考和灵感。

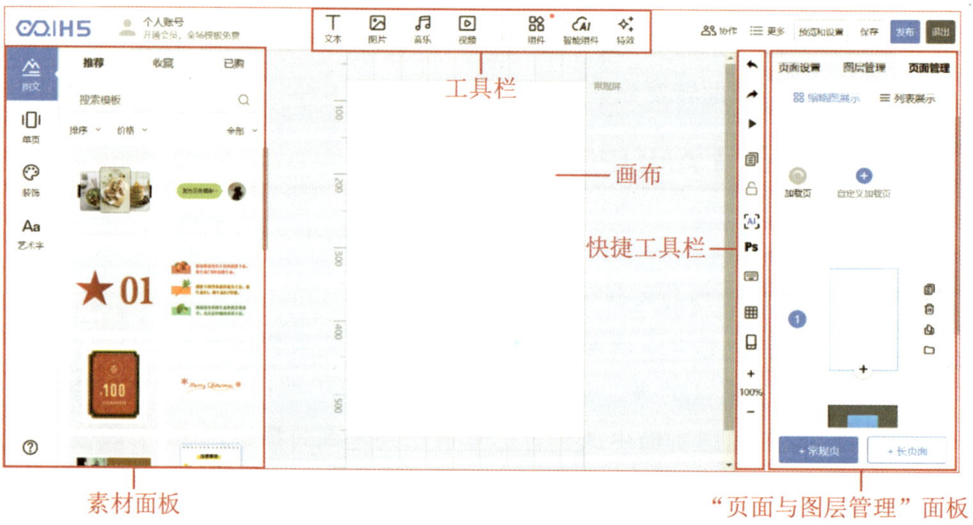

图8-8 易企秀网页版的工作界面

提 示 | TISHI

使用易企秀制作H5页面的过程与制作PPT有些类似，甚至更为简便。用户可在页面中添加文字、图片、背景音乐、控件等多种元素，并为元素和页面设置各种效果（如动效、翻页动画等）。此外，易企秀不仅具有网页版，还具有移动端App，方便用户随时随地创作、展示、修改H5页面，以及查看流量数据。

8.3.2 人人秀

人人秀是一款专业的在线H5页面编辑工具，以操作简便、互动功能多而受到广大用户的广泛好评。人人秀汇集了数千位设计师和超过5万套H5页面的素材模板，可满足不同的使用场景，如会议邀请、企业招聘、学校招生、店铺活动等。此外，人人秀还提供多种趣味营销互动组件，能制作出快闪、一镜到底、Siri动效、微信对话等多种趣味效果。

8.3.3 MAKA

MAKA是全球最受欢迎的在线H5页面编辑工具和平面设计工具之一，其用户超过了3 000万。MAKA的口号是"一分钟上手，五分钟创作H5，超越PPT的极简操作方式"。使用MAKA可轻松制作出宣传海报、电子传单、节日贺卡、婚礼请柬等H5页面。MAKA提供了多种精美的动画和炫酷特效，如刹车、向下滑入、左右翻转、向上飞入等，用户轻点鼠标即可制作出酷炫的动态效果。

8.3.4 凡科互动

凡科互动是凡科网旗下的一款备受好评的在线H5页面编辑工具。它具有海量模板、丰富的控件和强大的动画效果，可帮助用户轻松制作出包含弹幕、720°全景、画中画等多种绚丽动效的H5页面。

提 示 | TISHI

除上述工具外，H5页面编辑工具还有微页、秀米、兔展、iH5、WPS Office的H5模块等。

编辑实战——制作企业宣传手册

XINMEITI BIANJI

实战目标

使用本章提到的H5页面编辑工具易企秀，为金企鹅公司制作企业宣传手册，具体包括制作图文内容，设置地图、表单等控件，为H5页面设置翻页动画，为H5页面中的元素添加动画和背景音乐，发布H5页面等操作，页面最终效果如图8-9所示。

（a）封面页　（b）“发展历程”页面　（c）“核心业务”页面

图8-9　金企鹅公司宣传手册（部分）

扫一扫
扫码查看完整效果

实战步骤

易企秀具有非常丰富且精美的H5页面模板，使用这些模板，可以大大提高新媒体编辑制作H5页面的工作效率。下面主要介绍基于某个H5页面模板制作企业宣传手册的方法。

扫一扫
制作金企鹅公司宣传手册

1. 选择H5页面模板

步骤1　登录易企秀。打开浏览器并访问易企秀官网（https://store.eqxiu.com），单击右上角的“免费注册”按钮，按照提示注册并登录易企秀账号，自动进入“免费模板”页面。

步骤2　选择H5页面模板。在“全部商品分类”组中选择“H5”选项，在打开的界面的搜索框中输入“企业宣传”，单击“搜索”按钮（或按“Enter”键），然后在下方搜索结果中选择所需H5页面模板（见图8-10），进入模板详情页并根据提示购买该H5页面模板。

图8-10　搜索H5页面模板

提　示 ▎TISHI

易企秀提供的模板有免费和收费两种，用户可根据需要选用，本实战中选用收费模板，读者也可选择免费模板，后续操作方法类似。

进入模板详情页后，可根据提示购买模板，或单击“立即使用”按钮直接使用当前免费模板。

2. 制作H5页面内容

步骤1　单击界面右上角的“工作台”按钮，进入易企秀的“工作台”界面。在“全部作品”组中选择刚刚购买的H5页面模板，然后单击“编辑”按钮（见图8-11），进入工作界面，画布上将默认显示该H5页面模板的封面。

步骤2　单击画布上“LOGO”字样的图片，在右侧弹出的“组件设置”面板中单击“更换图片”按钮，如图8-12所示。

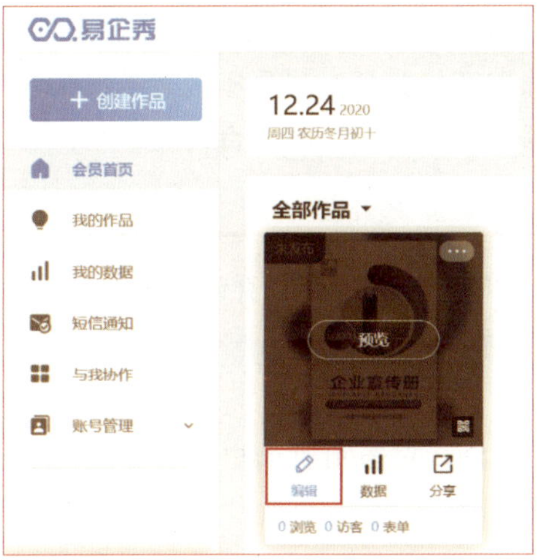

图8-11　单击“编辑”按钮

图8-12　单击“更换图片”按钮

步骤3　打开“图片库”面板，单击“本地上传”按钮，弹出“打开”对话框，选择本书配套素材“素材”/“第8章”/“实战”文件夹（以下简称“素材文件夹”）中的“封面-LOGO.png”图片，然后单击“打开”按钮，返回“图片库”面板，切换至“我的图片”选项卡，可看到图片已上传到易企秀的图片库中，如图8-13所示。

步骤4　单击“封面-LOGO.png”图片，即可用该图片替换原图片。返回画布中，拖动图片四周的尺寸控制点调整其尺寸和位置，使其显示完全且大小适中。

步骤5　双击“企业宣传册”文本框，按“Delete”键删除原内容，然后输入“金企鹅宣传手册”，在弹出的文本工具栏或“组件设置”面板中设置文本的字体、字号、颜色、对齐方式等参数，如图8-14所示。

步骤6　参考步骤5的操作，对封面页的其他文字内容进行编辑，使其效果如图8-9（a）所示。

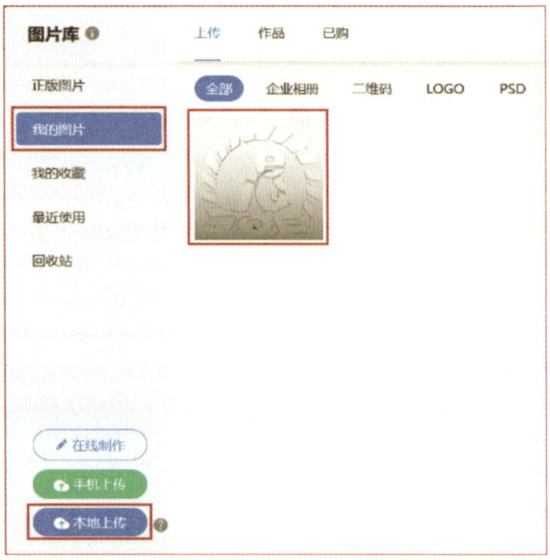

图8-13　上传图片

图8-14　输入文本并设置参数

提　示 | TISHI

除替换外，用户也可直接插入图片。为此，可单击工具栏中的“图片”图标，打开“图片库”面板，单击图片库中的任一图片即可将其插入到画布中。若要插入文本，则可单击工具栏中的“文本”图标，在画布上将出现一个空白的文本框，直接在其中输入文本即可。

步骤7　在工作界面右侧的“页面与图层管理”面板中切换至“页面管理”选项卡，选择“列表展示”选项，然后单击“2”页面，将画布内容切换至下一个H5页面（以下简称页面），如图8-15所示。

步骤8　制作“公司简介”页面。参考前面的方法，对当前页面中的图片和文本进行编辑，使其效果如图8-16所示。

图8-15　切换至下一个H5页面

图8-16　“公司简介”页面效果

步骤9 在“页面与图层管理”面板中选中“3”页面，并将其拖动至“4”页面下方，调换两者的顺序。

步骤10 参考前面的方法，将“3”页面制作为“发展历程”页面，使其效果如图8-9（b）所示；将“4”页面制作为“企业文化”页面，使其效果如图8-17所示。

步骤11 制作“企业风采”页面。将画布内容切换至“5”页面，右击画布左上方的图片，在弹出的快捷菜单中选择“复制”选项（或按“Ctrl+C”组合键），然后再次右击，在弹出的快捷菜单中选择“粘贴”选项（或按“Ctrl+V”组合键），如图8-18所示。

图8-17 “企业文化”页面效果

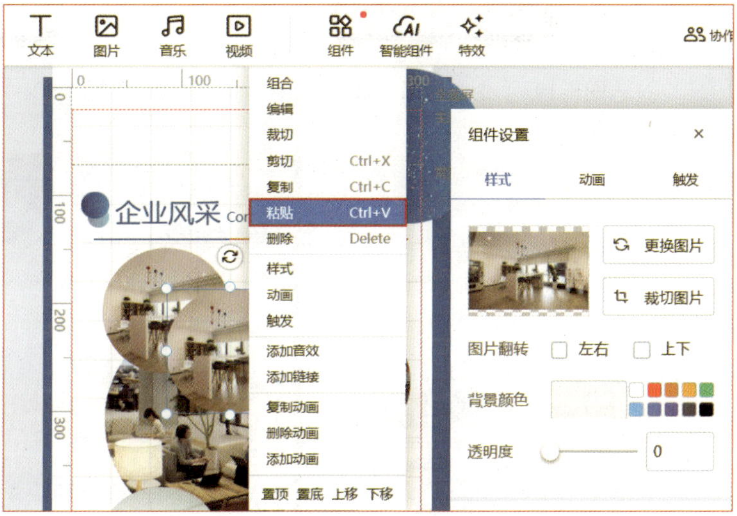

图8-18 复制并粘贴图片

步骤12 参考前面的方法，用素材文件夹中以“企业风采-”开头的6张图片分别替换原模版中的图片，调整各图片的位置并编辑页面中的文本，使其效果如图8-19所示。

步骤13 参考前面的方法，将“6”页面制作为“核心业务”页面，使其最终效果如图8-9（c）所示。然后将画布内容切换至“7”页面，右击画布下方的第1张图片，在弹出的快捷菜单中选择“删除”选项（或按“Delete”键），将当前照片删除。用同样的方法删除另外两张照片。然后参考前面的方法，使用素材文件夹中的“特色产品-在线教育平台.jpg”图片替换当前页面中的图片，并对当前页面中的文本进行编辑，使其效果如图8-20所示。

步骤14 在“页面与图层管理”面板的“页面管理”选项卡下选择“特色产品”页面的下一页面，单击“删除当前页面”按钮🗑，删除当前页面。如图8-21所示。

步骤15 制作“联系我们”页面。将画布内容切换至“8”页面，单击页面中的地图控件，在弹出的“组件设置”面板中切换至“样式”选项卡，在上方搜索框中输入“北京金企鹅文化发展中心”，然后单击“搜索”图标🔍（或按“Enter”键），设置金企鹅公司的地址，如图8-22所示。

图8-19 “企业风采”页面效果

图8-20 “特色产品”页面效果

图8-21 删除页面

图8-22 设置金企鹅公司的地址

步骤16 参考前面的方法，对当前页面中的文本进行编辑。编辑完成后，“联系我们”页面的效果如图8-23所示。

提 示 TISHI

用户也可直接插入地图控件。为此，可单击工具栏中的“组件”图标，在展开的面板中选择“功能”组中的“地图”选项，如图8-24所示。然后参考前面的方法设置所需地址即可。

图8-23 “联系我们”页面效果

图8-24 “组件”面板

步骤17 制作“商务合作”页面。将画布内容切换至“9”页面，选中“邮箱”表单，按“Delete”键删除该表单。然后单击“组件”图标，在展开的面板（见图8-24）中选择“表单”组中的“下拉列表”选项，在画布中插入一个“下拉列表”表单。

步骤18 单击“下拉列表”表单，弹出“组件设置”面板，删除“占位文本”编辑框中的默认内容，输入“您的职业是”，然后依次在“选项设置”组下的编辑框中输入“教师”“学生”和“经销商”，如图8-25所示。

步骤19 拖动“样式”选项卡右侧的滚动条，单击“边框”下拉列表，在展开的面板中单击“边框颜色”右侧的色块，打开边框颜色设置面板（见图8-26），单击面板中的拾色器图标，然后单击画布上“提交”按钮的背景色块，将“下拉列表”表单的边框颜色设置为相同的颜色。

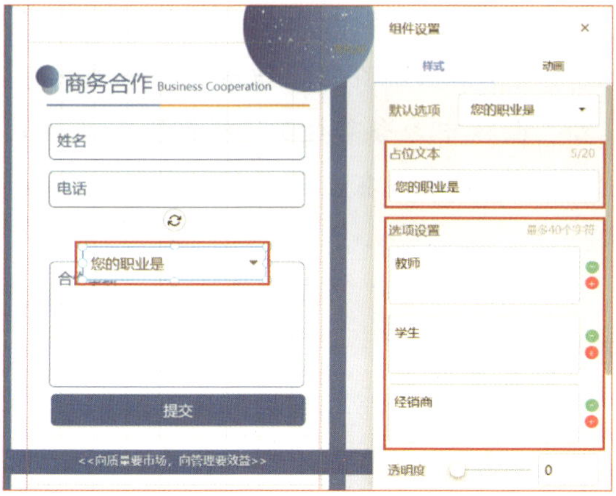

图8-25 设置“下拉列表”表单的占位文本和选项

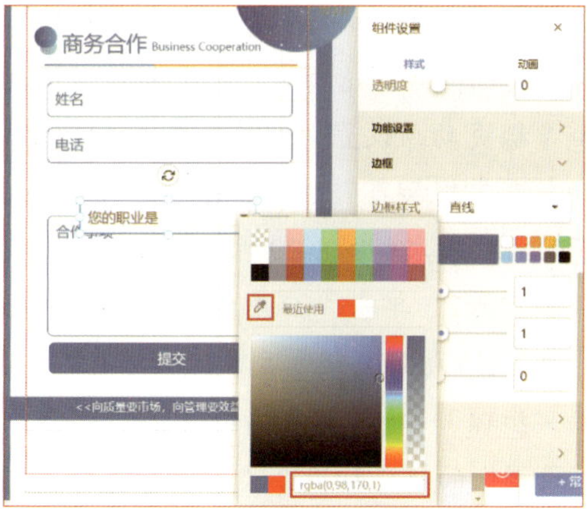

图8-26 设置“下拉列表”表单的边框颜色

提 示 | TISHI

单击选项右侧的红色加号按钮➕可在最下方新建一个选项；若要删除当前选项，可单击上方绿色减号按钮➖。

步骤20 在“边框弧度”右侧的编辑框中输入“6”，然后拖动“下拉列表”表单四周的尺寸控制点调整其尺寸和位置。然后对当前页面中的文本进行编辑，使“商务合作”页面的效果如图8-27所示。

步骤21 制作“关注我们”页面。将画布内容切换至下一页面，使用素材文件夹中的“关注我们-二维码.jpg”图片替换当前页面中的图片，然后编辑当前页面中的文本，使“关注我们”页面的效果如图8-28所示。

图8-27 “商务合作”页面效果

图8-28 “关注我们”页面效果

3. 设置动画和背景音乐

步骤1 将画布内容切换至“公司简介”页面，在“页面与图层管理”面板中切换至“页面管理”选项卡，单击当前页面的“设置当前页面翻页”按钮，打开预览窗口和“翻页动画设置”面板。在“翻页动画设置”面板中为当前页面选择翻页动画样式，如在“常规翻页”组中选择“上下翻页”/“推出”选项，在左侧的预览窗口可实时预览动画效果，如图8-29所示。

步骤2 单击“应用到全部页面”按钮，将“公司简介”页面的翻页动画效果应用到所有H5页面中。然后单击“保存”按钮完成设置。

步骤3 将画布内容切换至“商务合作”页面，单击“下拉列表”表单，弹出“组件设置”面板，切换至“动画”选项卡，单击“动画1”的“删除”按钮，删除默认动画效果，如图8-30所示。

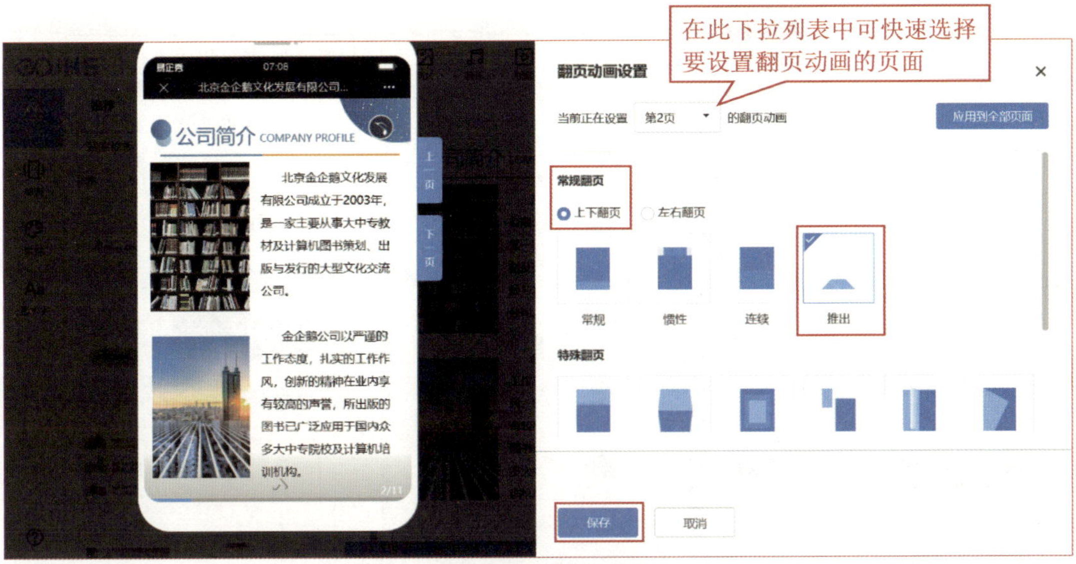

图8-29　设置翻页动画

图8-30　删除默认动画效果

步骤4　单击“添加动画”按钮，打开添加动画面板，切换至“进入”选项卡，选择一个动画效果（如“魔幻向右”选项），在左侧画布中可实时预览动画效果，如图8-31所示。

步骤5　返回“组件设置”面板，在“动画”选项卡的“动画1”选项下方的“时间”编辑框中输入“1”，在“延迟”编辑框中输入“1.9”，如图8-32所示。

步骤6　参考前面的方法，为H5页面中其他元素设置动画效果，具体可参照图8-9中二维码所示的效果。

步骤7　为H5页面添加背景音乐。单击工具栏的“音乐”图标，在展开的列表中选择“更换音乐”选项。

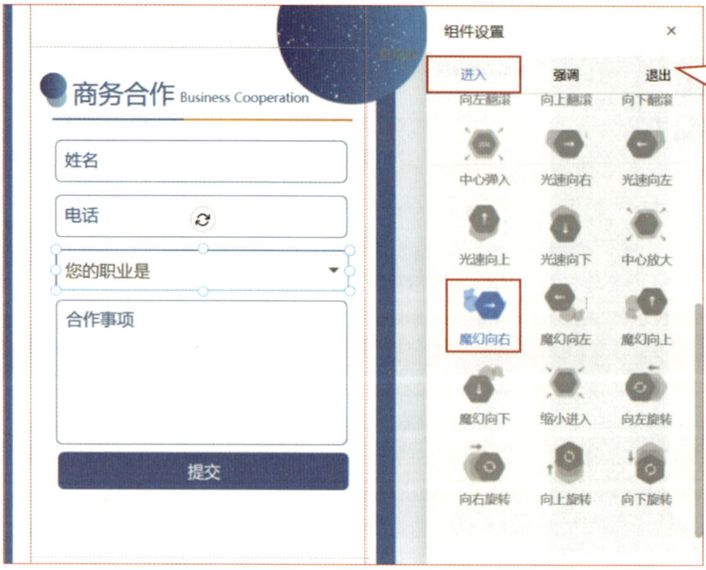

图8-31　设置动画效果

图8-32　设置动画持续时间和延迟

步骤8　打开“音乐库”面板，单击“上传音乐”按钮，弹出“打开”对话框。在素材文件夹中选择“背景音乐.mp3”音频文件，然后单击“打开”按钮，返回“音乐库”面板，切换至“我的音乐”选项卡，即可看到音频已上传到易企秀的音乐库中，如图8-33所示。单击音频名称右侧的“使用”按钮，将“背景音乐.mp3”音频文件设置为整个H5页面的背景音乐。

图8-33　上传并应用背景音乐

4. 发布H5页面

步骤1　单击工作界面右上角的“发布”按钮，打开“预览”面板，如图8-34所示。“预览”面板默认打开“分享设置”选项卡，在当前选项卡中可设置H5页面的标题、描述、封面等参数，还可对H5页面的整体效果进行预览。

图8-34 “预览”面板

步骤2 扫描二维码或复制链接，然后将其转发给他人，即可将最终的H5页面分享给他人。

提 示 TISHI

在“预览”面板中其他选项卡的功能如下。

（1）“生成海报”选项卡：在此选项卡中，系统可自动为当前H5页面生成一张宣传海报，用户可进行切换海报模板、分享海报、在线编辑海报，以及下载到本地等操作。

（2）“生成长页”选项卡：在此选项卡中，系统会将当前H5页面生成为长图形式供用户分享。

（3）“互动设置”选项卡：在此选项卡中有“添加头像开启个人微主页”和“添加互动功能”两个复选框。其中，选中“添加头像开启个人微主页”复选框后，将在H5页面中添加一个头像，受众点击头像即可查看H5页面创作者的信息；选中“添加互动功能”复选框后，受众可在浏览H5页面时进行点赞、评论、清空屏幕等操作。

佳作赏析——网易云音乐年度听歌报告

网易云音乐是一款知名的新媒体音乐平台，它每年年末都会向注册用户推送一条根据其过去一年所收听音乐生成的个性化年度听歌报告。2020年12月28日，网易云音乐发布了2020年的年度听歌报告（见图8-35），迅速登上了各大新媒体平台的热度榜单，并在朋友圈“刷屏”。该H5页面无论是动效、设计还是内容都非常有特色，下面从H5页面设计方法与技巧的角度对其进行分析。

图8-35　网易云音乐年度听歌报告

网易云音乐的年度听歌报告是典型的总结报告型H5页面。进入该H5页面后，受众首先需要通过选择头部、上衣、裤子和配饰，为自身DIY一个可爱的卡通形象（见图8-36），这增强了H5页面的交互性，让受众有参与感，从而对H5页面中的内容更加感兴趣。在完成形象创建后，用户接下来的交互将主要为向上滑动，操作非常简单流畅。

在报告页面中，并没有简单地为受众罗列听歌数据，而是以非常故事化、场景化的内容将这些原本冰冷的数据变得鲜活起来，让受众在其中找到熟悉感，引发内心的情感共鸣。例如，听歌报告巧妙地融入了受众熟悉的季节概念，分别列举了受众在一年四季中听的最多的歌曲（如春天，见图8-37），并辅以暖心励志的话语和颜色分明的背景图，使得数据仿佛有了温度一般，受众不由得随之追忆过去一年的光阴，从而引发共鸣。

扫一扫

2020年度听歌报告

从发布时间来看，该H5页面发布之时正值年末、元旦到来之际，因此网易云音乐在此时发布年度听歌报告，很好地借辞旧迎新的元旦之势对品牌进行了营销。在听歌报告完成后，H5页面会为受众生成专属的“年度形象”海报（见图8-38）和听歌报告的视频版本（见图8-39），并始终将“分享”按钮设置在了十分显眼的位置。受众将海报或视频分享至社交圈后，会吸引越来越多的好友参与其中，从而形成裂变式传播。

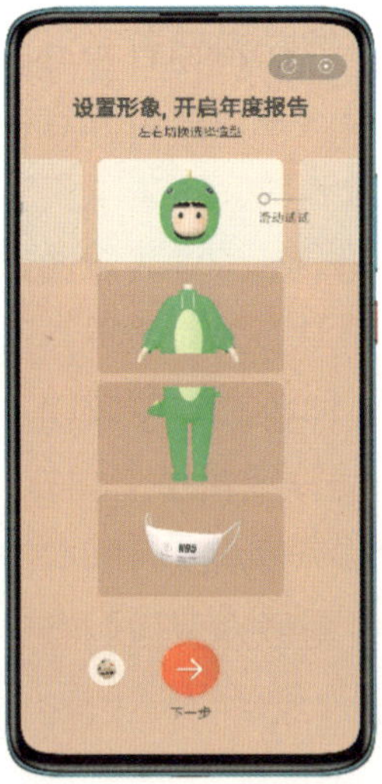

图8-36　设置形象

图8-37　融入季节元素

图8-38　“年度形象”海报

图8-39　视频版本

卓越创新

2020年10月，由国家互联网信息办公室指导，中国互联网发展基金会主办，人民网、光明网、中国青年网、中国新闻网、环球网承办的第五届“五个一百”网络正能量精品评选活动结果正式发布。中国文物报社创意文物H5页面作品“十二生肖文物展——生肖之力”在此次评选中获得“百项网络正能量专题活动”称号。

“十二生肖文物展——生肖之力”H5页面精选近50件生肖文物珍品，生动解读生肖文化的丰富内涵。十二生肖作为中国传统文化中重要的形象符号，创作团队特别为每个生肖文物赋予一种特殊的“生命力”，如鼠聪慧、虎霸气、龙活力等，线上观众通过选择自己的生肖与出生季节，唤起自身独有的“生肖之力”，并可生成个人专属的生肖文物图鉴及好运生肖组合（见图8-40），实现与线上网友用户的互动。

图8-40　“生肖之力”结果页

“十二生肖文物展——生肖之力”H5页面充分利用文物数字资源，以全新的互动传播方式，让公众更加了解十二生肖在中国传统文化中的积极能量，助力传统文化生动有趣的传承与交流。

思考与练习 SIKAOYULIANXI

1. 选择题

（1）下列有关H5的说法中，错误的是（　　）。

A. H5页面的互动形式十分丰富

B. H5页面只能呈现图文内容

C. H5页面几乎支持所有媒体形式

D. H5页面具有跨平台性

（2）H5页面具有的特点不包括（　　）。

A. 安装简单　　B. 表现形式丰富

C. 维护方便　　D. 加载速度快

（3）某商户为庆祝开业5周年，举办全场商品打8折的活动，为加大宣传力度，该商户采用了H5页面进行宣传。该H5页面属于（　　）类型。

A. 品牌宣传　　B. 产品介绍

C. 活动推广　　D. 知识分享

（4）“在设计H5页面时，最好一个页面只讲一件事。”这句话是在强调（　　）的H5页面设计原则。

A. 页面内容有条理性　　B. 注意吸引受众注意

C. 页面加载流畅　　D. 页面内容简洁

（5）下列H5页面的设计方法与技巧中，容易让受众在其中找到熟悉感，进而引发内心共鸣的是（　　）。

A. 增强交互性　　B. 内容故事化

C. 借势营销　　D. 融入社交元素

（6）常用的H5页面编辑工具不包括（　　）。

A. 易企秀　　B. 人人秀

C. 秀米　　D. 美图秀秀

2. 填空题

（1）______________全称是第5代超文本标记语言。

（2）H5页面可以轻易地移植到不同的操作系统和开放应用平台上，这体现了H5页面的______________特点。

（3）H5页面支持触屏、陀螺仪、定位、拍照、录音、相册、VR、AR等多种交互形式，这体现了H5页面______________的特点。

（4）网易云音乐的“年度听歌报告”H5页面属于____________型的H5页面。

（5）H5页面的设计方法与技巧包括__________________、__________________、借势营销和_________________。

3．简答题

（1）简述H5页面的概念。

（2）简述H5页面的特点。

（3）列举H5页面的常见类型。

（4）列举H5页面的展现形式。

（5）列举常用的H5页面编辑工具。

4．操作题

使用易企秀制作一个生日贺卡H5页面，使页面具有条理性、内容简洁、加载流畅。

ZONGHEYINGYONGPIAN

综合应用篇

09

CHAPTER

学习目标

- 掌握新媒体文案选题策划和内容编辑的方法。
- 掌握制作和美化新媒体图片的方法。
- 掌握新媒体图文排版的方法。
- 掌握在微信公众号上编辑和发布文案的方法。

素质目标

- 具备脚踏实地、求真务实、认真负责的工作作风。
- 具备精益求精的工匠精神和较强的创新意识。

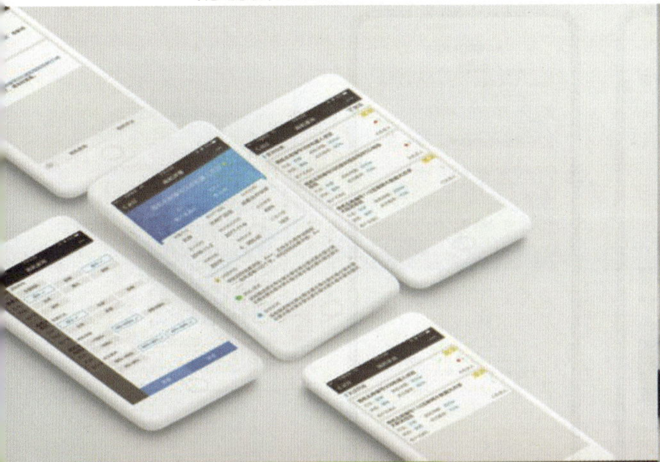

微信公众号内容编辑实战

本章导读

微信是一款深受欢迎、拥有海量用户的跨平台即时通信应用程序。数据显示，2020年，微信的全球用户总数已超过了12亿。在我国，微信更是人们日常生活中不可或缺的一部分。基于如此庞大的用户体量和影响力，微信公众平台也成为国内流量最高的新媒体平台之一。因此，对新媒体编辑而言，掌握在微信公众号上编辑和发布文案的方法是一项必备技能。

本章是微信公众号内容编辑的综合实战，包含从文案创作、文案配图编辑、图文排版到将排版后的图文保存到微信公众号并发布的全过程。

9.1 实战目标

XINMEITI BIANJI

本次综合实战的目标如下。

（1）结合本书介绍的新媒体文案选题策划和内容编辑的方法与技巧，为金企鹅公司创作系列教材推广文案。

（2）使用本书提到的新媒体图片编辑工具GifCam和美图秀秀，为金企鹅公司的系列教材推广文案编辑配图。

（3）使用本书提到的新媒体图文排版工具135编辑器，为金企鹅公司的系列教材推广文案进行图文排版。

（4）在微信公众号中进一步完善排版后的文案（如插入视频、调整图片大小等），使其最终效果如图9-1所示。

（5）将处理完成的文案发布到微信公众平台。

扫一扫

扫码查看完整效果

图9-1　金企鹅公司系列教材推广文案效果（部分）

9.2 实战步骤

XINMEITI BIANJI

9.2.1 创作文案

扫一扫

创作文案

1. 策划文案选题

步骤1　确定文案类型。本文案的介绍对象是金企鹅公司的系列畅销教材，其主要目的是推广和销售产品，因此可将文案类型确定为销售文案。在文案中，需要对整套教材的特色进行详细介绍，使受众对产品留下深刻的印象，因此本文案应为长文案。

步骤2 分析受众群体和竞争对手。本文案的服务对象仍然为金企鹅公司，因此分析结果与第3章编辑实战中的结果一致。

步骤3 选择热点事件并进行评估。创作本文案时临近春节，“春运”是这一时期全民瞩目的超级热点事件，其在各平台都会成为热度和话题度极高的霸榜话题，其五维评价图如图9-2所示。

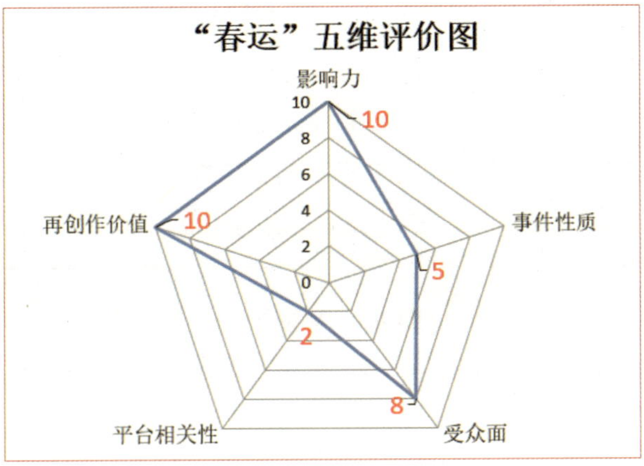

图9-2 “春运”的五维评价图

步骤4 结合热点事件确定选题。在金企鹅公司众多畅销教材中，与“春运”相关的教材系列包括空乘系列、汽车系列、铁路交通系列等。而火车、高铁等铁路交通无疑是“春运”期间大多数人首选的交通工具。因此，可将最终选题确定为金企鹅公司的铁路交通系列教材。

步骤5 归纳产品属性。金企鹅公司的铁路交通系列教材的产品属性主要体现在以下几个方面：内容紧贴岗位，实用性强；多采用“项目—任务”式结构，任务驱动，易教易学；体例丰富，图文并茂，趣味性强；知识点的讲解细致精练，通俗易懂；案例实用，构思巧妙，可操作性强；书中附带微课，扫码即学；配套资源丰富，印制精良等。

步骤6 提炼核心卖点。金企鹅公司始终致力于将教材的内容与实际岗位需求紧密结合，故其铁路交通系列教材的理论、案例和小体例的安排与设计都紧紧围绕“实用性”这一基本属性展开，这是该系列教材的一大特色，也是其核心卖点。

2. 编辑文案内容

步骤1 为文案选择结构。选题结合了“春运”这一热点事件，可在正式介绍铁路交通系列教材前，先对春运和铁路交通相关内容进行介绍，引发受众对其关联事物的联想，从而达到良好的产品推广作用。因此，可为文案选择故事式结构。

步骤2 创作文案的开头。由于文案是故事式结构，并没有总分总结构中严格的“开头—正文—结尾”划分。文案尚未正式介绍产品的部分均可视作其开头。在进行文案开头创作时，可采用多种创作技巧，如图9-3所示。

春节临近，又到了一年一度阖家团圆的日子，离家在外的游子们纷纷加入“春运”大军。

→ 趣闻轶事 实时热点

说到“春运”，高铁不仅速度快、运行平稳、价格相对便宜，而且座椅舒适、晚点率低、安全性高，且大多数高铁上还有充电插座和 Wi-Fi，可以说是“春运”期间最理想的交通工具之一了。

说到高铁，就不得不提高铁上青春靓丽的乘务员小姐姐们。这些小姐姐们漂亮的制服、温暖的笑容、优雅的仪态、周到的服务，构成了高铁上一道亮丽的风景线，令人身心愉悦。

除了光鲜的外表，高铁乘务员小姐姐的工作环境和薪资待遇也令人两眼放光、羡慕不已：不仅全程空调 Wi-Fi、无烟环境，还能在舒适的车厢里随时饱览祖国的大好河山。普通高铁乘务员月薪在 7 千左右，中层岗位的年薪不低于 20 万，高层岗位的年薪更是高达 35 万，且工作两天即可休息 3 天，即“跟二休三”。不得不说，乘务员小姐姐们的工作真是“高大上”啊！其实，不仅仅是高铁乘务员，与铁路交通相关的岗位大都有着十分好的待遇。

← 描述场景 引发共鸣

此外，根据中国国家铁路集团有限公司的官方数据，截至 2020 年，我国高铁运营里程已达 3.79 万公里，且未来我国还将不断加快高铁建设步伐。可以预见，我国不断发展的高铁事业将创造越来越多的工作岗位，铁路交通相关专业的学生的就业前景也将持续明朗。

← 引用权威 佐证观点

因此，如果你还在未来职业选择上举棋不定，那么铁路交通会是你一个不错的选择。要成为一名合格的铁路交通从业者，有一套“秘籍”可以让你在学习之路上少一些枯燥、多一些乐趣，少踩一些套路、多学一些干货——这套“秘籍”就是我公司重磅打造的铁路交通系列教材。

→ 对你有用 与你相关

图9-3　文案开头

步骤3　创作文案的正文。在文案开头最后一段引出要介绍的产品后，即可开始创作文案的正文。由于本销售文案的宣传对象是铁路交通系列教材，故正文应当对该系列教材的共性进行具有总结性的描述。例如，可分别从商家和用户的角度出发，将正文内容分为“教材特色”“用户反馈”两部分。

步骤4　在创作“教材特色”部分时，为使内容具有条理，易于阅读和图文排版，可采用清单式结构；在创作“用户反馈”部分时，可分别从教师和学生的角度对本系列教材进行评价。文案正文的最终效果如图9-4所示。

教材特色

1. **校企合作，工学结合。**在本系列教材的研发过程中，我公司与一线院校及铁路运输企业通力合作、广泛交流，经过充分的调查和研究后最终确定编写思路和大纲，使得教材真正做到了“校企合作、工学结合”。在编写过程中，我公司的编辑团队致力于将理论知识与岗位要求有机结合，确保学生学到最实用的内容。

2. **项目引领，任务驱动。**本系列教材将实际岗位的工作内容切分为一个个的项目，并将每个项目精心设计为若干个任务，每个任务都具有极强的实用性、可操作性和可检测性，营造出了极强的实战氛围。学生以“感知”→“学习”→“演练”→“检测”→“巩固”的顺序层层递进、由浅入深地完成任务后，即可牢牢掌握符合岗位要求的实用知识。

3. **案例导入，情景教学。**通过案例或模拟情景导入任务，是本系列教材的特色之一。这种导入形式不仅可以驱使学生快速进入学习氛围，提升学生的学习兴趣，还能让学生了解当前所学知识在实际岗位中的应用，从而学以致用、有的放矢。

4. **体例丰富，寓教于乐。**本系列教材设置了趣味十足、干货满满的体例，如“知识加油站”“学以致用”“课堂讨论”“案例直击”“拓展阅读”“头脑风暴”“知识角”“小贴士”“小提示”等，让学生在场景化的阅读中学到实用知识，让教师的教学更加轻松，乐教乐学，寓教于乐。

5. **模拟演练，促进成长。**本系列教材设置了贴合实际工作岗位的模拟情景演练，让学生全情投入和参与其中，在轻松愉快的课堂互动中将所“悟”之“理”外化展示，促进学生快速成长。

6. **版式精美，印制精良。**本系列教材中采用了大量清晰精美的图片，并通过合理的排版使得内容图文并茂，赏心悦目；本系列所有教材都采用了双色印刷，使得外观看起来高端大气，品质精良。

7. **精美微课，扫码即学。**本系列教材紧跟“互联网+”时代的步伐，在文中配置了大量制作精美、讲解通俗的微课。学生只需借助手机或其他移动设备轻扫文中二维码，即可随时随地观看相关知识的微课视频，使学生获得全方位的学习体验。

8. **配套资源，应有尽有。**本系列教材提供了习题答案和精美的课件等配套资源，一站式满足教师教学的所有需求，减轻备课压力，让教学更加轻松。

用户反馈

某铁道职业技术学院　周老师

从前，学生上我的课总是心不在焉，后来和学生交流后才知道，原来是当时的教材内容太枯燥，长篇大论让他们看着就想睡觉。为此，我不断寻找，终于功夫不负有心人，找到了这套教材。这套教材无论是内容、案例还是小体例，都兼具趣味性和实用性。学生们上课也变得十分积极。作为一名教师，没有什么比学生喜欢上我的课更能让我感到欣慰的了。

某铁道职业技术学院　冯同学

这套教材的“画风”和传统的教材不太一样，不仅颜值高，而且很有料。我和同学都挺爱看里面的插画、漫画、小剧场。这些东西不光好玩，还能让我对今后要参加的工作有一定了解。书里还有微课，扫一扫二维码就能看，这些微课视频都很清晰，也很有意思，还涨知识。这才是好教科书该有的样子。

图9-4　文案正文

步骤5　创作文案的结尾。“用户反馈”部分中包含用户对本系列教材的评价，受众在看完该部分内容后会对教材产生好奇心和期待。因此，文案结尾可采用“制造话题，引发讨论”的创作技巧，引导受众在平台发表自身的看法，甚至转发到社交圈中，从而大大增加文案的热度和话题度。例如：

你心目中理想的教材是什么样的呢？欢迎在评论区说出你的想法。

提　示 | TISHI

读者可在本书配套素材“素材”/“第9章”/“实战”文件夹（以下简称“素材文件夹”）中查看完整文案。

3. 编辑文案标题

步骤1　新媒体编辑可从正文中提到的铁路交通相关专业的薪资待遇和工作环境入手，使文案的标题更加具有吸引力。

步骤2　新媒体编辑可综合使用多种标题创作技巧进行文案标题的创作，例如：

“铁”证如山！这些岗位活少钱多环境美，体面稳定好就业

高手点拨 | GAOSHOUDIANBO

对上述文案标题所采用的标题创作技巧有以下几点解释。

（1）使用了“双关”的修辞。将“铁证如山”这个成语中的“铁”与“铁路交通”相关联。此外，“铁证如山”也可表达文中所援引的铁路交通工作环境、薪资待遇、就业形势和发展前景等内容的可信度和权威性。

（2）使用了“对偶”的修辞。用“活少钱多环境美，体面稳定好就业”将铁路交通相关岗位的优点进行了简洁且全面的介绍，从而激起受众的好奇心。

（3）“‘铁’证如山！”使用了感叹语气，加强了感情，能够引起受众的注意。

9.2.2　编辑文案配图

扫一扫

编辑文案配图

1. 录制GIF图片

步骤1　下载并安装GIF图片编辑工具GifCam。

步骤2　运行GifCam，单击录制窗口右侧的“录制”下拉按钮，在展开的列表中选择“自定义”选项，如图9-5所示。

步骤3　设置录制参数。弹出“自定义”对话框，在“FPS选项”编辑框中分别输入“16”“24”“30”，在“首选项”组下方的“窗口大小”编辑框中分别输入“900”“400”，取消选中“始终录制鼠标”复选框，其他选项保持默认设置，然后单击“确定”按钮，如图9-6所示。

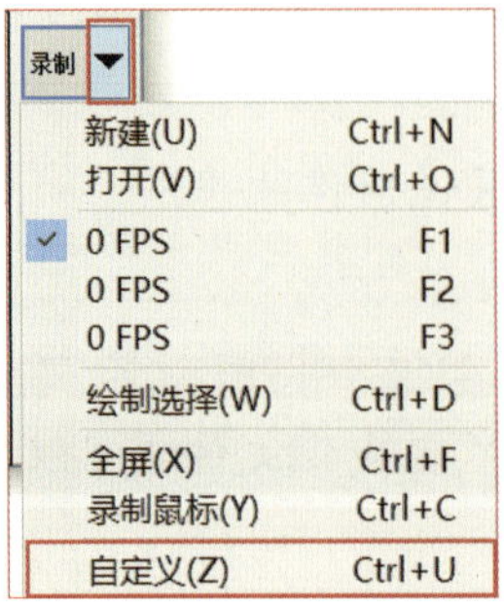

图9-5　选择“自定义”选项

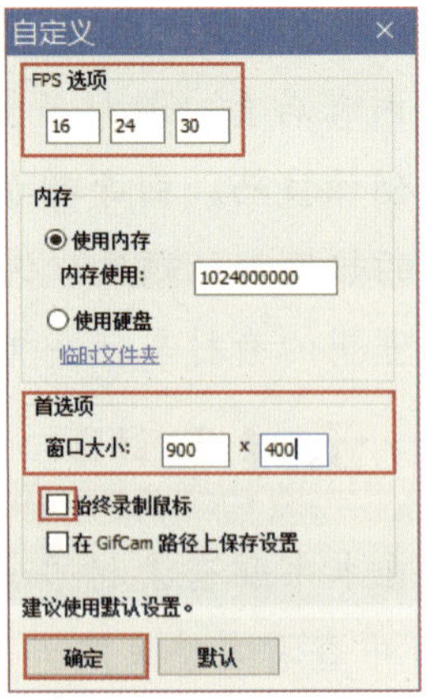

图9-6　设置录制参数

提　示 | TISHI

（1）“FPS”即“frame per second”，意为“每秒传输帧数”，是指GifCam录制视频的帧速率。GifCam在录制同一视频时，FPS的值越大，GIF图片的画面就越流畅，但其占用的空间也越大。

（2）900像素是微信公众平台官方推荐的正文中图片的最佳宽度，因此这里将GifCam录制窗口尺寸设置为900像素×400像素。

步骤4　返回GifCam的录制窗口，再次单击“录制”下拉按钮，在展开的列表中选择“30 FPS”选项。

步骤5　用视频播放器打开素材文件夹中的“1-2 高铁.mp4”视频文件，然后暂停视频。

步骤6　用鼠标将GifCam录制窗口拖动到视频播放器上的合适位置，然后开始播放视频文件，在视频播放至第9秒时单击“录制”按钮开始录制，“录制”按钮将随之变为“停止”按钮；在视频播放至第11秒单击“停止”按钮停止录制。然后单击“保存”按钮，如图9-7所示。

提　示 | TISHI

（1）在使用GifCam录制视频为GIF图片时，应尽量保证GifCam的录制窗口中不包括进度条、鼠标指针、水印等干扰元素。

（2）除单击“录制”按钮进行录制外，用户也可单击“单帧”按钮进行录制，每单击一次，都会将当前GifCam录制窗口的画面录制为1帧。

（3）单击“停止”按钮停止录制后，单击“编辑”按钮，在弹出的“编辑”对话框中可对录制的GIF图片进行逐帧修改、删除、添加文本、裁剪等操作。

图9-7 录制GIF图片

步骤7 弹出“另存为”对话框，选择GIF图片的保存位置，在“文件名”编辑框中输入“1-2 高铁”，然后单击“保存”按钮，保存GIF图片。

2. 美化文案配图

使用美图秀秀电脑版软件，对素材文件夹中的“1-3 乘务员.jpg”图片进行美化处理，图片处理前后的效果如图9-8所示。

图9-8 图片美化前后的效果对比

步骤1 启动美图秀秀，在打开的工作界面中单击“美化图片”图标或上方的“美化图片”选项。

步骤2 切换至“美化图片”选项卡，单击“打开图片”按钮，弹出“打开图片”对话框，选择素材文件夹中的“1-3 乘务员.jpg”图片，单击“打开”按钮打开此图片。

步骤3 单击界面上方的“裁剪”按钮，在打开的“裁剪”界面中将当前图片裁剪为900像素×500像素大小，然后单击工作界面左上角的“一键美化”按钮，对图片进行美化，如图9-9所示。

图9-9　裁剪并一键美化图片

步骤4　增强图片。单击工作界面左侧“图片增强”组中的“增强”按钮，打开“增强”界面，在此界面中设置图片的亮度、对比度、饱和度等参数，如图9-10所示。设置完成后，单击“对比”按钮可查看图片增强效果。若效果满意，可单击“应用当前效果”按钮。

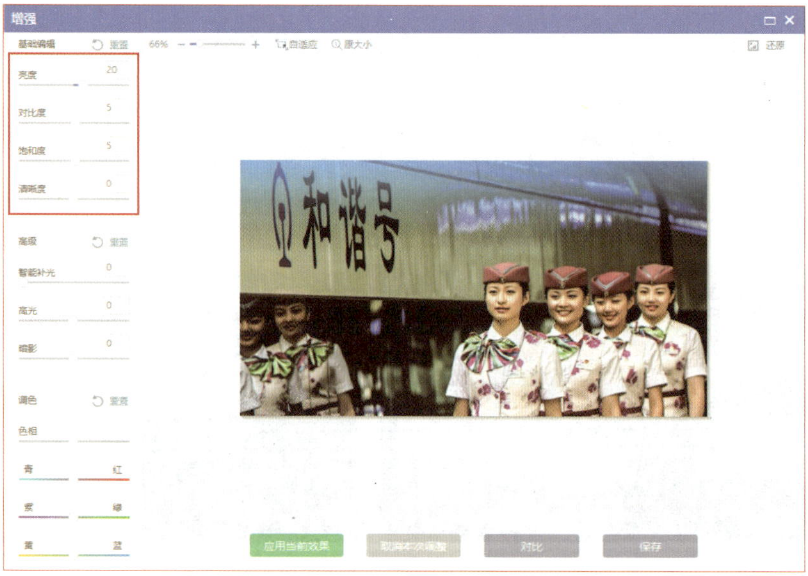

图9-10　增强图片

步骤5　返回工作界面，在右侧的“特效滤镜”区为当前图片添加“质感”组中的“Chiffon”滤镜。

步骤6　保存美化后的图片，仍将其命名为“1-3乘务员.jpg”。

3．制作拼图

步骤1　启动美图秀秀并打开素材文件夹的子文件夹“2-3案例导入”中的“案例1.png”图片，然后切换至“拼图”选项卡，选择“自由拼图”选项，如图9-11所示。

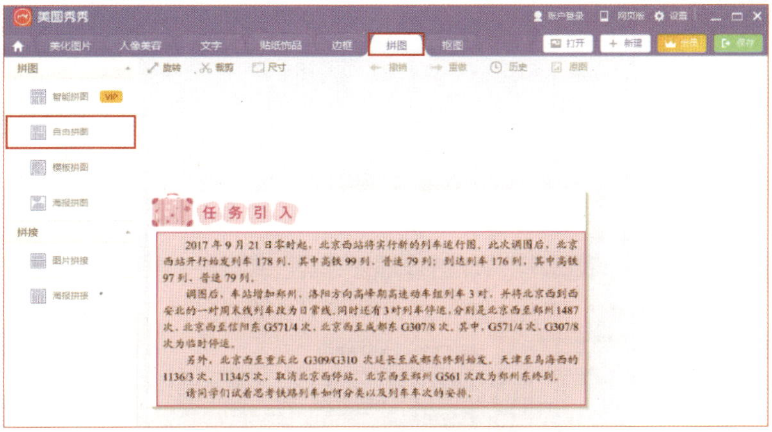

图9-11　选择“自由拼图”选项

步骤2　调整图片参数和位置。打开“自由拼图”界面，单击当前图片，在其下方出现的“图片设置”面板中设置图片的相关参数，然后用鼠标拖动图片到面板左上方，如图9-12所示。

图9-12　调整图片参数和位置

步骤3　选择左侧“图片设置”组中的“添加图片”选项，弹出“打开多张图片”对话框，将“2-3案例导入”文件夹中的“案例2.png”“案例3.png”图片添加到“自由拼图”界面，然后参考步骤2的操作，调整“案例2.png”“案例3.png”图片的参数和位置。

步骤4　选择左侧“背景设置”组中的“纯色背景”选项，在右侧的颜色面板中选择白色，将当前拼图的背景颜色设置为白色，如图9-13所示。

图9-13　更换拼图背景

步骤5　单击“确定”按钮，然后将拼图命名为“2-3 案例导入.png”并保存到本地。

9.2.3　图文排版

扫一扫

图文排版并发布文案

1. 为文案开头进行排版

步骤1　访问并登录135编辑器，将素材文件夹中的“金企鹅公司系列教材销售文案.docx”内容导入编辑区。

步骤2　在编辑区按“Ctrl+A”组合键选中所有内容，然后在菜单栏中单击“样式”链接文字，打开样式素材区，在素材区的搜索框中输入样式ID“88401”并按“Enter”键，在搜索结果中将显示与此ID对应的样式。可以看到，该样式类型为“基础正文”样式。单击该样式，为选中的整篇文案“秒刷”样式，如图9-14所示。

步骤3　将插入点移动至第1段文本末尾，按“Enter”键添加一个空行并将插入点移动至第1段文本下方，然后在当前位置添加素材文件夹中的“1-1 过年.jpg”图片。选中此图片，在展开的快捷菜单的“图片”面板中选择“宽度”选项，拖动“百分比”滑块或在输入框中输入要缩放的数值（如“50”），将图片缩放至合适的大小，如图9-15所示。然后在“图片”面板选择“对齐”选项，在展开的列表中选择“居中”选项，将图片居中对齐。

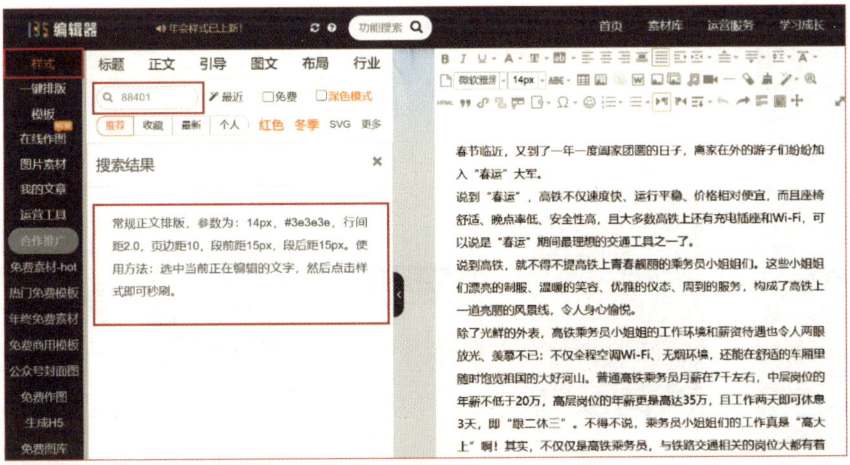

图9-14　为整篇文案“秒刷”样式

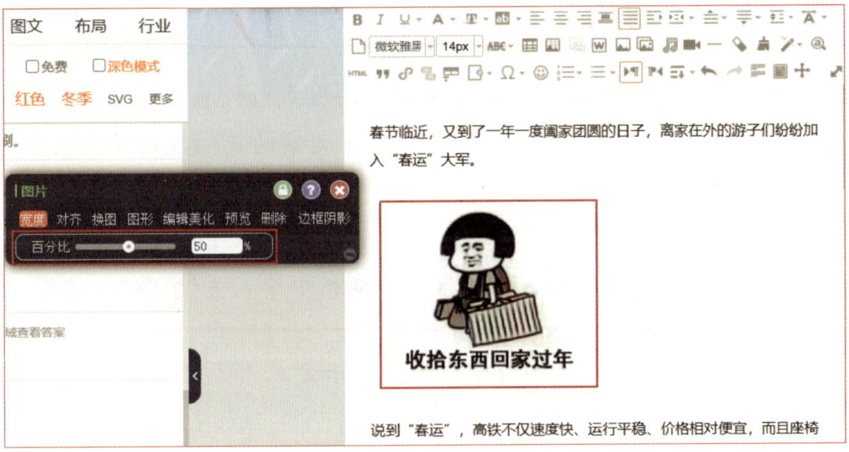

图9-15　将图片缩放至合适的大小

步骤4　将前面用GifCam录制的“1-2 高铁.gif”GIF图片添加到第2段文本下方；将前面用美图秀秀美化后的“1-3 乘务员.jpg”图片添加到第3段文本下方。

提　示 ▎TISHI

读者也可直接使用素材文件夹中子文件夹“成品”中的“1-2 高铁.gif”“1-3 乘务员.jpg”图片。

步骤5　分别将素材文件夹中的“1-4 羡慕.jpg”“1-5 就业形式.jpg”图片添加到第4段文本和第5段文本下方。然后参考前面的方法，将图片缩放至合适大小并居中对齐。

步骤6　将素材文件夹的子文件夹“1-6 教材”中的26张图片添加到第6段文本下方，然后选中这些图片，在样式素材区选择“图文”/“十图及以上”选项，然后在搜索结果中选择所需样式（本案例所选样式ID为“98242”）。单击此样式，为所选图片“秒刷”样式，如图9-16所示。

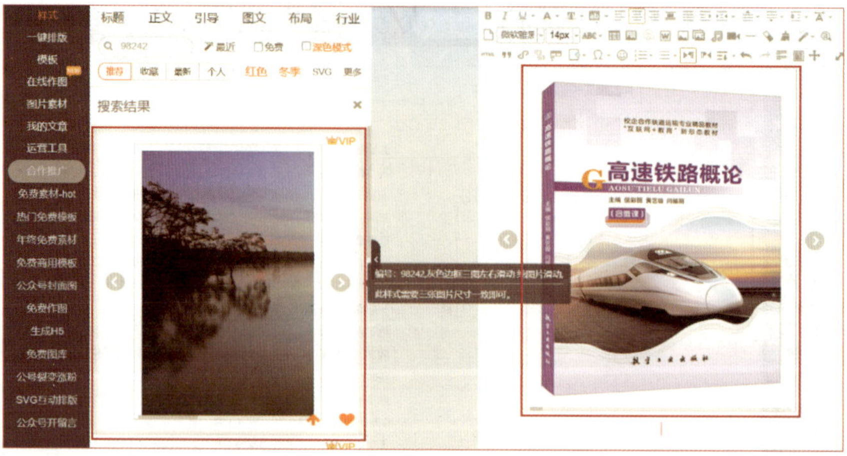

图9-16　为图片“秒刷”样式

提　示 | TISHI

图9-16中的样式可将多张图片以电子相册的形式进行展示，受众只需左右滑动即可快速浏览多张图片。这样，不仅大大节省了文案的篇幅，还使受众浏览图片的方式更有效率和趣味性。

除此样式外，135编辑器还有很多兼具实用性和趣味性的样式，如弹幕、信封、互动图片等，新媒体编辑可在样式素材区的搜索框中输入关键词进行搜索。

步骤7　在“秒刷”样式后的图片下方输入提示文本“左右滑动查看更多图片”。然后选中此文本，展开“文本”面板，单击“字号”下拉按钮，在展开的列表中选择“12 px”选项，然后单击“字体颜色”下拉按钮，展开调色盘，将下方的编辑框中的内容删除，然后输入“#bfbfbf”，单击“确定”按钮，如图9-17所示。

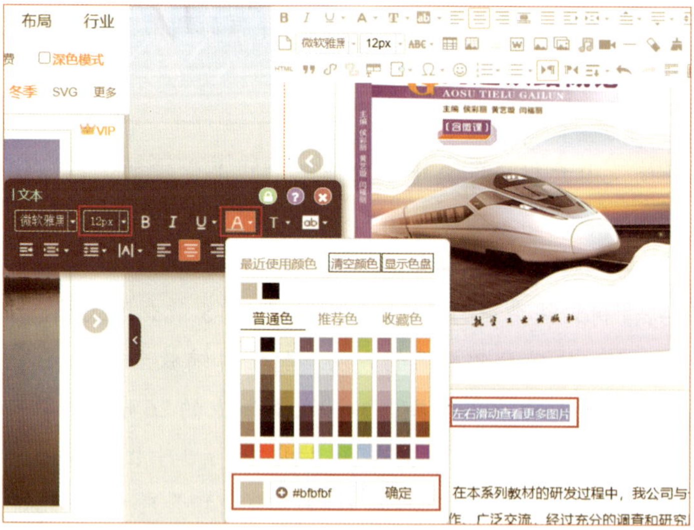

图9-17　添加提示文本并设置其字号和颜色

步骤8　将插入点移动至提示文本下方，在样式素材区的搜索框中输入样式ID“96861”并按“Enter”键，搜索结果中将出现与此ID对应的分割线样式，单击此样式，将其添加到编辑区，并在此样式前后各空一行。

2. 为文案正文“教材特色”部分进行排版

步骤1　选中正文的“教材特色”文本，为其“秒刷”ID为“86122”的标题样式，然后将插入点移动至文本末尾，在其快捷菜单的“全局样式”面板中将当前样式的底色设置为十六进制颜色码为“#e4007f”的颜色（以下简称“主题色”），如图9-18所示。

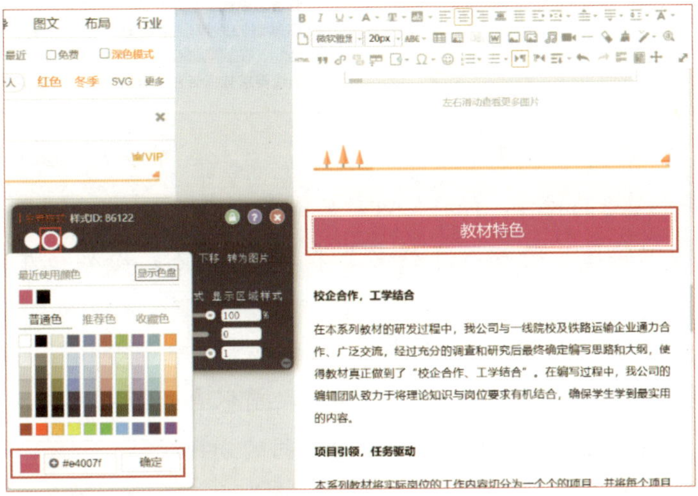

图9-18　为“教材特色”文本“秒刷”样式并更换底色

步骤2　保存当前标题样式为模板。将插入点移动至标题文本末尾，在展开的快捷菜单的“全局样式”面板中选择“保存”选项，弹出“保存”对话框，切换至“个人模板”选项卡，然后单击“保存”按钮，如图9-19所示。

提　示 | TISHI

要查看和使用保存的模板，可在样式素材区的搜索框下方选择“个人”选项，如图9-20所示。

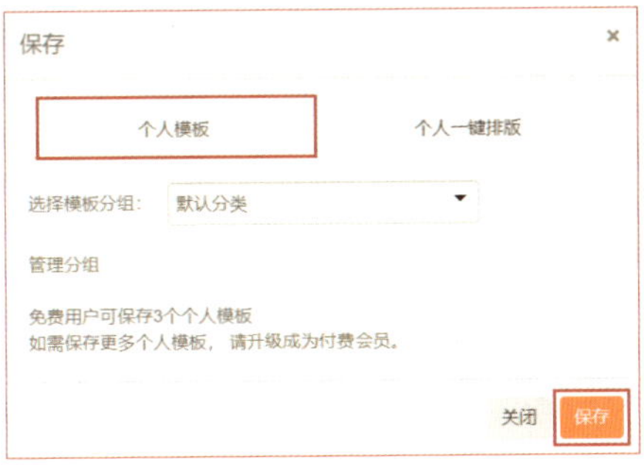

图9-19　保存当前标题样式为模板

图9-20　查看保存的模板

步骤3 选中“校企合作……最实用的内容。”文本（简称这部分文本为“第1模块”，依此类推），为其“秒刷”ID为“101161”的正文样式，如图9-21所示。

步骤4 将第1模块的标题背景颜色更换为主题色，将文本和边框颜色更换为黑色，将标题文本字号调整为“20 px”，然后将样式右上角的图片更换为素材文件夹中的“2-1模板.png”图片，如图9-22所示。

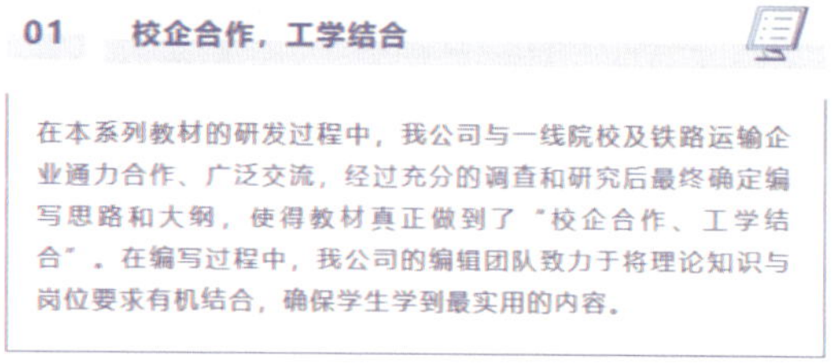

图9-21 为文本“秒刷”样式

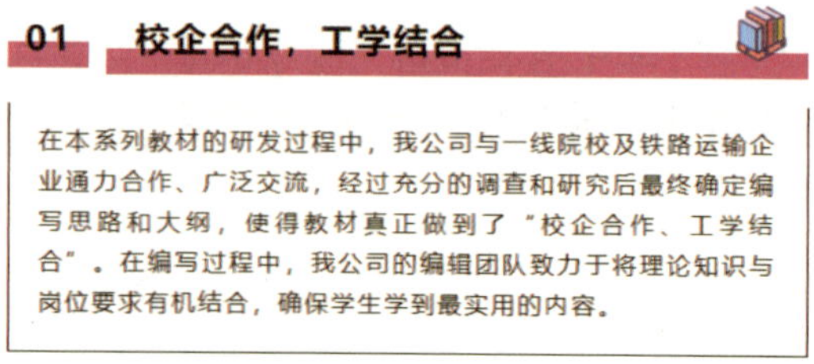

图9-22 修改样式

步骤5 参考步骤2的操作，保存修改后的样式为模板。

步骤6 返回编辑区，将插入点移动至第1模块下方，添加与开头部分相同的分割线。

步骤7 选中第2模块（即“项目引导，任务驱动……符合岗位要求的实用知识。”文本），在样式素材区选择“个人”选项，单击之前保存的模块样式，为选中文本“秒刷”此样式。然后在样式下方添加与开头部分相同的分割线。

步骤8 使用同样的方法，分别为“教材特色”部分剩余的6个模块“秒刷”样式并添加分割线。

提 示 | TISHI

在为各模块“秒刷”样式时，可能出现某些元素（如模块序号）无法完美适配的情况，在实际操作时，需根据具体情况手动调整，以使整体效果达到最佳。

步骤9 在“教材特色”部分的第1模块的文本下方添加素材文件夹中的“2-1合作.jpg”“2-1高铁.jpg”图片，并为其“秒刷”ID为“93277”的双图样式，然后将此样式的颜色更换为主题色，如图9-23所示。

步骤10 将素材文件夹中的“2-2项目任务.png”图片添加到第2模块的文本下方，为其“秒刷”ID为“97121”的单图样式，并将其颜色更改为主题色，如图9-24所示。

步骤11 将前面用美图秀秀的拼图功能制作的“2-3案例导入.png”图片添加到第3模块的文本下方，为其添加“外阴影”的边框阴影效果，如图9-25所示。

步骤12 将素材文件夹中的“2-4体例.png”图片添加到第4模块的文本下方，为其“秒刷”ID为“97922”的单图样式，然后将样式颜色更换为主题色，如图9-26所示。最后将当前“单图”样式保存为模板。

图9-23　第1模块效果

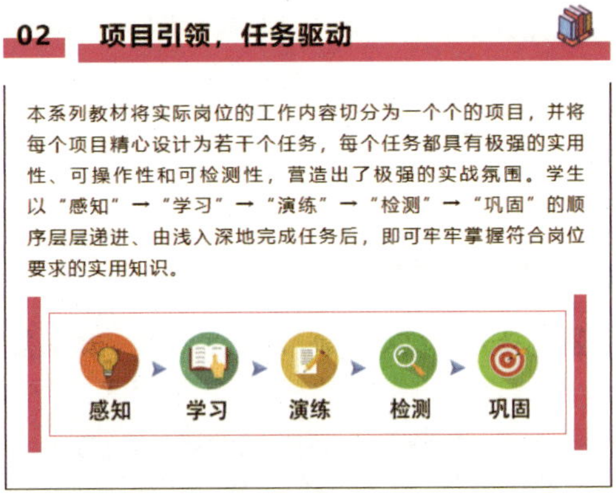

图9-24　第2模块效果

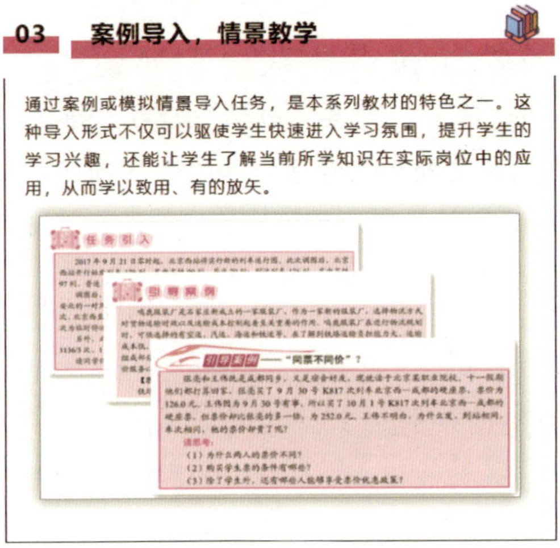

图9-25　第3模块效果

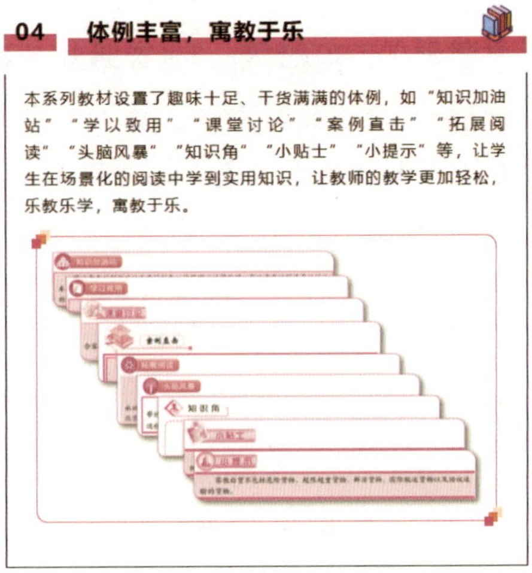

图9-26　第4模块效果

步骤13　将素材文件夹中的“2-5 情景演练.png”图片添加到第5模块的文本下方，为其添加“右下阴影”的边框阴影效果。

步骤14　将素材文件夹中的“2-6 印制精良.png”图片添加到第6模块的文本下方，为其“秒刷”前面保存为模板的单图样式。

步骤15　将素材文件夹中的“2-7 微课.png”图片添加到第7模块的文本下方，为其添加“四周边框四周阴影”的边框阴影效果。

步骤16　将素材文件夹中的“2-8 资源丰富.png”图片添加到第8模块的文本下方，为其“秒刷”前面保存为模板的单图样式。

3. 为文案正文“用户反馈”部分和结尾进行排版

步骤1　选中“用户反馈”文本，为其“秒刷”前面保存为模板的标题样式。

步骤2　将素材文件夹中的“3-1 教师.png”图片添加到“某铁道职业技术学院 周老师”文本的前方，然后选中刚插入的图片和“某铁道职业技术学院 周老师……欣慰的了。”文本，为其“秒刷”ID为“97113”的“对话”样式，如图9-27所示。

步骤3　将素材文件夹中的“3-2 学生.png”图片添加到“某铁道职业技术学院 冯同学”文本的后方，然后选中“某铁道职业技术学院 冯同学……该有的样子。”的文本和刚插入的图片，为其“秒刷”ID为“97114”的“对话”样式，如图9-28所示。

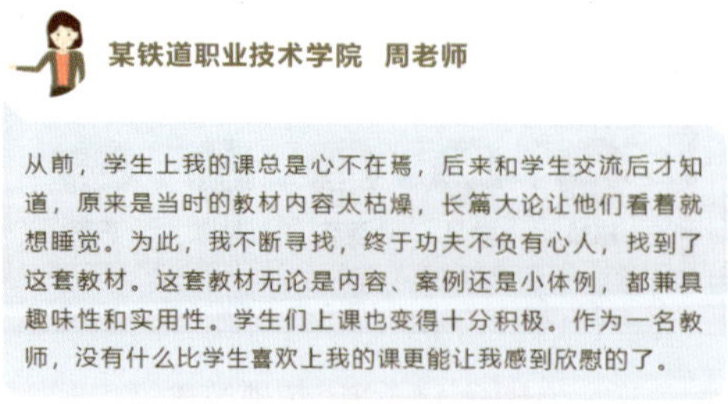

图9-27　教师评价效果

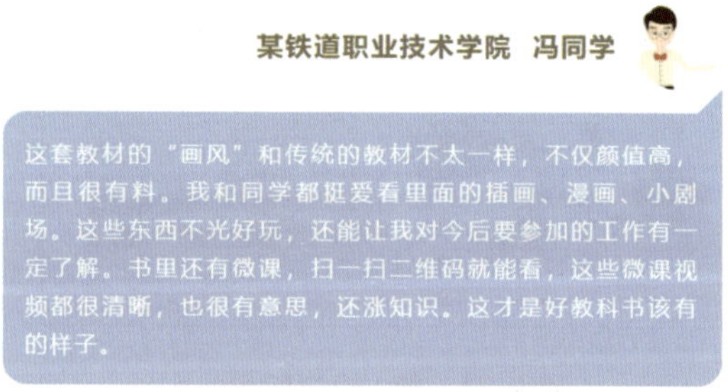

图9-28　学生评价效果

步骤4　在学生评价的下方添加与文案开头部分相同的分割线。

步骤5　选中结尾文本“你心目中……你的想法。”，为其“秒刷”ID为“98465”的正文样式，并将文本颜色更换为黑色，将边框颜色更换为主题色，如图9-29所示。

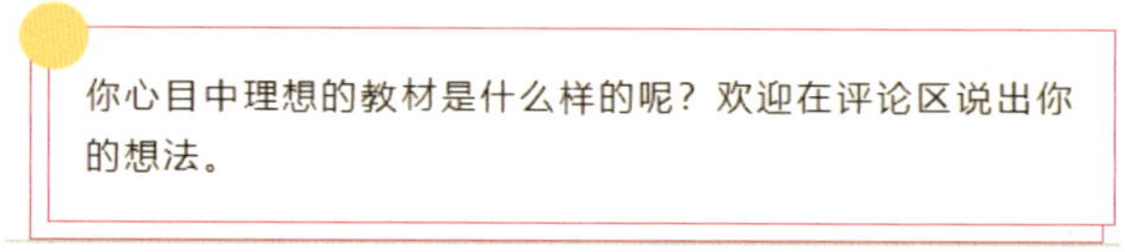

图9-29　为结尾“秒刷”样式

4. 统一处理文本并保存

步骤1　为段落设置首行缩进格式。将插入点移动到开头，单击工具栏上的“首行缩进”图标，为当前段落设置首行缩进格式。然后用同样的方法，为文案中除模块标题外的所有文本段落设置首行缩进格式。

步骤2　对重点内容进行高亮处理。选中要进行高亮的文本，如开头第1段中的“春运”，在工具栏中单击“加粗”图标 **B**，并将其字体颜色设置为红色。然后用同样的方法，参考系列教材推广文案的效果，对文案中其他的重点内容进行高亮处理。

步骤3　在功能区中单击“快速保存”或“保存同步”按钮，将当前文案保存至“我的文章”中。

步骤4　在功能区中单击“微信复制”按钮，将当前文案复制到系统剪贴板中。

9.2.4　发布文案

步骤1　访问微信公众平台官方网站，登录微信公众号并进入其管理界面，如图9-30所示。

图9-30　微信公众号的管理界面

步骤2　单击“新的创作”组中的“图文消息”图标，打开图文消息编辑界面。在标题区中输入文案标题“‘铁’证如山！这些岗位活多钱少环境美，体面稳定好就业”，在作者区中输入“金企鹅”，然后将135编辑器剪贴板中的内容粘贴到微信公众号编辑区中，如图9-31所示。

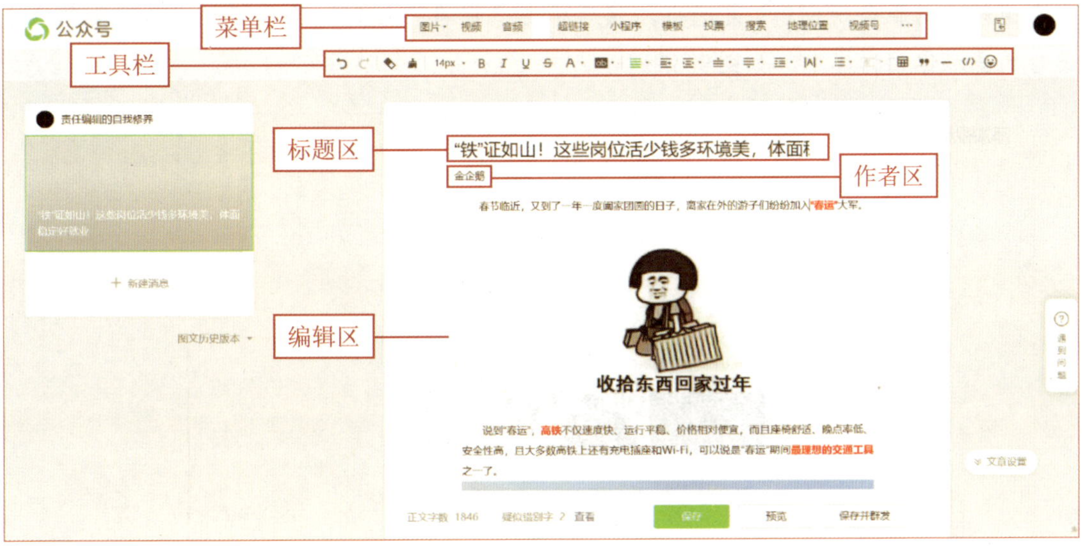

图9-31　粘贴文案内容

步骤3　单击“2-3案例导入.png”图片，在出现的快捷工具栏中选择“自适应手机屏幕宽度”选项，如图9-32所示。然后用同样的方法，为其他图片（表情包、头像和样式装饰图片除外）设置“自适应手机屏幕宽度”选项。

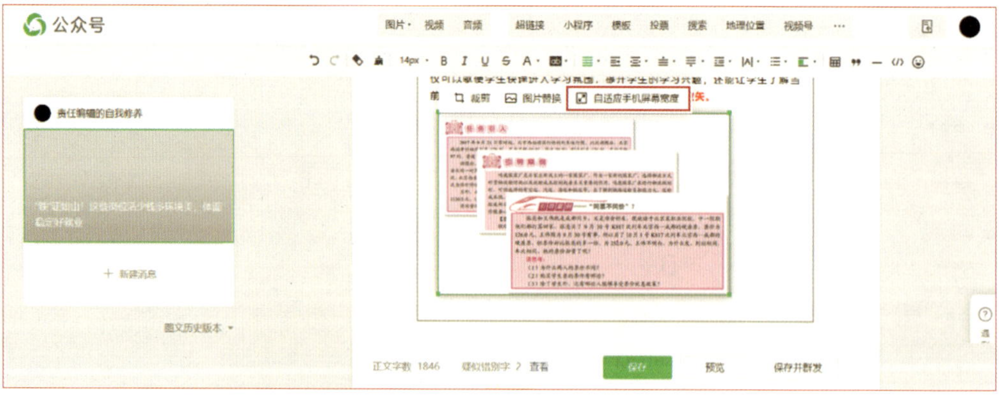

图9-32　选择“自适应手机屏幕宽度”选项

步骤4　将插入点移动至正文“教材特色”部分第7模块“2-7 微课.png”图片的下方，然后在菜单栏中单击“视频”选项，弹出“选择视频”对话框，单击“本地上传”按钮，浏览器在新标签页中打开“添加视频”界面，单击“上传视频”按钮，弹出“打开”对话框，选择素材文件夹中的“微课.mp4”视频文件，然后单击“打开”按钮以上传视频。

步骤5　返回“添加视频”界面，在“封面”组中选中“推荐封面”单选钮，然后选择第2张封面图片，在“标题”编辑框中输入“微课示例”，在“分类”下拉列表中选择“教育”/“其他”选项，其他选项保持默认设置，选中“我已阅读并同意《公众平台视频上传服务规则》”复选框，然后单击“保存”按钮，将此视频上传至微信公众平台的多媒体素材库中，如图9-33所示。

图9-33　“添加视频”界面

步骤6　返回图文消息编辑界面，在“选择视频”对话框中可看到刚刚上传的视频。选中此视频，然后单击“确定”按钮，将视频插入编辑区，如图9-34所示。

图9-34 将视频插入编辑区

步骤7 在编辑区底部的“封面和摘要”组中选择“选择封面”/“从图片库选择”选项，弹出“选择图片”对话框，将素材文件夹中的“封面.jpg”图片上传至多媒体素材库并应用为当前公众号文章的封面，然后在“摘要”编辑框中输入“这些与‘春运’相关的好工作，你知道吗？”文本，如图9-35所示。

图9-35 设置封面和摘要

提 示 | TISHI

新媒体编辑可单击“保存”按钮，将当前图文信息保存为草稿，待需要时再将其群发。

步骤8　单击图文消息编辑界面下方的“保存并群发”按钮，系统会自动将当前文章内容保存到微信公众平台并弹出“群发消息”对话框，单击“群发”按钮，如图9-36所示。

图9-36　“群发消息”界面

步骤9　弹出“群发消息”提示框，单击“继续群发”按钮（见图9-37），即可将图文信息发布至微信公众平台，关注此微信公众号的受众将在微信上收到其推送的文章。

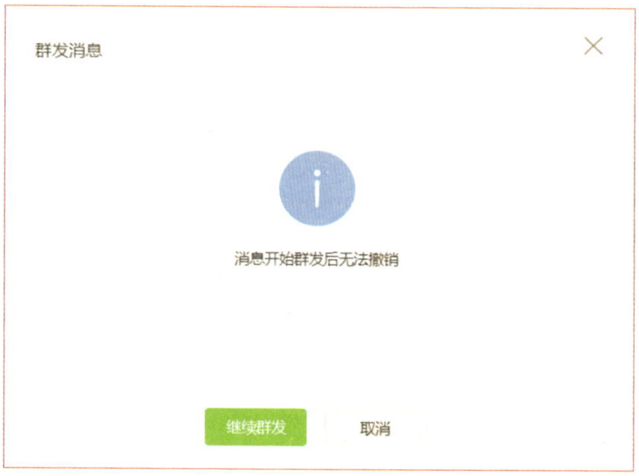

图9-37　“群发消息”提示框

嘉言善行

位于广东省东莞市北部的茶山镇常住人口约15.7万人，但在这个小镇上，却拥有约1.6万名志愿者，相当于每10个人里就有1名志愿者。之所以能获得如此成绩，得益于茶山镇志愿者协会的不懈努力。近几年，茶山镇志愿者协会双管齐下，既立足于传统队伍，致力于管理好、组织好志愿服务队，又借力新媒体，利用微信群及微信公众号开拓传播志愿信息和吸收志愿者的新渠道，使茶山镇的志愿者队伍获得了极大发展。

早在2014年，茶山镇志愿者协会就看到了新媒体在宣传上的无限潜力，创立了“茶山通”“茶山快讯”等微信公众号，并经常在这些公众号上推送志愿活动的相关通知和宣传志愿精神的文章。借助新媒体的力量，志愿服务信息得到了广泛传播，不少有心网友加入其中，形成了一支支志愿者队伍。如今，仅“茶山通”公众号就拥有3.7万粉丝，不止于此，该公众号还拥有一支240人的“茶山通”志愿服务队。

通过巧用妙用新媒体的传播力量，茶山镇志愿者协会利用微信公众号打通线上线下渠道，小小的茶山镇也涌现出越来越多的志愿者。据悉，该镇几乎每周都有志愿活动，小到为敬老院的老人们剪头发、剪指甲、按摩，大到为国际赛事提供志愿者服务，越来越多的茶山人获得了“志愿者”这个身份，志愿服务成了茶山人的生活新风尚，志愿服务精神也在这一场场志愿活动中真正植入茶山，变成茶山人民生活的一部分，为茶山镇在文明创建、社会治理等领域发挥了积极的作用。

10

CHAPTER

学习目标

- 掌握抖音短视频的前期策划方法。
- 掌握抖音短视频的拍摄方法。
- 掌握抖音短视频的后期处理方法。
- 掌握抖音短视频的发布方法。

素质目标

- 培养大局意识，养成从全局观察和解决问题的习惯。
- 提高自身分析问题、解决问题的能力。
- 自觉培养团结协作意识，强化自身责任意识。

抖音短视频编辑实战

本章导读

抖音是今日头条旗下的一款音乐创意短视频社交软件，用户可以通过此软件拍摄、编辑并发布音乐短视频。自2016年9月上线至今，抖音一路高歌猛进，用户数量急剧增长，成了一个拥有巨大流量的国民级App。在抖音，每天都在诞生着“网红”“爆梗”“热词”和“抖音同款”，各大品牌都想从中分一杯羹。对于新媒体编辑而言，抖音是其必须抢占的流量高地。

本章是抖音短视频编辑的综合实战，包含一个抖音短视频从前期策划、视频拍摄、后期处理到最终发布的全过程。

10.1 实战目标

本次综合实战的目标如下。

（1）结合本书介绍的新媒体视频前期策划的原则与技巧，创作短视频的脚本。

（2）结合本书介绍的新媒体视频拍摄的原则与技巧，根据脚本拍摄短视频。

（3）结合本书介绍的新媒体视频后期处理的原则与技巧，使用本书提到的新媒体视频编辑工具剪映App对短视频进行编辑，效果如图10-1所示。

（4）将短视频发布到抖音平台上。

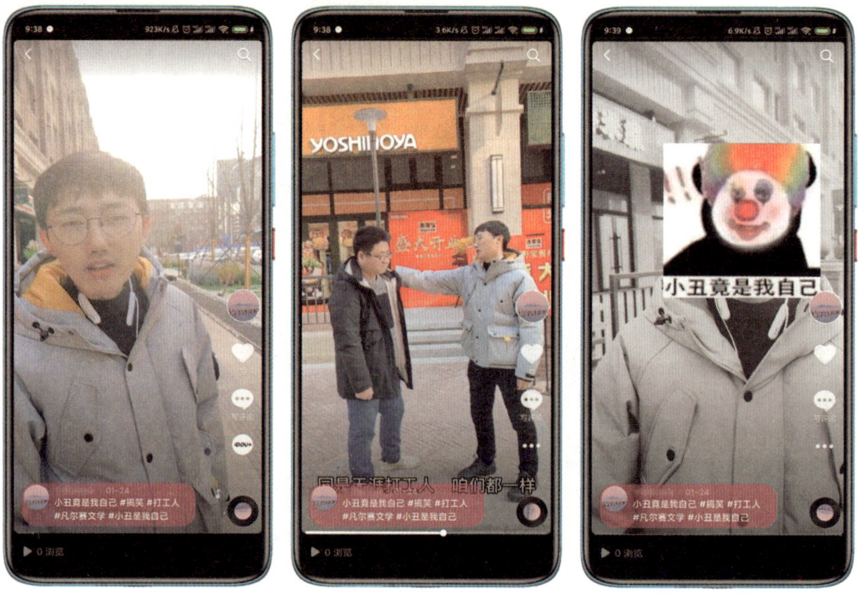

扫一扫

扫码查看完整效果

图10-1　抖音短视频效果（部分）

10.2 实战步骤

10.2.1 前期策划

扫一扫

前期策划

前期策划是整个短视频编辑中至关重要的一步，所谓“提纲挈领”，在前期考虑得越细致、计划得越周详，后面的视频拍摄和处理工作就越容易。因此，新媒体编辑应当重视前期策划的工作。

一般来说，抖音短视频的前期策划主要包括策划短视频主题、撰写短视频脚本、选择硬件和组建团队等。

1. 策划短视频主题

步骤1　获取抖音用户画像。利用第2章提到的新媒体信息搜集方法，搜集抖音用户画像的最新信息。例如，巨量算数在2020年2月发布的《抖音用户画像》显示，截至2020年1月，抖音的月活跃用户超4亿，男女比例较均衡，19～35岁的用户数量占总用户数的61%，三线及以下城市的用户数量占总用户数的61%，用户的活跃时间段为周末9—17点，工作日19—23点，且分别在12点和20点达到峰值。演绎、生活、美食类短视频最受用户青睐，情感、文化、影视类短视频的增长速度较快。

知识库　| ZHISHIKU

用户画像是指根据新媒体平台用户的共性信息（如规模、性别、年龄、地域分布、活跃时间等）形成的标签化、虚拟化、概括性的用户代表形象。分析用户画像可得出用户群体的整体特征，有利于新媒体编辑精准定位受众人群，设计出具有针对性的、符合潮流和受众口味的产品或内容，从而获得更多流量。

步骤2　分析抖音用户画像。通过抖音用户画像可知，抖音用户呈现年轻化趋势，“90后”和“00后”在其中扮演着重要角色；这些用户以学生、白领和自由职业者居多，文化程度相对较高，对新鲜事物的感知能力较强，热爱生活，喜欢模仿、追赶潮流；根据用户活跃时间段可知，新媒体编辑发布短视频的时间最好在19—20点。

步骤3　确定短视频选题。新媒体编辑可在演绎、生活和美食这3种最受用户青睐的短视频类型中进行选题。演绎类视频包括搞笑短剧、访谈、相声等；生活类视频包括探店、婚礼、交通、建筑装修等；美食类视频包括美食制作（如菜谱、烹饪技巧等）、美食吃播和美食展示等。在上述视频类型中，搞笑短剧的制作门槛低、受众面广，通常可取得较好的视频效果。因此，可将视频选题确定为搞笑短剧。

步骤4　分析竞品。在抖音平台中，同类搞笑短剧通常没有过多演员，2～3名居多，受限于时长，常常靠演员的对话、表情和肢体动作来制造笑点；一些高赞搞笑短剧会将笑点体现在令人意想不到、啼笑皆非的结尾上；结合热点话题的搞笑短剧通常更容易获得高流量。但也有一些搞笑短剧存在制作粗糙、内容老套、笑点低俗等问题。

知识库　| ZHISHIKU

竞品分析即对同类型短视频的优劣进行分析和评价。新媒体编辑可通过竞品分析拓展思路，使自身创作的视频内容优于竞品且紧贴流量“风口”。

新媒体编辑在进行竞品分析时，应着重对平台近期播放量、点赞量等数据较高的爆款作品进行分析。在互联网上有很多专门对抖音短视频进行大数据分析的平台（如新抖、飞瓜数据等），借助这些平台可快速查询到近期的爆款短视频，如图10-2所示。

图 10-2　抖音大数据分析平台“新抖”

步骤 5　策划短视频内容。新媒体编辑可结合网络热点进行短视频内容的策划与创作，以使创作的搞笑短剧获得更多流量。例如，2020年末，“打工人”“凡尔赛文学”和“小丑竟是我自己”等热梗火爆全网，在抖音上，其相关话题也具有极高的浏览量，如图10-3所示。故可结合上述热点策划短视频内容。

图 10-3　火爆全网的热梗

拓展阅读 | TUOZHANYUEDU

“打工人”原本多指从事体力劳动的人，通常为城市的外来务工人员。2020年9月22日，某网友发布了一条短视频，其中出现了“早安，打工人！”的台词。这条视频迅速引起大量网友的浏览、扩散与模仿，“打工人”一词也随即引爆网络。与此同时，“打工人”的适用范围也不断扩大，几乎各行各业的劳动者都纷纷自称“打工人”，并创作出了大量的“打工人语录”。

“凡尔赛文学”也称凡学，是指以低调的方式进行炫耀。通常，“凡尔赛文学”的主人公会用不开心的口吻诉说自己的苦恼，实则明贬暗褒、炫耀自己。例如，“好羡慕那些能轻松长胖的人，我每天无论怎么吃都长不胖……老天太不公平了！”上述句式表面上是在表达无法如愿长胖，但实则是炫耀自己身材苗条。

“小丑竟是我自己”是指故事主人公原本以为出丑的是对方，最后发觉是自己。这种结局常常十分出人意料，因此能制造充分的笑点。

步骤6　确定短视频内容。结合上述网络热点撰写短视频剧本。例如，以《小丑竟是我自己》为题创作一个搞笑短剧，具体内容如下。

《小丑竟是我自己》剧本

时间：白天

人物：小李、铁柱

场景：街道

剧情：

小李走在街道上，不远处有人向他迎面走来。小李定睛一看，发现对方是自己的大学同学铁柱。

小李：（打招呼）“哎，这不是铁柱吗？”

铁柱：（打招呼）“哎！李子！”

两人上前握手寒暄。

小李：“好久不见，好久不见！”

铁柱：“是啊，有些年头了呀。”

小李：“最近忙什么呢铁柱？”

铁柱：（沮丧）“哎，别提了……我啊，还是活成了我曾经最讨厌的那个模样。”

小李：（安慰）“这不都是为了生活嘛……同是天涯打工人，咱们都一样！（疑问）哎，你之前说，你最讨厌的人是谁来着？”

铁柱：（故作悲伤）“有钱人！”

小李表情由同情的笑到笑容停滞，再到笑容消失。

2．撰写短视频脚本

步骤1　策划短视频脚本类型。由短视频的剧本可知，该搞笑短剧有一定的剧情，为了达到良好的喜剧效果，可运用多种镜头捕捉演员的对话、表情和肢体语言。因此，适合该短视频的脚本类型为分镜头脚本。

步骤2　撰写短视频脚本。本短视频的分镜头脚本如表10-1所示。

表10-1　《小丑竟是我自己》分镜头脚本

镜头号	景　别	镜头运动	时　长	画　面	对　白
1	中景转近景	正面，移动	3 s	小李在街上走，铁柱迎面走来，小李认出了对方	无
2	全景转中景	正面，固定	1 s	铁柱行走	无
3	近景	正面，固定	2 s	小李向铁柱打招呼	小李：“哎，这不是铁柱吗？”

表 10-1（续）

镜头号	景 别	镜头运动	时 长	画 面	对 白
4	全景转近景	正面，运动	4 s	铁柱向小李打招呼，并向小李走去，与他握手	铁柱："哎！李子！" 小李："哎，老同学，老同学！"
5	近景	正面，固定	5 s	小李与铁柱寒暄，并询问其近况	小李："好久不见，好久不见！" 铁柱："是啊，有些年头了呀。" 小李："最近忙什么呢铁柱？"
6	近景	正面，固定	5 s	铁柱回答	铁柱："哎，别提了……我呀，还是活成了我曾经最讨厌的那个模样。"
7	全景	侧面，固定	9 s	小李安慰铁柱	小李："这不都是为了生活嘛……同是天涯打工人，咱们都一样！哎，你之前说，你最讨厌的人是谁来着？"
8	特写	正面，固定	1 s	铁柱回答，小李表情变化	铁柱："有钱人！"

3. 选择硬件和组建团队

步骤 1　选择拍摄设备。由短视频的分镜头脚本可知，该短视频的时长在30秒左右；演员仅两人，场景单一，镜头不多。根据拍摄设备的"按需"原则，智能手机的摄影和摄像功能完全可以满足拍摄需求，因此，短视频的拍摄设备选择一部智能手机即可。

步骤 2　选择辅助设备。由短视频的分镜头脚本可知，短视频的拍摄场景为白天的街道，其本身的光照充足，且镜头大部分为近景，摄影师通过手持智能手机即可完成拍摄，因此无须额外的辅助设备。

步骤 3　组建拍摄团队。本视频本身时长较短，拍摄也较为简单，故拍摄团队中的导演、摄影师、剪辑师、运营人员等成员可由一人兼任。在此基础上，只需再找两名演员即可。

10.2.2　视频拍摄

扫一扫

视频拍摄

在完成前期策划工作后，即可开始视频拍摄工作。新媒体编辑既可使用智能手机自带的相机，也可使用一些带特效、美颜功能的第三方相机App。本实战使用前面提到的视频剪辑工具剪映App进行拍摄。具体拍摄过程如下。

步骤 1　安排演员就位后，打开剪映App，切换至"剪辑"选项卡，点击屏幕右上方的“拍摄”图标，如图10-4所示。

步骤2　打开拍摄界面，在拍摄界面正下方选择“视频”模式，然后点击“拍摄”按钮，如图10-5所示。

步骤3　拍摄第1个镜头。本镜头为运动的正面中景转近景镜头，画面是演员“小李”（以下简称“小李”）在街道上行走。具体拍摄时，摄影师站在小李前方约1米处，将镜头正对小李（见图10-6），并在其向前行走的同时以略慢于小李的速度后退跟拍，使其在镜头中呈现“慢慢拉近”的效果。拍摄完成后，点击“拍摄”按钮，可将视频片段暂存，并显示在下方。

图10-4　点击“拍摄”图标

图10-5　点击“拍摄”按钮

图10-6　拍摄第1个镜头

步骤4　拍摄第2个镜头。本镜头为固定的正面全景转中景镜头，画面是演员“铁柱”（以下简称“铁柱”）在街道上行走的画面。具体拍摄时，摄影师站在铁柱前方约2米处，将镜头正对铁柱，铁柱开始行走，摄影师保持不动。

步骤5　拍摄第3个镜头。本镜头为固定的正面近景镜头，画面是小李向铁柱打招呼。参考前面的拍摄方法，完成本镜头的拍摄。

步骤6　拍摄第4个镜头。本镜头为运动的正面全景转近景镜头，画面是铁柱边打招呼边走向小李，并伸手与其握手。具体拍摄时，摄影师站在铁柱右前方约2米处，镜头随铁柱行走而移动，待铁柱向小李伸手时，将镜头随着铁柱的手向小李移动。

步骤7　拍摄第5个镜头。本镜头为固定的正面近景镜头，画面是小李询问铁柱的近况。参考前面的拍摄方法，完成本镜头的拍摄。

步骤8　拍摄第6个镜头。本镜头为固定的正面近景镜头，画面是铁柱回答小李。参考前面的拍摄方法，完成本镜头的拍摄。

步骤9　拍摄第7个镜头。本镜头为固定的侧面全景镜头，画面是小李安慰铁柱，并询问其最讨厌什么人。具体拍摄时，摄影师站在二人侧面约3米处进行拍摄，如图10-7所示。

步骤10　拍摄第8个镜头。本镜头为固定的特写镜头，画面是小李的表情变化。具体拍摄时，摄影师站在二人中央，将镜头对准小李的肩膀和头部，着重拍摄小李听到铁柱回答后面部表情的变化，如图10-8所示。

图10-7　拍摄第7个镜头

图10-8　拍摄第8个镜头

提　示 | TISHI

在使用剪映App拍摄多段视频时，如果对拍摄的某段视频不满意，可点击该视频右上角的“删除”图标删除此段。

10.2.3　后期处理

剪映App具有强大的视频编辑功能，可为视频添加字幕、贴图、音效等元素，也可为其应用滤镜、特效、变速、变声等效果。合理运用这些元素和效果可让短视频一秒变大片，给人酷、炫、潮的感觉，再配上符合视频风格的背景音乐，可增强短视频的节奏和感染力。下面介绍使用剪映App进行短视频后期处理的过程。

扫一扫
视频后期处理

1. 设置加速效果

步骤1　点击拍摄界面右下角的“下一步”图标，打开视频预览界面（见图10-9），点击“导入剪辑”按钮，进入视频编辑界面，如图10-10所示。

提　示 | TISHI

除可将拍摄的视频导入到编辑界面进行编辑外，剪映App还支持将现成的视频素材导入编辑界面。例如，读者可在启动剪映App后，在“剪辑”选项卡中点击“开始创作”图标，在打开的素材添加界面中，将本书配套素材“素材”/“第10章”/“实战”文件夹（以下简称“素材文件夹”）中的8个视频文件按镜头顺序选中，然后点击“添加”按钮（见图10-11），将素材导入视频编辑界面。

值得一提的是，之所以要按镜头顺序选中这些视频素材，是因为视频将按顺序出现在编辑界面的“视频”时间轴上。当视频顺序有误时，新媒体编辑也可在“视频”时间轴上长按并拖动视频进行调节。

图10-9　视频预览界面

图10-10　视频编辑界面

图10-11　素材添加界面

步骤2　点击视频编辑界面的工具栏中的“剪辑”图标，下方工具栏变为“剪辑”二级工具栏，点击“变速”图标，打开“变速”三级工具栏，然后点击“常规变速”按钮，如图10-12所示。

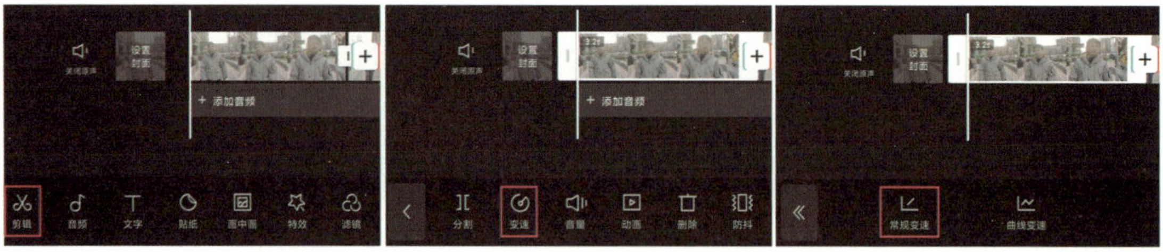

图10-12　各级工具栏

提　示 | TISHI

选择工具栏中的选项后，系统会默认选择第1个视频作为编辑对象。新媒体编辑也可左右滑动“视频”时间轴，将时间指示器置于要编辑的视频上方。

步骤3　打开视频变速工具，向右拖动滑块，设置视频变速值为“1.3×”，选中“声音变调”单选钮，为第1个视频设置加速效果，如图10-13所示。

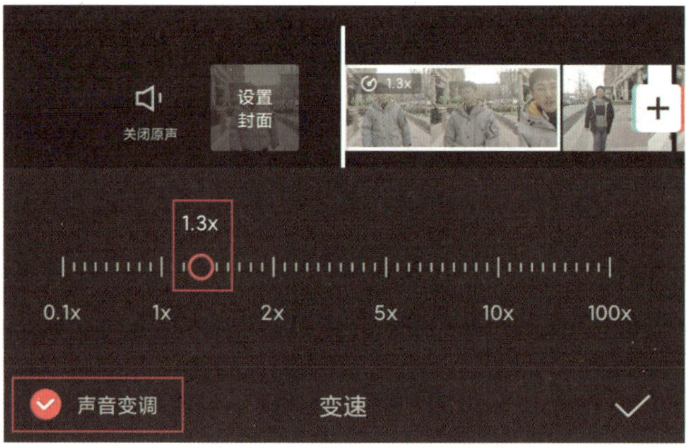

图10-13　为视频设置加速效果

步骤4　向左拖动“视频”时间轴，将时间指示器定位到第2段视频上，参考前面的方法，为当前视频设置相同的加速效果。

步骤5　参考前面的方法，为剩余的所有视频片段都应用同样的加速效果，设置完成后，点击视频变速工具右侧的“确认”图标应用修改，返回“变速”三级工具栏，点击“返回”图标，返回“剪辑”二级工具栏，再点击“返回”图标，返回视频编辑界面。

2．调节音量并降噪

步骤1　选中第1个视频，工具栏将自动变为“剪辑”二级工具栏，点击“音量”图标，打开音量调节工具，向右拖动滑块，设置视频音量值为“200”（即将当前视频的音量放大为原音量的200%），然后点击“确定”图标应用修改，如图10-14所示。

步骤2 参考步骤1的操作，将剩余所有视频片段的音量都调节为原音量的200%。

步骤3 选中第1个视频，向左滑动“剪辑”二级工具栏并点击“降噪”图标，打开视频降噪工具，然后打开降噪开关，等待片刻后即可完成降噪。降噪完成后，将自动播放降噪后的视频效果。确认无误后，点击“确定”图标应用修改，如图10-15所示。

步骤4 参考步骤3的操作，将除第2个视频外的剩余视频都进行降噪处理，设置完成后返回视频编辑界面。

图10-14 调节音量

图10-15 为视频降噪

3. 添加滤镜并设置调节参数

步骤1 将“视频”时间轴上的时间指示器定位至起始位置，点击工具栏中的“滤镜”图标，打开“滤镜”工具，选择“精选”选项卡中的“自然”选项，为当前视频添加“自然”滤镜，如图10-16所示。

步骤2 点击“确定”图标应用修改，在“视频”时间轴下方会出现与之对应的“滤镜”时间轴，点击“滤镜”时间轴，拖动右侧“滑块”到“视频”时间轴末尾，即可为所有视频添加当前滤镜，如图10-17所示。

步骤3 返回视频编辑界面，将“视频”时间轴的时间指示器定位至起始位置，向左滑动工具栏并点击“调节”图标，打开“调节”二级工具栏，在其中点击“饱和度”图标，打开视频饱和度调节工具。向右拖动滑块，设置饱和度值为“20”。

步骤4 点击“确定”图标应用修改，在“视频”时间轴和“滤镜”时间轴下方会出现一个“调节”时间轴。点击此时间轴，拖动右侧“滑块”▯到“视频”时间轴末尾，即可为所有视频应用当前调节效果。

图10-16　为视频添加“自然”滤镜

图10-17　为所有视频添加“自然”滤镜

4. 添加字幕

步骤1　返回视频编辑界面，点击工具栏中的“文字”图标，打开“文字”二级工具栏，点击“识别字幕”图标，弹出“自动识别字幕”对话框，取消选中“同时清空已有字幕”单选钮，然后点击“开始识别”按钮，如图10-18所示。

步骤2　等待片刻后，系统会将视频中的语音自动识别为文字，并以“字幕块”的形式展示在“视频”时间轴下方，与语音一一对应，如图10-19所示。

提　示 | TISHI

双击某个字幕块，可对其进行编辑，如修改内容，添加样式、花字、气泡、动画等，如图10-20所示。

步骤3　点击某个字幕块，在下方会出现“字幕块编辑”三级工具栏，在其中选择“批量编辑”图标（见图10-21），打开字幕块批量编辑工具，修改字幕中识别错误的字幕，如图10-22所示。

步骤4　在时间轴上方的预览窗口中点击并拖动某字幕块至靠下的位置，然后用双指将字幕文字放大，则其他所有字幕的位置和大小都会与当前字幕块一致，如图10-23所示。

图10-18　识别字幕

图10-19　字幕块

图10-20　字幕编辑选项

图10-21　点击“批量编辑”图标

图10-22　批量编辑字幕

图10-23　调整字幕位置和大小

5. 添加背景音乐

步骤1 返回视频编辑界面，点击工具栏中的“音频”图标，打开“音频”二级工具栏，在其中点击“音乐”图标，打开“添加音乐”界面，如图10-24所示。

步骤2 切换至“导入音乐”选项卡，点击“链接下载”图标，在下方编辑框中（见图10-25）输入背景音乐的链接，然后点击“下载”图标，系统将自动下载该链接对应的音频文件并显示在下方，点击其右侧的“使用”按钮，即可将此音乐设置为背景音乐。

图10-24 “添加音乐”界面

图10-25 通过链接下载音乐

步骤3 返回视频编辑界面，在“视频”时间轴下方将出现一条“音频”时间轴，点击时间轴上的音乐，参考前面的方法，将音乐时长调整为略短于视频的时长，如图10-26所示。

步骤4 点击下方“音乐编辑”三级工具栏中的“淡化”图标，打开音乐淡化设置工具，拖动滑块，设置淡入和淡出时间均为1秒，然后点击“确定”图标应用修改，如图10-27所示。

步骤5 参考前面的方法，将背景音乐的音量设置为原音量的20%。

图10-26　调整音乐时长

图10-27　设置音乐淡入淡出

6. 为结尾设置喜剧效果

扫一扫

设置喜剧效果并发布

步骤1　返回视频编辑界面，选中最后1个视频，向左滑动“剪辑”二级工具栏并点击“复制”图标，在当前视频后方会出现一个一模一样的视频，如图10-28所示。

步骤2　选中倒数第2个视频，将时间指示器定位至视频字幕“有钱人”的后方，然后点击“剪辑”工具栏中的“分割”图标，将当前视频以时间指示器为中心一分为二。然后选中分割的第2段视频，点击“删除”图标，如图10-29所示。

步骤3　参考前面的方法，为最后1个视频添加“风格化”选项卡中的“褪色”滤镜，然后将时间指示器定位至视频字幕“有钱人”的后方并将其一分为二，并为分割的第1段视频设置0.9倍的减速效果，为分割的第2段视频设置0.3倍的减速效果。

步骤4　选中分割的第1段视频，向左滑动“剪辑”二级工具栏并点击“变声”图标，打开变声工具，选择“怪物”选项，然后点击“确定”图标✓应用修改，如图10-30所示。

步骤5　返回视频编辑界面，将时间指示器定位到分割的第2段视频的中间位置，然后点击工具栏中的“画中画”图标，打开“画中画”二级工具栏，点击“新增画中画”图标，如图10-31所示。

步骤6　在打开的素材添加界面中选中素材文件夹中的“小丑.jpg”图片，点击“添加”按钮，将表情包图片添加至预览界面中，如图10-32所示。

图10-28　复制视频

图10-29　删除分割的第2段视频

图10-30　为视频变声

图10-31　点击“新增画中画”图标

图10-32　添加画中画

步骤7　在“视频”时间轴下方将出现一个“画中画”时间轴。参考前面的方法，调整表情包图片的持续时间至视频末尾，并将表情包图片大小和位置调整为如图10-33所示的效果。

步骤8　返回视频编辑界面，将时间指示器定位至0.9倍速的视频开头处，然后打开“添加音乐”界面，切换到“导入音乐”选项卡，点击“本地音乐”图标，会显示本地保存的音乐。将素材文件夹中的“小丑.mp3”保存到手机上，然后点击“使用”按钮，如图10-34所示。

步骤9　参考前面的方法，将当前背景音乐音量设置为原音量的200%，调整其长度至视频结尾，并为其添加淡入淡出效果。

步骤10　返回视频编辑界面，点击界面上方的“导出”按钮，进入视频导出界面，如图10-35所示。等待片刻后，视频就成功保存到本地了。

图10-33　画中画最终效果

图10-34　添加背景音乐

图10-35　导出视频

7. 发布短视频

步骤1　打开抖音App，点击界面下方的“创建”按钮[+]，进入抖音的操作界面，然后在其中点击右下角的“相册”图标，如图10-36所示。

步骤2　进入素材选取界面，选取刚刚保存的“小丑竟是我自己”视频，然后点击“下一步”按钮，如图10-37所示。

步骤3　进入视频截取界面，继续点击“下一步”按钮，如图10-38所示。

步骤4　进入抖音App的视频编辑界面，继续点击“下一步”按钮，如图10-39所示。

步骤5　进入“发布”界面。点击右上角的“选封面”图标，在打开的界面中选择视频的任意一帧作为封面，然后在下方标题模板栏中选择“几何”图标，在弹出的标题框中输入“小丑竟是我自己”，完成后点击“保存”按钮，如图10-40所示。

图 10-36　点击“相册”图标

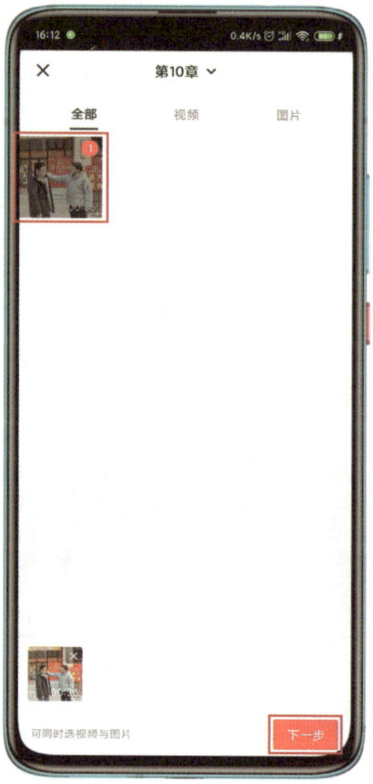

图 10-37　选择视频素材

图 10-38　视频截取界面

图 10-39　视频编辑界面

图 10-40　为视频添加封面

步骤 6　返回“发布”界面，在标题编辑栏中输入“小丑竟是我自己”作为标题，点击“#添加话题”按钮，输入“搞笑”；然后再次点击“#添加话题”按钮，输入“打工人”。

步骤7 参考步骤6的操作，继续为本视频添加“#凡尔赛文学”和“#小丑竟是我自己”话题，然后点击“发布”按钮，如图10-41所示。

步骤8 等待片刻后，视频就上传至抖音平台了。用户可在抖音中切换至“我”选项卡，在打开界面的“作品”组中即可查看上传的作品，如图10-42所示。

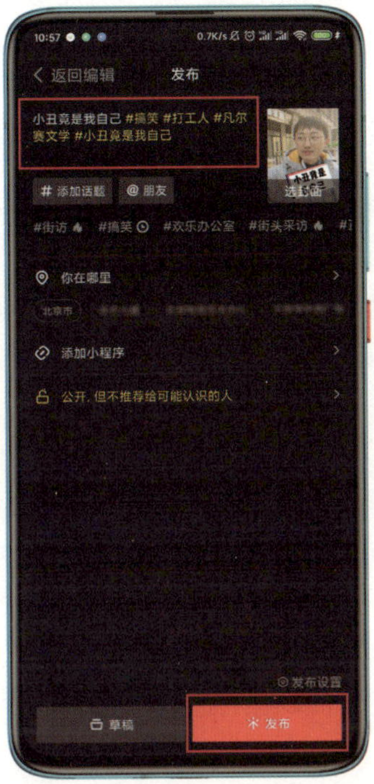

图10-41 为视频添加标题和话题

图10-42 视频发布成功

薪火相传

近年来，发展迅猛的短视频平台已成为“90后”“00后”等青年人重要的信息获取来源。短视频的火热为民乐民曲的传承和推广创造了机遇。在著名的短视频平台抖音上，以民乐民曲演奏为主题的短视频创作者收获百万级点赞、十万级粉丝的比比皆是。在这些创作者中，青年人占据很大比重，他们主打的乐器也非常多，如葫芦丝、琵琶、唢呐、古琴、板胡、陶笛、柳琴、中阮、京胡、马头琴、二胡、古筝、笛子、扬琴、箜篌等，不一而足。

青年创作者们的短视频之所以能广受欢迎，是因为他们往往不拘泥于教条，想象力丰富，敢于创新，敢于将传统艺术与当代审美相结合，以高创意、日常化、爆点密集的方式制作民乐演奏短视频，从而很好地适应了短视频观看者的认知方式、喜好方式、价值方式。例如，有的短视频创作者会将传统民乐民曲与流行音乐、热播影视作品主题曲、网络热门音乐甚至西方交响乐等相结合，古为今用，营造出耳目一新的奇妙观感。

正因如此，民乐民曲才能在短视频平台一次次“出圈”，并带动更多的“圈外”人“入门”，从而形成良性循环，使兼具知识、艺术和审美价值的优质短视频内容源源不断地输出。我们可喜地发现，这些优秀的短视频内容正在逐渐扭转以往民乐名曲在青年人心中形成的“古板”“土气”等刻板印象，使他们能够更加公允地看待传统文化，更加热情地拥抱传统文化，更加自觉地传播传统文化，成为民乐民曲传播的新力量和主力军。

《论语·泰伯》有云：“兴于诗，立于礼，成于乐”。诗、礼、乐自古便是人类的基本精神需求，民乐民曲短视频用青春化的传播方式让人们的日常生活回归礼乐的氛围与诗意的美感，引导大众，尤其是青年人成为文化实践、文化生产和文化传播的持久性社会动力。我们有理由相信，未来还会有更多传统文化在短视频的赋能下焕发生机，摆脱后继无人的悲凉局面，迎来越来越多的拥趸。

参考文献

[1] 宫承波. 新媒体概论（第八版）[M]. 北京：中国广播影视出版社，2020.
[2] 李灿辉，施薇. 新媒体编辑实务 [M]. 北京：中国人民大学出版社，2020.
[3] 王昌云，王晓亮. 新媒体编辑实战教程 [M]. 北京：人民邮电出版社，2020.
[4] 陶亮，吴航行. 新媒体信息编辑（视频指导版）[M]. 北京：人民邮电出版社，2019.
[5] 吴航行，李华. 短视频编辑与制作（视频指导版）[M]. 北京：人民邮电出版社，2019.
[6] 雷默，海马. 新媒体写作 [M]. 南京：南京大学出版社，2018.